Beate Schwartau

AF878352

Betriebsratsarbeit gut organisiert

Zeitmanagement – Sozialkompetenz – Öffentlichkeitsarbeit

aktiv im Betriebsrat

Beate Schwartau

Betriebsratsarbeit gut organisiert

Zeitmanagement – Sozialkompetenz – Öffentlichkeitsarbeit

2., überarbeitete und aktualisierte Auflage

BUND
VERLAG

Bibliographische Information der Deutschen Nationalbibliothek
Die Deutsche Nationalbibliothek verzeichnet diese Publikation in der Deutschen Nationalbibliografie; detaillierte bibliografische Daten sind im Internet über *http://dnb.d-nb.de* abrufbar.

2., überarbeitete und aktualisierte Auflage 2026

Umschlag: Bernd Adam, Weinheim
Satz: Dörlemann Satz, Lemförde
Druck: CPI books GmbH, Birkstraße 10, 25917 Leck

ISBN 978-3-7663-7513-1

kontakt@bund-verlag.de
www.bund-verlag.de

Vorwort

Soft Skills und Hard Skills für Betriebsräte? Was soll das jetzt wieder sein? Im Beruf entscheiden Ihre sogenannten »Skills« über Ihren beruflichen Erfolg und Misserfolg! Skills heißt übersetzt »Fähigkeit«. Soft heißt übersetzt »weich«. Hard heißt übersetzt »hart«. Beide Fähigkeiten sind gleich wichtig für eine erfolgreiche Betriebsratsarbeit.

Im Beruf sind für Ihren beruflichen Erfolg vielleicht 49 % der »Hard Skills« von Bedeutung. Gleichwertig und ebenso wichtig für den beruflichen Erfolg sind ihre »Soft Skills«.

Als »Hard Skills« bezeichnet man im Allgemeinen die harten Faktoren Ihres Berufes. Von Bedeutung sind Ihr Schulabschluss, Ihre Allgemeinbildung, Ihre fachliche Berufsausbildung und Ihre fachlich bezogenen Qualifikationen. Für die Betriebsratsarbeit ist auch die soziale Kompetenz ein »Hard Skill«. Wer das Betriebsratsteam sprengt, indem immer wieder Konflikte produziert oder Aggressionen ungezügelt ausgelebt werden, verhindert eine erfolgreiche Betriebsratsarbeit.

Die Zeiten, in denen Unternehmen sich ausschließlich von den sogenannten harten Faktoren haben leiten lassen, sind längst vorbei. Kein Unternehmen braucht eine*n 1A BWL-Kandidat*in als Personalleitung, wenn diese Person nicht befähigt ist, die Mitarbeiter*innen gesund zu Höchstleistung zu motivieren! Kein Kaufhaus braucht Verkaufspersonal, wenn dieses nicht befähigt ist, freundlich und interessiert auf Kund*innen zuzugehen? Wenn diese nicht einmal in der Lage ist kundenorientiert zu denken und zu handeln! Würden Sie ein Auto kaufen, wenn die Verkäuferin oder der Verkäufer pausenlos darüber spricht, dass jeder verkaufte Wagen zu einer Prämie für die oder den Verkäufer*in führt? Würden Sie das Auto kaufen, wenn das Verkaufspersonal Ihnen ständig begeistert erzählt, warum dieser niedliche kleine Sportwagen ihr oder sein Favorit ist; und mit keiner Silbe interessiert er oder sie sich dafür, dass Sie ein Auto benötigen für eine fünfköpfige Familie und der Rollator von »Oma & Opa« muss auch noch hineinpassen! Vermutlich nicht.

Es braucht also etwas Zusätzliches, damit Menschen sich für die Zusammenarbeit mit anderen Menschen entscheiden. Dieses Zusätzliche bezeichnet man heute als »Soft Skills«. Als »Soft Skills« bezeichnet man heute im Allgemeinen die

- persönliche Fähigkeit und Kompetenz eines Menschen.
- soziale Fähigkeit und Kompetenz eines Menschen.
- methodische Fähigkeiten und Kompetenz eines Menschen.
- emotionale Intelligenz! Ohne sie kann die »persönliche, soziale und methodische« Fähigkeit und Kompetenz eines Menschen nicht zur Anwendung kommen.

Die Teamfähigkeit zum Beispiel ist eine soziale und emotionale Kompetenz. Sie muss erlernt werden und dafür bietet Ihnen das Leben ganz sicher sehr viele Rollen, Aufgaben und Funktionen an, in denen diese Fähigkeiten entwickelt werden können. Es ist Irrglaube anzunehmen, dass man mal eben ein Buch liest oder an einem Training teilnimmt und alle Teams laufen »wie geölt«.

Dieses Buch beschreibt, welche »Hard Skills« und »Soft Skills« in der Rolle eines Betriebsratsmitgliedes unerlässlich sind. Die Betriebsratsarbeit soll Ihnen und Ihren Kolleg*innen zum Besten reichen. Es soll möglichst für alle Betriebsbeteiligten zu wertgeschätzten Lösungen gehandelt werden. Der Arbeitsplatz ist kein Kriegsschauplatz. Betriebsratsarbeit ist Friedensarbeit. Für den Frieden müssen alle Betriebsbeteiligten sehr gewissenhaft denken und handeln. Und für den Frieden braucht es fachlich professionelle, ausdauernde, klare und sozialverträgliche Verhandlungen und Gespräche. Nur mit Hilfe der Arbeitsgesetze werden Sie dieses Ziel nicht erreichen können.

Das Betriebsverfassungsgesetz wurde vom Bundestag in den 50er Jahren beschlossen. Dies war eine Zeit, in der die digitale Arbeit noch unbekannt war. Es mag sein, dass Sie perfekt im Umgang mit digitalen Medien arbeiten können. Für die Betriebsratsarbeit sind sie in der Regel nicht zulässig.

Ich danke der **Illustratorin Diana Skoda** aus Hamburg für die lustigen Illustrationen. Sie hat während ihrer Arbeit verstanden, dass die Betriebsrätearbeit keine Arbeit ist, die die Gewerkschaften für alle Beschäftigten dieser Welt zu erledigen haben. Ich danke den vielen Betriebsräten für die Anregungen, die in diesem Buch unbedingt ihre Berücksichtigung finden mussten.

Ich danke dem **Kollegen Olaf Löwe-El Assad** für sein schönes Gedicht zum Thema »Rollen, Funktionen und Aufgaben« und ich danke **Murat Günes** für sein Statement zum Thema Union Busting.

Ich danke auch der **Gesamtbetriebsratsvorsitzenden Natalie Kornowski** für das **Exklusivinterview**.

Ich arbeite in diesem Buch zur Kenntnismachung aller Geschlechter mit der *in-Regelung, da mir blinde Menschen berichtet haben, dass ihre technischen Geräte zum Lesen und Vorlesen der Schriftstücke, die Regelung mit der :in-Regelung nicht erfassen können. Der Inhalt der Schriftstücke wird mit der :in-Regelung verzerrt, weil die Übersetzungsmaschinen von einer kommenden Aufzählung von Ereignissen ausgehen.

Über Anregungen aller Art freue ich mich sehr. Meine Kontaktdaten sind aktuell unter *www.beateschwartau.de* hinterlegt.
Ihnen wünsche ich viel Freude und Erfolg bei Ihrer Betriebsratsarbeit. Toi, toi,toi!

Inhaltsverzeichnis

Abkürzungsverzeichnis

AG	Arbeitgeber
AiB	Arbeitsrecht im Betrieb, Fachzeitschrift
AktG	Aktiengesetz
AuR	Arbeit und Recht, Fachzeitschrift im Arbeitsrecht
BAG	Bundesarbeitsgericht
BaWü	Baden-Württemberg
BetrVG	Betriebsverfassungsgesetz
BGB	Bürgerliches Gesetzbuch
BR	Betriebsrat, gemeint ist der örtliche Betriebsrat
BRD	Bundesrepublik Deutschland
CWA	Communications Workers of Amerika
DGB	Deutscher Gewerkschaftsbund
D/K/W	Däubler, Klebe, Wedde (Hrsg.) Kommentar zum BetrVG
EBR	Europäischer Betriebsrat
EBRG	Europäisches Betriebsrätegesetz
EuGH	Europäischer Gerichtshof
e. G.	eingetragene Genossenschaft
e. V.	eingetragener Verein
ff.	fortfolgende (es bedeutet: mehr als ein Paragraf)
GBR	Gesamtbetriebsrat
gGmbH	Gemeinnützige GmbH »steuerrechtliche Relevanz«
ggf.	gegebenenfalls
GmbH	Gesellschaft mit beschränkter Haftung

KBR	Konzernbetriebsrat
MA	Mitarbeiter*in
NZA	Neue Zeitschrift für Arbeitsrecht, Fachzeitschrift
OHG	Offene Handelsgesellschaft
öBR	örtlicher Betriebsrat
RZ	Randziffer, bezeichnet die Randnummern zum Paragrafen im Kommentar
SEBG	SE-Beteiligungsgesetz
SE-BR	Betriebsrat der Europäischen Gesellschaft | SE = Societas Europaea)
SP	Sozialplan
TV	Tarifvertrag
u. a.	unter anderem
UR-GBRB	Ursprungsgröße des GBR, ohne dass der Rat verkleinert oder vergrößert wurden
z. B.	zum Beispiel

A. Rollenklarheit in der Betriebsratsarbeit

Herzlichen Glückwunsch zur gewonnen Betriebsratswahl!
Nun fragen Sie sich ganz sicher, was Sie jetzt tun sollen und noch spannender ist die Frage, wie Sie es tun sollen? Glücklicherweise müssen Sie die Arbeit der Betriebsräte nicht erfinden. Dies hat der Bundesgesetzgeber für Sie getan. Die Bundesregierung hat ein Betriebsverfassungsgesetz verabschiedet, der Bundesrat hat es bestätigt und der Präsident hat das Gesetz unterschrieben. Arbeitgeber*innen und Betriebsräte haben die Pflicht, dieses Gesetz als sogenannten Hard Skills anzuwenden und im Konfliktfall entscheidet ein Arbeitsgericht oder die Einigungsstelle, wie dieser Konflikt beigelegt wird. Die Behinderung der Betriebsratsarbeit ist ein Straftatbestand nach § 119 BetrVG und theoretisch können Störer*innen wegen einer Betriebsratsbehinderung ins Gefängnis kommen. § 23 Absatz 3 BetrVG gibt Ihnen die Möglichkeit, ein gesetzliches Pflichtverhalten der Arbeitgeber*in einzuklagen. Bundesgesetze bewusst und absichtlich nicht einzuhalten oder gar zu demontieren, ist Verrat an der freiheitlich demokratischen Grundordnung und möglicherweise nach anderen staatsrechtlichen Vorschriften ebenfalls strafbar. Diesen Antrag muss jedoch jemand stellen. Dieses Gesetz trägt die Bundesrepublik Deutschland seit 1952.

I. Interview Gesamtbetriebsratsvorsitzende

Ich habe lange in der Bundesrepublik suchen müssen, bis ich eine Frau in der Funktion der 1. Vorsitzenden gefunden habe, damit sie Ihnen einen Praxisbericht über die überbetriebliche Interessenvertretung gibt. Frauen sind oft nur in der Stellvertretung zu finden oder sie sind normale Mitglieder. Es ist noch immer die Norm, dass Männer in der Funktion des 1. Vorsitzenden stehen. Ich hoffe sehr, dass dieses Interview insbesondere die Frauen motivieren kann, Leitungsfunktionen zu übernehmen.

1. Das Interview

Beate Schwartau:
Natalie Kornowski, Du bist bei der Amprion GmbH beschäftigt und seit 2018 Gesamtbetriebsratsvorsitzende der Amprion GmbH.
Magst du uns kurz beschreiben, in welcher Branche Ihr tätig seid?

Natalie Kornowski:
Amprion ist einer von vier Übertragungsnetzbetreibern in Deutschland. Über 3100 Kolleginnen und Kollegen arbeiten gemeinsam an über 30 Standorten daran, das Netz sicher und stabil zu halten. Wir bauen das Höchstspannungsnetz aus und halten es instand. So sorgen wir dafür, dass die Lichter immer leuchten. Alles in allem ein höchstspannender und sinnerfüllter Beitrag zum Umbau zu einem klimafreundlichen Energiesystem.

Beate Schwartau:
Magst Du uns erzählen, welchen Weg du gegangen bist, um heute Gesamtbetriebsratsvorsitzende zu sein?

Natalie Kornowski:
Nach dem Abitur habe ich eine Ausbildung im Kraftwerk Goldenberg (RWE) als Industriekauffrau gemacht. Dort war ich Jugendsprecherin von 80 Azubis und Mitglied der Gewerkschaft ÖTV. Danach habe ich einige Bereiche als Sachbearbeiterin durchlaufen, vom Einkauf, über Personal, der RWE-Lastverteilung bis hin zum Kundenservice für Strom und Gas im Beschwerdeteam. Nachdem ich schließlich zu Amprion gewechselt bin, standen 2014 Betriebsratswahlen an. Der damalige BR-Vorsitzende hatte mich ermuntert, mich aufstellen zu lassen und aufgrund meines Wahlerfolgs hat mein Gremium mich bestärkt und zur Vorsitzenden gewählt. Eine Amtszeit war ich zusätzlich stellvertretende GBR-Vorsitzende und bin in der nächsten Amtszeit 2018 zur GBR-Vorsitzenden gewählt worden, als unser GBR-Vorsitzender in den Ruhestand gewechselt ist. 2014 gab es keine Frauenquote, da wir das Minderheitengeschlecht noch nicht erfüllten.

Beate Schwartau:
Braucht es bestimmte Kenntnisse, um dieser Funktion gerecht zu werden?

Natalie Kornowski:
Die Arbeitsrechtskenntnisse aus meiner Weiterbildung zur Fachwirtin waren hilfreich. Die Kenntnis des Betriebsverfassungsgesetzes ist eine wichtige Grundlage insofern, dass man zunächst die wichtigsten Paragrafen und die wesentlichen Rechte und Pflichten kennt. Dann helfen regelmäßige Seminare und Schulungen. Schulungen in der Grundqualifikation sind unerlässlich, weil es darum geht zu verstehen, dass wir in der Aufgabe innerhalb des Arbeitsrechts arbeiten müssen. In den Spezialseminaren baut man auf die arbeitsrechtlichen Grundkenntnisse auf. Das Thema Gremien-Führung und Kommunikation z. B. ist ausgerichtet auf die Arbeit im Gremium und es sorgt für eine Vertiefung der betriebsverfassungsrechtlichen Aufgabe. Solche BR-spezifischen Angebote sind deshalb so sinnvoll, weil man sich gleichzeitig ein Expert*innen-Netzwerk aufbaut, auf das man in schwierigen Situationen bauen kann. **Außerdem eine sichere Bank:** die Beratung und Unterstützung durch unsere Gewerkschaft. Unsere gewerkschaftliche Ansprechpartnerin ist neben ihrem Aufsichtsratsmandat regelmäßig in unseren GBR-Sitzungen dabei und steht uns immer beratend zur Verfügung. Hand in Hand mit der Hans-Böckler-Stiftung, die uns mit Fachwissen professionell versorgt.

Beate Schwartau:
Würdest Du sagen, dass es ausreicht, wenn Betriebsräte das rechtliche Fachwissen erworben haben? Welche Soft Skills sind für die Funktion der GBR-Arbeit unerlässlich? Wie hoch schätzt Du z. B. die emotionale Kompetenz für die BR-Arbeit ein? Also die Fähigkeit, Selbstbewusstsein zu entwickeln, die eigenen Emotionen selbst regulieren zu können, sich im Griff zu haben und natürlich auch Empathie und ein funktionierendes Beziehungsmanagement für die Teamarbeit und Netzwerktätigkeit.

Natalie Kornowski:
Emotionale Kompetenz oder auch Intelligenz[1] in der BR-Arbeit lebt von Kompromissen und von einer vertrauensvollen Zusammenarbeit. Ver-

1 Intelligent zu sein hat nichts damit zu tun, ob der Mensch von niederer Herkunft ist oder besonders hoch gebildet. Intelligenz hat eher etwas mit menschlicher Größe zu tun. Es beschreibt die Fähigkeit, abstrakt von sich selbst zu denken und zu handeln. Es geht dabei um die Frage, sachgerecht zu denken und daraus zweckvolles Handeln abzuleiten. Ein Betriebsratsmitglied denkt und handelt z. B. nicht intelligent, wenn es davon ausgeht, dass das gesamte betriebsrätliche Handeln nur zu persönlichen Gunsten für sich selbst oder zu Gunsten seiner unmittelbaren Kolleg*innen zum Vorteil ist. Die Konfliktarbeit kann nur mit Intelligenz bewältigt werden. Nachgiebigkeit wird oft fälschlicherweise als »dumm«

trauensvoll mit der Arbeitgeberin zu sein und vor allem im Gremium, sind unerlässlich. Also braucht es zum einen eine große Portion emotionale Kompetenz, wie z. B. die Empathie, sich selbst mit seinen Emotionen gut im Griff zu haben und sich in die Kolleg*innen oder Arbeitgeber*in hineinzuversetzen. Verhandlungsgeschick und Ausdauer sind unerlässlich. Es hilft sicherlich auch, selbstreflektiert zu sein und immer wieder neue Wege auszuprobieren, um das beste Ergebnis für die Kolleginnen und Kollegen zu erzielen.
Außerdem sollte man gern mit Menschen zusammenarbeiten und neue Kontakte knüpfen. Tragfähige Netzwerke sind ein gutes Rezept, dass sich immer wieder bewährt. Im Unternehmen, übergreifend und innerhalb unserer Gewerkschaft. Außerdem ist unser BR-Netzwerk, welches wir/ich uns innerhalb von Schulungsmaßnahmen und in unserer Gewerkschaft aufgebaut haben, eine feste Säule und wir pflegen einen vertrauensvollen Austausch über unseren BR-Koordinationskreis der vier Übertragungsnetzbetreiber und mit unserer Gewerkschaft. Alles Möglichkeiten der kollegialen Beratung, die aus meiner Sicht von unschätzbarem Wert sind. Es gibt eigentlich nichts, was nicht eine oder einer schon irgendwann einmal erlebt hat, und von den Erfahrungen kann man profitieren und darauf aufsatteln.

Beate Schwartau:
Hast du Tipps für die Praxis, wie die unterschiedlichen Standortbetriebsräte bundeseinheitlich gut miteinander arbeiten können?

Natalie Kornowski:
Für die Zusammenarbeit unserer Standortbetriebsräte halte ich gemeinsame Projekte für wichtig. Das schweißt zusammen. Wir haben zum Ende der letzten Amtszeit eine gemeinsame Broschüre über unsere Arbeit herausgebracht. Das bleibt eine schöne Erinnerung an die gemeinsamen Erfolge.
In einem wachsenden Unternehmen ist es immer wieder aufs Neue notwendig, die BR-Arbeit und -strukturen zu erklären. Was macht eigentlich der örtliche BR und was soll der GBR bearbeiten? Am besten gelingt es, dies im gemeinsamen Auftritt zu erklären, ohne die »Standort-Identität« zu verlieren. An den übergreifenden Onboarding-Veranstaltungen ma-

---

verstanden. Tatsächlich sind es diese Menschen, die Sorge dafür tragen, dass der Konflikt überhaupt lösbar ist. Es ist fachlich und sachlich falsch, wenn einer gewinnt und alle anderen verlieren (Anmerkung: Schwartau).

chen wir daher regelmäßig einen gemeinsamen BR-Stand, um nahbar zu sein und unsere Arbeit sichtbar zu machen.
Einmal im Jahr haben wir es außerdem etabliert, eine übergreifende gemeinsame hybride Infoveranstaltung zu machen, um den Kolleginnen und Kollegen unsere Arbeit und Projekte vorzustellen.

Beate Schwartau:
Hast du einen Tipp für die Frauen, damit sie die Scheu verlieren, in die Rolle der Leitung zu gehen?

Natalie Kornowski:
Um die Belegschaft am besten vertreten zu können, ist es wichtig, für eine entsprechende Durchmischung in den Gremien und damit auch in den Leitungsfunktionen zu sorgen. Die Mischung macht's, damit es gut wird für die Belegschaft. Der Anteil an den verschiedenen Berufsgruppen, Geschlechtervielfalt und Diversität sollte sich auch in den Gremien widerspiegeln, um auf eine gute Mischung an Sichtweisen und Expertisen zurückgreifen zu können. **Also werden Frauen in leitenden Funktionen dringend gebraucht**. Diese andere Sichtweise ist so wichtig in Diskussionen und Verhandlungen. In unseren Gremien sollte es ein Selbstverständnis sein, dass wir Inklusion vorleben.
Mir ist wichtig, dass junge Kolleginnen und Kollegen in die Gremien reinwachsen, lernen und ausprobieren können, ob sie Lust darauf haben, (mehr) Verantwortung zu übernehmen.
Tipp: Frühzeitig den Austausch suchen – es hilft immer, wenn jemand einem etwas zutraut und man ermutigt wird. Vielleicht kann ein Mentoring helfen, sich darauf vorzubereiten. Vielleicht auch über eine Stellvertreterinnenfunktion darauf vorbereiten, um ein Gefühl dafür zu bekommen (es waschen alle nur mit Wasser). Oder die Sprecherinnenfunktion in einem anderen Ausschuss übernehmen, wie zum Beispiel im Personalausschuss oder IT-Ausschuss.
Das Sprichwort, es ist noch keine Meisterin vom Himmel gefallen, gilt immer noch. Man wächst in die Funktion hinein. Wichtig ist, neugierig zu sein, Freude an der Betriebsratsarbeit zu haben und gern Verantwortung übernehmen zu wollen. Es ist ein ganzes Gremium da, das in Aufgabenteilung ganz sicher gern unterstützt. Außerdem ist die Zusammenarbeit mit der Stellvertretung für mich eine wichtige Bank. Eine enge vertrauensvolle Zusammenarbeit hilft dabei, dass man sich im Führungsteam aufeinander verlassen kann und immer einen Sparrings-Partner hat. Die Zeit für den persönlichen Austausch mit Stellvertretung und Gremium ist gut investierte Zeit, um gemeinsam auf die Unterstützung im Gremium

bauen zu können. Ich bin durch mein Gremium getragen. So habe ich das immer empfunden. Gemeinsam mit einer Stimme – wie in einem Chor.

Beate Schwartau:
Arbeitet der GBR mit digitalen Werkzeugen? Wenn ja, welche Regelungen habt Ihr mit Eurem*r Arbeitgeber*in getroffen, damit Ihr digital untereinander und mit dem Kollegium arbeiten könnt.

Natalie Kornowski:
Wir arbeiten mit der BR-Software Endorse und haben mit der Arbeitgeberseite eine entsprechende Vereinbarung getroffen. Die datenschutzrechtliche Unterstützung wird hierzu zwischen Unternehmen und BR sichergestellt. Außerdem nutzen wir alle im Unternehmen M365, um Meetings durchzuführen, bzw. Projektstände zu teilen. Hierzu haben wir eine GBV M365 abgeschlossen. Außerdem nutzen wir Sharepoints und SAP Successfactors. Zudem setzen wir gemeinsam mit dem Unternehmen eine Rahmen-GBV IT/KI auf, die im Ziel auch die Prozesse der Zusammenarbeit regelt.

Beate Schwartau:
Wie regelst Du und das Kollegium die Vereinbarkeit von Familie und Beruf oder andere Angehörigen Verpflichtungen?

Natalie Kornowski:
Die Balance zwischen Beruf und Privatleben ist eine wichtige Grundlage, um sicher, gesund und zufrieden arbeiten zu können. Auf die hierzu abgeschlossenen Tarifverträge sowie Regelungen, wie zur flexiblen Arbeitszeit, Teilzeit etc. sind wir stolz und daher sind sie auch im Gremium ein Selbstverständnis.
Gerade zum Reinwachsen für junge Menschen mit Kindern in die BR-Arbeit ist dies notwendig, auch wenn unterschiedliche Verfügbarkeiten eine stärkere Flexibilität erfordern. Gerade die Kolleg*innen, die sich ohne Freistellung in der BR-Arbeit engagieren, machen schon einen Spagat zwischen fachlichen Aufgaben und der BR-Tätigkeit. Angehörige Verpflichtungen gehen immer vor, sei es Kinderbetreuung, Krankenbetreuung oder Pflegeverantwortung. Wichtig ist, dass wir ein buntes und vielfältiges Gremium sind, um die Anliegen der Belegschaft bestmöglich zu vertreten. Und da gehört Organisationstalent, Flexibilität und Rücksichtnahme dazu. Das zahlt sich wiederum aus durch Vertrauen im Team und durch die bestmögliche Expertise, die für gute Ergebnisse notwendig ist. So kann man die Vielfalt im Gremium ermöglichen und für Nachwuchs

im Gremium und in den Leitungsfunktionen sorgen. Damit BR-Arbeit auch Freude macht und sinnerfüllt ist.
Anmerkung: ich bin sehr glücklich über die Durchmischung in unserem Gremium. Wir haben Schichtkollegen, Kollegen, die in Rufbereitschaft und von den Außenstandorten kommen. Mittlerweile zwei Frauen im Gremium plus unsere Assistentinnen. Altermäßig sind wir, wenn wir unseren Werkstudenten und die Ersatzmitglieder mit betrachten, altersmäßig von 23 – 60 vertreten und mit Kollegen mit Schwerbehinderung, Kollegen in Elternzeit sowie in der Aktivphase der Altersteilzeit in der glücklichen Lage, viele Sichtweisen in die BR-Arbeit einfließen zu lassen.

Beate Schwartau:
Vielen Dank für das Interview.

2. Auswertung der Skills

Um gleich Bezug auf den Titel dieses Buches zu nehmen, benenne ich die wesentlichen Skills, die Natalie Kornowski perfekt zur Anwendung bringt.

a. Hard Skills
Zu den Hard Skills gehören

- Kenntnisse aus dem BetrVG und Arbeitsrecht. Als Betriebsrat arbeiten Sie im Rahmen von Recht und Gesetz. So sieht es das BetrVG und Arbeitsrecht vor. Auf der sicheren Bank sitzen Sie, wenn sie dauerhaft mit§ 80 Absatz 1 und § 75 Absatz 1 und 2 BetrVG argumentieren. **In § 80 Absatz 1 BetrVG steht, dass Sie zugunsten der Arbeitnehmenden zu arbeiten haben.** Alles, was nicht gut für die Beschäftigten ist, müssen Sie nicht verteidigen. Das BetrVG ist ein geltendes Bundesgesetz. Alle Betriebe arbeiten im Rahmen des Gesetzes. Alle anderen Paragrafen dienen Ihren speziellen Handlungsrahmen.

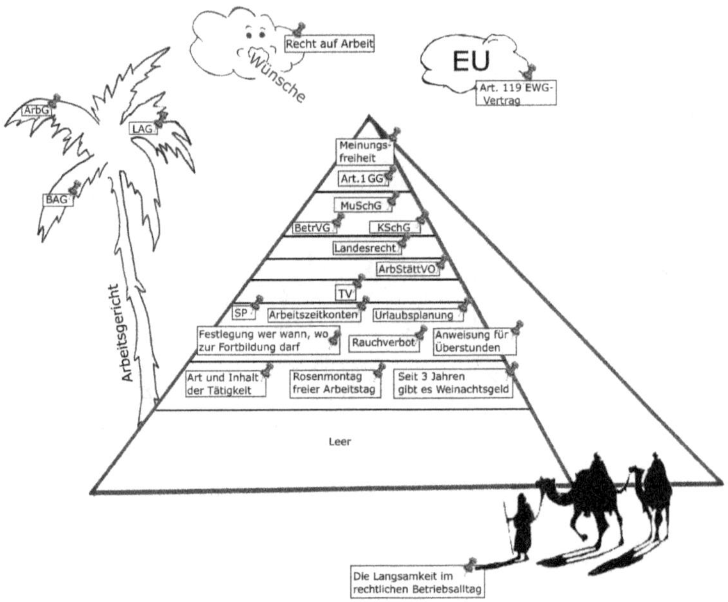

- Aufgabenklarheit, Rollenklarheit und Funktionsklarheit sind Natalie Kornowski bewusst und sie kann damit professionell arbeiten.
- Sich qualifizieren lassen durch die Teilnahme an Seminaren. Dies ist nach § 23 Absatz 1 in Verbindung mit § 37 Absatz 6 BetrVG Ihre gesetzliche Pflicht und auch Ihr gutes Recht. Niemand kann sich die juristische Arbeit und die erforderliche soziale und emotionale Kompetenz selbst beibringen! Nach jeder Seminarteilnahme erkennen Betriebsräte, wie fein und detailliert in der juristischen Arbeitsweise gedacht und gehandelt werden muss. Wie genau Sachverhalte gebildet werden müssen. Und wie existenziell der gesamte formelle Aufwand

ist – Fristen wahren; das Schriftlichkeitsprinzip beachten. Darauf achten, dass der Betriebsratsbeschluss rechtsgültig ist. Eine freundliche, nicht freundschaftliche Zusammenarbeit mit allen Betriebsratsmitgliedern pflegen. Die Abwesenheit von Dominanz und mehr soziale Kompetenz sind unerlässlich.
- Enge Zusammenarbeit mit der Gewerkschaft

b. Soft Skills

- Selbstvertrauen
  - Sich nicht davon beeinflussen lassen, ob irgendwer davon ausgeht, dass Natalie Kornowski als Frau diese Funktion nicht professionell ausführen kann. Sie als Person muss sich selbst vertrauen. Sie darf davon ausgehen, dass ihre Kolleg*innen ihr vertrauen, weil sie gewählt wurde. Natalie Kornowski ist in der Rolle des demokratischen Souveräns.
  - Die Aufgabe und Funktion so ausführen, wie Natalie Kornowski es für sich selbst für richtig hält. Sie bleibt sich treu und sie lässt sich nicht verbiegen und bevormunden.
  - Selbstvertrauen kann der Mensch sich nur selbst geben. Erlauben Sie nicht anderen Menschen, Sie zu definieren. Jeder Mensch ist anders und es ist Ihr gutes Recht, so zu sein, wie Sie sind. Sie sind genau wegen Ihrer Eigenschaften erfolgreich gewählt worden.
- Aufgabenklarheit, Funktionsklarheiten und Rollenklarheiten hat Natalie Kornowski über Jahre erlernt und auf diesem Wege in ihrer Persönlichkeit weiterentwickelt. Diese Absicht war sicherlich die Motivation für die zahlreichen Teilnahmen an Seminaren.
- Sie ist seit Jahren verbindlich gewerkschaftlich aktiv.
- Ausdauer und Geduld.
  - Sie hat diverse Umorganisationen im Unternehmen begleitet.
  - Sie hat gelernt, Frustrationen auszuhalten, da sie nicht aufgegeben hat.
- Kommunikative Kompetenzen.
  - Eine gute Zuhörerin sein.
  - Probleme mit den Betroffenen klären, da diese am besten wissen, was sie brauchen. In der Klärung findet sich der Lösungsansatz. Hier ist der Ort für emotionale Kompetenz. Die emotionale Kompetenz lässt sich mit Ausdauer erlernen.
  - **Empathisch sein**, das bedeutet, die Gefühle und Perspektiven anderer Menschen nachzuempfinden oder zu verstehen, um ihnen bestmöglich zu ihren Gunsten zu helfen.

- An Qualifizierungsmaßnahmen teilnehmen und sich ständig wie in anderen Funktionen weiterqualifizieren. Jurist*innen studieren viele Jahre! Warum sollte eine Betriebsrätin in der Lage sein, sich dieses Wissen selbst anzueignen?

Fazit:
Natürlich muss eine Gesamtbetriebsratsvorsitzende die **Harten Skills** kennen und anwenden. Diese Kompetenz erlernt jedes Betriebsratsmitglied durch die Teilnahme an Seminaren und in der praktischen Anwendung ihrer betriebsverfassungsrechtlichen Aufgaben im Betrieb oder im Unternehmen. Um diese Kompetenz anwenden zu können, braucht es mehrheitlich die Kompetenz der **Soft Skills**, damit die Betriebsratsarbeit im Team erfolgreich sein kann und damit die Betriebsratsarbeit einen hohen Nutzen für die Beschäftigten haben. Die Soft Skills sind die tragenden Eigenschaften, damit die Betriebsräte gesund bleiben und Freude an ihrer Arbeit haben. Betriebsratsarbeit ist Friedensarbeit. Betriebsräte führen keinen Krieg. Die Soft Skills können hilfreich sein, eine Auseinandersetzung effizient und professionell zu führen, damit die Betriebsräte und Belegschaft gewinnen können. Diese Technik nennt man nicht »Kriegsführung«. Diese Technik zählt zu den Verhandlungsgeschicken, die unerlässlich für den Erfolg in dieser Rolle sind. Darum geht es ja. Und denken Sie daran, Sie handeln immer im Rahmen von gefassten Betriebsratsbeschlüssen als BR-Team. Eine Vorsitzende handelt professionell und rechtswirksam im Rahmen von gefassten Beschlüssen. So steht es in § 26 Absatz 2 BetrVG.

II. Rollenklarheit, Funktionsklarheit und Aufgabenklarheit

In diesem Kapitel geht es darum, eine Idee zu entwickeln, wie Sie Ihre Rolle, Ihre Aufgabe und Funktion als Betriebsrat professionell ausführen können. Die Klarheit über diese besonderen Anforderungen werden oft in der Supervision oder im Coaching angewendet. Im Arbeitgeber-Nachfolgemanagement arbeiten die Berater*innen immer an der Rollenklarheit, Aufgabenklarheit und Funktionsklarheit. Betriebsräte werden leider zu wenig gecoacht.

Wenn ich von der Angestellten in die Rolle der Teamleitung wechsele, habe ich meine Aufgaben mit anderen Funktionstechniken zu bewältigen als in der Rolle der einfachen Facharbeiter*in.

Als Facharbeiter*in genüge ich, wenn ich »fleißig, pünktlich und zuverlässig« meine Arbeit bewältige. Als Teamleiter*in verfüge ich auch über

die genannten Arbeitstugenden, allerdings muss ich noch etwas mehr können. Ich muss Menschen motivieren, Arbeit koordinieren, Streit schlichten, Kunden*innen zufrieden stellen usw.
In diesem Kapitel geht es im Vordergrund auch um Ihre betriebsrätliche Motivation und Ihre ganz eigene Gesundheit. Zu wissen, wer ich in welcher Rolle bin und was meine rollenbezogenen Aufgaben ausmachen, damit ich im Sinne des Gesetzes gut funktioniere, hilft Energie und Begeisterung zu halten, Aufregung und Konflikte zu vermeiden und gut verankert im Mandat zu stehen. Viele neue Betriebsräte halten Ihre neue Rolle keine vier Jahre durch, weil sie nicht reflektiert haben, dass die Rolle des Betriebsrats eine ganz andere Rolle ist als die Rolle und Funktion sowie Aufgabe als Arbeitsperson. Irgendwann sind sie überfordert und verärgert. Viele werden krank im Mandat oder sie legen erschöpft ihr Mandat nieder. Das muss nicht sein! Es gibt Menschen, die blühen regelrecht in diesem Mandat auf. Sie erleben in ihrer Funktion einen Persönlichkeitszugewinn und sie erfreuen sich an ihrer Aufgabe, weil sie erfolgreich sind. Was macht die einen krank und die anderen gesund? Es ist keine Frage von Persönlichkeitstypen, Intelligenz und Bildungsniveau. Gut in sich ruhend im Betriebsratsmandat zu sein und immer zu wissen, wer ich wann wie bin, ist eine Grundvoraussetzung für Ihrer Widerstandskraft. In der Psychologie spricht man von Resilienz.
Ein sehr bekannter Neurologe/Psychiater[2] erfand innerhalb seiner Arbeit die erste Methode für eine Gruppentherapie. Er hieß Jacob Levy Moreno und er ist der Erfinder des Psychodramas. Psychodrama klingt dramatischer als es ist. Mit seiner Rollentheorie und anderen Theorien entwickelte er ein Konzept, welches Menschen zum Handeln befähigte. Er selbst hatte als jüdischer Flüchtling 1933 in den USA den zweiten Weltkrieg überlebt. Er ist aus Berlin rechtzeitig immigriert und er beobachtete die Shoa an den Juden in Deutschland. Er weigerte sich daran zu glauben, dass es den Deutschen gelingen würde, alle Juden zu ermorden und 1937 weigerte er sich daran zu glauben, dass die Deutschen den Krieg gewinnen. Er beobachtete sehr genau, was in Deutschland passierte und er forschte zu der Frage, wie die Überlebenden nach diesen grausamen Erlebnissen in den deutschen Konzentrationslagern wieder einen Weg ins Leben finden könnten, damit sie wieder teilnehmen am Leben. Seine erfundene Methode nannte er Psychodrama. Das Psychodrama ist die Methode, diejenige Methode, welche die Wahrheit der Seele durch Handeln ergründet.[3] Von ihm stammt auch der Spruch: Ein gelebtes Leben hat in

2 Hutter/Schwehm, J. L. Morenos Werk in Schlüsselbegriffen.
3 Ebenda.

240 Rollen gelebt.[4] In meiner Beratungsarbeit ist das sogenannte »Rollen-Atom« einzelner Menschen ein Grundsatzangebot.
Sie sind nicht 24/7/365[5]-Betriebsrat. Niemand sollte dies sein, denn sonst wird er oder sie krank. Mit voller Leidenschaft und hohem Tempo ins Burn-Out, wäre die Folge. Erwachsene gesunde Menschen haben irgendwann in ihrem Leben gelernt, dass sie mehr als nur eine Rolle zu bedienen haben. Wer sich bewusst macht, welche Rolle zu welchem Moment im Alltag gelebt werden muss, kann nicht erkranken.

In diesem Buch habe ich die Rolle, eine Autorin zu sein. Ich habe die Aufgabe, ein Praxisbuch für die Betriebsratsarbeit zu schreiben. Dies kann ich nur, weil ich sehr hohe Funktionsvoraussetzungen für diese Rolle und Aufgabe habe: Ich bin fachlich sehr hochwertig ausgebildet und ich verfüge über eine fast 40jährige Praxiserfahrung in der Zusammenarbeit mit den unterschiedlichsten Betriebsräten. Kein Betriebsrat arbeitet wie andere Betriebsräte. Sie ähneln sich und handeln jedoch sehr unterschiedlich. Die Juristerei spielt für diese Kompetenz eine untergeordnete Funktion. Ob ich meine Aufgabe gut gemacht habe, entscheiden Sie oder der Absatz meines Buches. Meine Leser*innen sind Betriebsräte. Nicht Gewerkschaftshauptamtliche, Volljurist*innen oder andere Zielgruppen. Viele haben einen Migrationshintergrund und sie kommen aus Kulturen, in denen es kein Arbeitsrecht oder Betriebsverfassungsrecht gibt. Manche

4 Ebenda.
5 Über 24 Stunden am Tag, sieben Wochen und 365 Tage im Jahr.

Betriebsräte kommen aus Nationen, in denen sie für diese Arbeit ins Gefängnis kämen oder gar ermordet werden. Ihnen ist die Ausführlichkeit in diesem Buch gewidmet.
Ein Betriebsräte-Coaching ist nicht zu vergleichen mit einem Führungskräfte-Coaching. Hier fehlt es den Betriebsräten an einzelner abschließender Regelungserlaubnis. Sie handeln im Rahmen des BetrVG im Kollegialorgan. Niemand handelt als Betriebsrat als Einzelperson. Betriebsräte werden für vier Jahre gewählt. Leitende Angestellte werden als solche angestellt und dementsprechend bezahlt. Betriebsräte führen ihr Mandat in ihrer Gehaltsklasse aus. Sie dürfen nicht wie leitende Angestellte bezahlt werden, auch wenn sie echte professionelle Managementfertigkeiten anwenden.[6]

1. Rolle: Ein gelebtes Leben hat in 240 verschiedenen Rollen gelebt

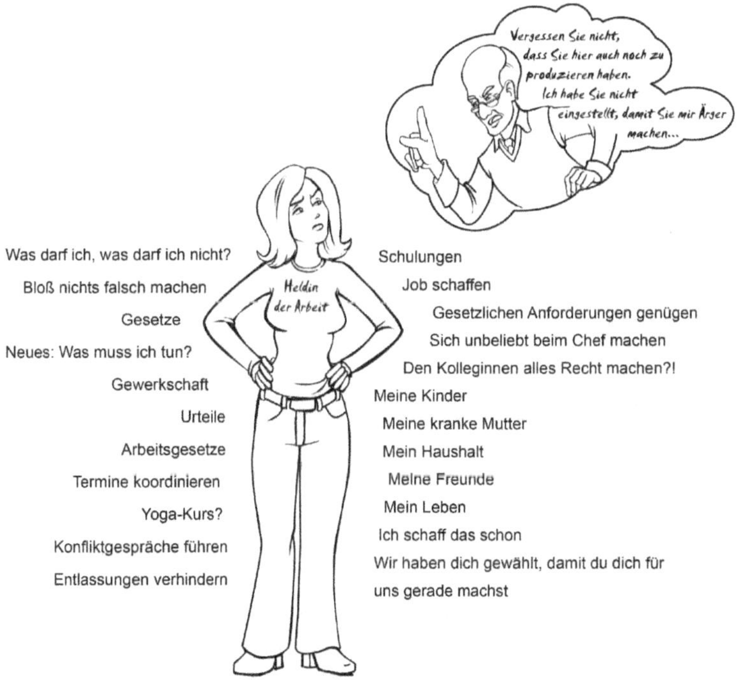

6 D/K/W, § 78 RZ 33f.

Nehmen wir als Beispiel diese Heldin. Sie steht mit acht Rollen im Bild.

1. Rolle: Sie selbst sein!
2. Rolle: Mutter sein.
3. Rolle: Tochter sein.
4. Rolle: Arbeitnehmerin sein, in ihrem originären Job.
5. Rolle: Kollegin sein.
6. Rolle: Betriebsrätin sein.
7. Rolle: Gewerkschafterin sein; möglicherweise ist sie dort sehr aktiv.
8. Rolle: Freundin sein. Eine private Rolle.

Ganz sicher hat sie noch viele Rollen und Aufgaben im Leben gehabt und ganz sicher kommen noch ganz viele Rollen hinzu. Sie kann ihr Leben nicht bewältigen, wenn sie kein Bewusstsein dafür für hat, dass die Anforderungen und Aufgaben in Bezug auf ihre Rollen nicht 24/7/365 und lebensbegleitend unverändert sind.

Wenn sie keine freigestellte Betriebsratsfunktion hat, muss sie die Anforderungen in ihrem originären Beruf trotzdem bewältigen können. Wenn sie an 24/7/365 immer in der Rolle der Betriebsrätin wäre und wenn sie für ihre Kolleg*innen immer erreichbar und präsent sein möchte, dann wird sie sich nicht um ihre kranke Mutter, ihre Kinder und auch nicht um ihre eigene Gesundheit kümmern können. Vermutlich verliert sie auf kurz oder lang sogar alle Freunde, weil alle genervt sind, weil sie nur noch und ausschließlich in ihrer betrieblichen Rolle, Funktion und Aufgabe anwesend ist. Es wäre sehr schade für sie. Die Rolle als Betriebsrat an sich gehört zu den Hard Skills einer Betriebsrätin, wie sie ausgeführt und gelebt wird, entscheidet sich mehrheitlich über das Potential der sozialen Kompetenz (Soft Skills).

2. Aufgabenklarheit: Die Pflicht und das Recht des Betriebsrats

Zu klären ist, welche Aufgaben unsere Heldin in Bezug auf ihre Rollen hat?

Rolle	Aufgabe
a. Sie selbst sein	a. Da sie eine fiktive Person ist, bleibt dies ihr Geheimnis.
b. Mutter sein	b. Kinder ernähren und im Leben begleiten. Sie muss arbeiten, damit sie ihre Familie ernähren kann.

Rolle	Aufgabe
c. Tochter sein	c. Ihre pflegebedürftige Mutter versorgen.
d. Arbeitnehmerin sein, im originären Tätigkeitsfeld.	d. Sie muss die Zielvereinbarung erfüllen, die sie mit ihrer/ihren Chef*in vereinbart hat. Sie muss den arbeitsvertraglichen Pflichten genügen. Die Rolle der Betriebsrätin ändert nichts an dieser grundsätzlichen Pflicht. Sie gestaltet die Arbeitspflicht neu, entsprechend der Ermächtigungsgrundlage des BetrVG.
e. Kollegin sein	e. Wir wissen nicht, wie ihr Verhältnis zu ihren Kolleg*innen ist. Wir können unterstellen, dass sie sehr beliebt ist, weil ihre Kolleg*innen sie für die Rolle der Betriebsrätin gewählt haben! Oft sind sich die Kolleg*innen nicht darüber bewusst, dass sich dadurch in der Zusammenarbeit etwas verändern muss; sie wird jetzt öfters am Arbeitsplatz abwesend sein. In der Regel realisieren die Kolleg*innen dies erst, wenn es passiert. Wenn nicht, dann wird diese beliebte Kolleg*in sehr häufig nicht Wert geschätzt für ihr gemeinschaftsorientiertes Engagement.
f. Betriebsratsmitglied sein	f. Sie ist Gleiche unter Gleichen. Sie arbeitet und handelt im Rahmen von gefassten Betriebsratsbeschlüssen innerhalb der § § 25 bis 121 BetrVG. Das BetrVG gehört zu den Hard Skills. Als Betriebsratsmitglied im Kollegialorgan sich kollegial zu verhalten, gehört zu den Soft-Skills.
g. Gewerkschafterin sein	g. Ihre Gewerkschaftsarbeit ist Freizeitarbeit. Sie darf nach § 74 Absatz 3 BetrVG nicht wegen diesem Engagement diskriminiert werden.

Rolle	Aufgabe
h. Freundin sein	h. Wir kennen ihr Selbstverständnis von Freundschaft nicht. Wir hoffen, dass sie Freundschaften hat und pflegen kann.

Fazit:
Jedes Betriebsratsmitglied kennt die Belastungen, allen Rollen zu genügen. Unsere Heldin wird Prioritäten setzen müssen, um sich rollengerecht zu verhalten. Wie sie dies schaffen kann, entscheidet die Funktionsklarheit und das zugehörige Soft Skill der Selbstsorge, sowie die Souveränität, mit der sie ihre Aufgabe aus dem Arbeitsrecht ausführt.

3. Funktion: Wie fülle ich meine Rolle aus? Strukturangebot

Zunächst nehmen Sie bitte zur Kenntnis, dass Sie die Betriebsratsarbeit erlernen müssen.

Niemand ist in der BRD als Betriebsrat in der Rolle eines gewählten Souverän geboren! Selbst wenn Sie mal Klassensprecher*in waren oder anderes, dann bringen Sie aus diesen Rollen ihre Kompetenz mit, sich für die Gemeinschaft zu engagieren. Als Klassensprecher*in oder in anderen Rollen hatten Sie anderes Funktionswerkzeug mit anderen Befugnissen, so z. B. keine gesetzliche Reglung, welche ihre Mandatstätigkeit bestimmt. Dies müssen Sie realisieren, damit Sie nicht frustriert werden. Als Betriebsratsmitglied können Sie sehr unterschiedliche Funktionen und damit auch Befugnisse aus dem Betriebsverfassungsgesetz erhalten. Ein solches Gesetz haben andere Rollen-Funktionen nicht! Dieses Gesetz gibt es nur in Deutschland und es gilt auch nur für Arbeitnehmende, die ihre Arbeit in Deutschland haben.[7] Das deutsche Arbeitsrecht endet an der Grenze der BRD. Dies gilt selbst dann, wenn das Unternehmen in hohen internationalen Verflechtungen steht.

Betriebsräte sind gut beraten, wenn sie sich im Team darüber austauschen, wie viele Rollen und Aufgaben sie in ihrem Leben zu erfüllen haben! Betriebsräte müssen auch untereinander sehr achtsam miteinander umgehen, damit alle an Bord bleiben können und niemand das Mandat verlässt, weil sie oder er nicht genügend Deckung vom Kollegialorgan Betriebsrat und innerhalb der Belegschaft erhält.

7 Richardi, Einleitung zu § 1 RZ 15; D/K/W, Einleitung zum BetrVG, RZ ab 231 ff.

Bis weit in die 90er Jahre war es in der West-BRD nicht üblich, dass Rücksicht genommen wurde auf die vielfältigen Anforderungen, die ein Mensch zu bewältigen hat. Das »Vorbild-Betriebsratsmitglied«[8] war ohne Familienbezug, es hatte nur die Kolleg*innen, Gewerkschaftskolleg*innen und Parteikolleg*innen als Freunde und Facebook, TikTok, Instagram & Co gab es auch noch nicht. In der Regel hatten sie im Westen eine Ehefrau in der Funktion einer eigenen Angestellten. Wenn diese Menschen in Rente gegangen sind, sind sie oft einsam gewesen, da sie ihren Bezugspunkt verloren hatten. Die Kinder, mit denen sie nie gelebt haben, waren ausgezogen.
Die Wiedervereinigung der beiden deutschen Länder im Jahre 1989 brachte einen neuen Frauentyp in die jetzt neue BRD ein. Die Ost-Frauen hatten in der Regel Kinder, Hobbys; sie waren es gewohnt zu arbeiten; sich wie selbstverständlich gesellschaftspolitisch einzubringen und sie hatten vor der Wende optimale gesellschaftliche Bedingungen, die sie unterstützt haben, damit sie sich gemeinschaftsorientiert engagieren konnten, indem die Gesellschaft verantwortlich dafür war, dass Bedingungen gestellt wurden, mit denen dieses gesamte »Unvereinbarkeitsmanagement«[9] bewältigt werden konnte. Die ostdeutschen Frauen mit Familienbezug waren die Verliererinnen der Wende. All die gesellschaftlichen Unterstützungsangebote wurden als erstes nach der Wiedervereinigung weg-

8 Es galt als männlich, seine Ehefrau wie eine Angestellte zu behandeln. Ein »Frauchen«, das sich nur um die Kinderchen und ihrem Ehemann kümmerte, galt dem Manne als besondere Ehre. Dies hat fatale Folgen auf die Nachfahren dieser »alten Männer«. Manche Frauen tun sich schwer damit, diese alte Rollenprägung zu überwinden.

9 Siehe Jurczyk/Schier/Szymenderski u. a.

rationalisiert. Zeitgleich haben sie mit ihrem Selbstverständnis und Selbstvertrauen auf das Bewusstsein in Bezug auf die Notwendigkeit der geänderten Lebens- und Arbeitsbedingungen von Frauen maßgeblichen Einfluss gehabt. Die Umstände, unter denen Menschen arbeiten und leben müssen, gehören zu den Hard Skills. Da heute auch ein Großteil der Männer sich mit großer Freude ihrem Familienglück zuwenden und sie in die emotionale Verantwortung für ihre Angehörigen gehen, löst sich das alte gesellschaftliche Rollenzuweisungsmodell sichtbar auf. Es bleibt spannend, wie es gesamtgesellschaftlich weitergeht.

Historisches Beispiel:
Ohne Arbeitsvertrag kein Arbeitseinkommen, keine Gelegenheit überhaupt das Mandat des Betriebsratsmitglieds einzunehmen.

Die Mehrheit der West-Frauen hätte diese Wende ohne diesen Typ von Ost-Frauen sicherlich bis heute nicht vollzogen. Es war gefährlich für emanzipierte Frauen, in West-Deutschland zu leben. Eine Frau, die nicht hetero verheiratet war oder in einer festen hetero Beziehung lebte, wurde gesellschaftlich nicht wahrgenommen. Sie galt als ein bisschen »verrückt« und »abnormal«.
Im Osten gab es kaum eine Geschlechterdiskriminierung. Die Frau war nach dem zweiten Weltkrieg gleichberechtigt und die politisch verantwortlichen Akteure haben dementsprechende Gesetze und Bedingungen geschaffen, damit die gleichberechtigte Teilhabe aller Menschen in der Arbeitswelt ermöglicht wurde.
Das beste Beispiel ist die erste und alte Bundeskanzlerin Angela Merkel. Sie war die erste Frau und bis dato einzige Frau in diesem Mandat seit Bestehen der Föderation Bundesrepublik Deutschland gewesen und es wundert mich nicht, dass sie in Ost-Deutschland sozialisiert ist. Es gab in West-Deutschland selbstverständlich jede Menge charismatische und auch hochbegabte Frauen, nur sie wurden regelrecht gesellschaftlich geächtet, nieder gemacht und sabotiert, wenn sie es wagten gesellschaftlich relevante Mandate anzustreben. Es ist ein sehr bitteres und dunkles Kapitel der BRD. Gott sei Dank hat sich in dieser Frage viel geändert. Die Gesellschaft akzeptiert inzwischen auch alleinstehende Menschen. Der demographische Wandel verlangt auch, dass sich alle arbeitsfähigen Menschen in die Arbeitswelt und Familienwelt einbringen.
Die Wiedervereinigung ist formell vereint, als sogenannter Hard Skill. Im Verhalten und im Umgang mit dem Leben gibt es immer noch einen Ost-West-Unterschied. Manchmal ist dies deutlich zu erkennen. 36 Jahre

Wiedervereinigung konnten fünfzig Jahre Unterschiedlichkeit nicht ungeschehen machen.
Nun schauen wir uns aus der Reflexionsperspektive die Rollen und Funktionen unserer oben genannten Heldin an. Es ist ja nur ein Beispiel. Jedes Betriebsratsmitglied muss diesen Vorgang der Reflexion für sich selbst vornehmen.

Rolle	Funktion
a. Sich selbst sein	a. Wir wissen nicht genau, wie die Selbstsorge dieser Kollegin aussieht. Wie sie es schafft, sich Zeit für ihre Gesundheit (Yoga-Kurs) zu nehmen, und sie lebt in einem Netzwerk aus Familie, Freundschaften und gesellschaftlichen Engagement.
b. Mutter sein	b. Vielleicht lebt diese Kollegin in einer Partnerschaft und sie wird von ihrer Partnerin oder ihrem Partner unterstützt. Wenn sie das Familienprogramm alleine zu stemmen hat, dann wird sie alle Anforderungen vernetzt bewältigen. Ohne Netzwerk hätte sie keine Chance das Mandat der Betriebsrätin zu bewältigen. Es ist beachtlich, wieviel Netzwerkkompetenz alleinerziehende Eltern haben. Wir wünschen ihr, dass sie innerhalb des Betriebsratsgremiums einen Mehrheitsbeschluss zur Unterstützung ihrer Tätigkeit als Betriebsratsmitglied bekommt. Beispiel: Kostenübernahmebeschluss für Kinderbetreuung, wie dies eine GBR Vorsitzende 2010 erfolgreich erstritten hat. Siehe **BAG** vom **23.06.2010 – 7 ABR 103/08**.
c. Tochter sein	c. Wir wissen nicht, was ihre Mutter an Pflegeunterstützung braucht und zulassen kann. Und wir wissen auch nicht, ob es noch Geschwister und andere Personen gibt, die sie unterstützen bei der Vereinbarkeit von **Familie und Beruf**. Solange die Mutter nicht in stationärer Unterbringung versorgt wird, wird die Tochter sich pflichtbewusst um ihre Mutterkümmern.

Rolle	Funktion
	Dafür braucht sie ein Netzwerk an Unterstützung und auch angepasste Arbeitszeiten. Vermutlich beschließt ihr Betriebsrat, dass sie zur Bewältigung ihres Mandates ständig zusätzlich nach § 37 Absatz 2 oder nach § 38 BetrVG von der originären Arbeitspflicht zu befreien ist. Hilfsweise könnte der Betriebsrat einen Beschluss fassen, dass die/der Arbeitgeber*in die Kosten für diese Familienpflicht Kosten übernimmt, wie dies bereits durch das BAG für die Kinderbetreuungskosten der Fall ist. Siehe **BAG** vom **23.06.2010 – 7 ABR 103/08**. Unser Bundesgesetzgeber muss, wenn er sich selbst genügen will, im demokratischen Beteiligungsverfahren Unterstützungsleistungen beschließen, sonst wird diese Belastung dazu führen, dass Menschen mit pflegebedürftigen Eltern nicht befähigt sind das Mandat im Rahmen des BetrVG auszufüllen. Die Bundesregierung würde auf diesem Wege ihren eigenen Anspruch aus § 80 Absatz 1, Nr. 2b BetrVG vereiteln. Der Gesetzgeber wird im Rahmen des demographischen Wandels ganz sicher Förderprogramme erfinden und auflegen müssen.
d. Arbeitnehmerin im originären Job sein	d. Der Gesetzgeber hat mit § 37 Absatz 2 BetrVG[10] festgelegt, dass für die Erfüllung der Funktionen und Aufgaben der Betriebsratsarbeit, die arbeitsvertragsrechtliche Pflicht hinter der Pflicht zur gesetzesgemäßen Erfüllung des Mandats als Betriebsrat zurücktritt. **Die erforderliche Betriebsratsarbeit hat Vorrang vor der arbeitsvertraglichen Pflicht.**[11] Wie immer

10 D/K/W, § 37 RZ 10ff.; Richardi, § 37 RZ 13ff.

11 Ebenda.

Rolle	Funktion
	dies im Einzelfall auszusehen kann, entscheidet die betriebliche Wirklichkeit. **Grundsätzlich darf ein Betriebsratsmitglied seinen Arbeitsplatz ohne Zustimmung des AG verlassen, da der AG nicht zustimmen muss.**[12] **Zum Zwecke der Planbarkeit der Arbeitsorganisation hat sich das BR-Mitglied für seine Tätigkeit im Mandat des BR beim AG »abzumelden« und wieder »anzumelden«.**[13] Zunächst wird diese Betriebsrätin ihre Zielvereinbarung an die geänderten Bedingungen anpassen. Möglicherweise ist sie **zusätzlich** nach § 37 oder § 38 BetrVG für die originäre Pflicht nach dem BetrVG von ihrer arbeitsvertraglichen Pflicht entbunden, so dass sie dauerhaft für vier Jahre freigestellt ist. Die Arbeitgeber*in könnte auch jemanden einstellen, damit keine Störungen und Überlastungen am Arbeitsplatz eintreten. **Unsere Heldin darf in jedem Fall nicht schlechter gestellt sein, als wenn sie nicht in dieser Rolle wäre.**[14] Wesentliche Voraussetzung ist, dass ihr Betriebsrat entsprechende Beschlüsse fasst und diesen Beschluss notfalls vor dem Arbeitsgericht verteidigt. Bis zur Klärung dieser Streitfrage (Zielkonflikt) muss der gesamte Betriebsrat hinter unserer Heldin stehen und sie selbst braucht jede Menge Gelassenheit, um diesen unangenehmen Moment zu überstehen. Sie braucht ein privates soziales Umfeld, das sie reguliert und stärkt. An dieser Stelle haben auch die Arbeitgeber*innen viel zu lernen. **Wertschätzung der Belegschaft beginnt damit, dass das**

12 BAG vom 29.06.2011 – 7 ABR 135/09, BAG vom 15.03.95 – 7 AZR 643/94.
13 Ebenda, besonders BAG vom 29.06.2011.
14 D/K/W, § 37 RZ 3f, Richardi, § 37 RZ 1 ff. **Ebenso neu: EU-Richtlinie 2019/1158.**

Rolle	Funktion
	bundesdeutsche Recht eingehalten wird! Einer Beschäftigten keine professionellen Bedingungen zu stellen, damit sie zugunsten der Belegschaft und des Betriebes (siehe § 2 BetrVG) tätig sein kann, ist nicht nur eine Straftat im Sinne des § 119 Absatz 1 Nr. 2 BetrVG. Es ist gesetzeswidrig dem Menschen gegenüber, der sich gemeinwohlorientiert engagiert und handelt. Es ist demokratiefeindlich. Außerdem verstößt es gegen europäisches Recht[15] Betriebsrätliches Handeln verschafft dem gesamten Unternehmen einen Wertzuwachs, indem es eine Referenz für gute Arbeitsbedingungen und willkürfreies Arbeiten stellt. Diese Referenz können betriebsratslose Unternehmen nicht bieten. Aus der Perspektive von Arbeitsuchenden kann zu Recht davon ausgegangen werden, dass ein sozialer Betrieb – der Betriebsrat steht als Garant für die Annahme, dass es sich um einen sozialen Betrieb handelt – in der Entscheidung für oder gegen die Annahme eines Beschäftigungsverhältnisses. Unsere Heldin wird lernen müssen, dass sie eine genügende Arbeitsnehmerin ist, wenn sie ihre Rolle als Betriebsrätin professionell bedient. Sie wird lernen mit dem Verlust von Anerkennung und Wertschätzung durch den AG zurecht zu kommen und sie wird sich irgendwann trotz alledem gut fühlen. AG und ihre Leitungskräfte verstehen selten, was Betriebsräte funktional leisten, weil sie in der Prozesskette des betriebsrätlichen Handelns keinen unmittelbaren fühlbaren Vorteil von dieser Arbeit haben und weil sie keinen Einblick in den »betriebsrätlichen Produktionsprozess« haben können.

15 EU-Richtlinie vom 20.06.2019 in EU-Richtlinie 2019/1158.

Rolle	Funktion
e. Kollegin sein	e. Auch wenn unsere Heldin Betriebsrätin ist, bleibt sie originäre Kolleg*in. Vermutlich wird sie ohne ständige Freistellung von der Arbeit ihren Kolleg*innen eine Mehrbelastung sein. Die erfolgreiche Verbesserung der Arbeits- und Lebensbedingung durch das Mandat als BR sollte dies entschädigen.
f. Betriebsrätin sein	f. Hier wird unsere Heldin zunächst feststellen, dass sie sich fachlich qualifizieren muss. Zu Beginn dieser Mandatsarbeit wirkt es wie ein Schock, weil sie schnell merken wird, dass ihr das erforderliche sachgerechte und fachliche Know-how fehlt. Sie wird sich daran gewöhnen müssen, dass sie immer im Kollegialorgan handelt (§ 33 BetrVG). Dass sie immer an BR-Sitzungen (§ 30 BetrVG), Ausschüssen (§ § 28ff. BetrVG), Konferenzen, Gesprächen mit dem AG, Qualifikationen (§ 37 Absatz 6 BetrVG) und vielem mehr teilzunehmen hat. Sie wird viel lesen müssen. Möglicherweise wird sie viel schreiben müssen, sie steht in vielen Gesprächen mit sehr vielen Personen. Glücklicherweise verpflichtet § 40 Absatz 2 BetrVG den AG »Büropersonal« zur Verfügung zu stellen. Ihre Funktion im Betriebsrat lautet: Gebe dein persönlich Bestes, damit das Gremium erfolgreich sein kann! Sie wird lernen müssen juristisch zu denken und zu handeln. Sie wird all ihre persönlichen Kompetenzen und Fähigkeiten in diese Gemeinschaftsarbeit einbringen. Sie wird erfahren, dass es nicht so wichtig ist, was sie als Einzelne leisten kann, weil ein Betriebsrat immer als Gremium im Rahmen von gefassten Beschlüssen handelt. Sie wird einen Zuwachs an Konfliktkompetenz erwerben, weil sie oft in Konfliktsituationen steht. Es gilt zu lernen, sich zu streiten.

Rolle	Funktion
	Sie wird gemäß § 75 BetrVG lernen müssen, sich diskriminierungsfrei zu entscheiden und zu handeln! Sie wird Ihrer Pflicht aus § 80 und § 75 BetrVG nachkommen und alle weiteren gesetzlichen Pflichtaufgaben wie • Geschäftsführung des Betriebsrats (§§ 25 – 41 BetrVG und § 84 und § 85 BetrVG) • Personelle Einzelmaßnahme (§§ 91;99, 102 BetrVG) • Soziale Mitbestimmung (§ 87 BetrVG) • Wirtschaftliche Mitbestimmung (§§ 111; 112; 112a; 113 vielleicht auch im Wirtschaftsausschuss nach § 106 BetrVG) • Mitbestimmung bei Qualifizierung (§ § 96 – 98 BetrVG) • Beratungsrechte (§§ 89;90; 92; 92a BetrVG) irgendwann routiniert und professionell anwenden. Sie wird insbesondere aushalten müssen, dass sie sehr viele Dinge erfährt und dass sie über sehr viele Dinge öffentlich nicht sprechen darf (§§ 79, 120 BetrVG + Datenschutzrechte und Geheimhaltungspflichten).
g. Gewerkschaftlerin sein	g. Um Kontakt mit der Gewerkschaft zu haben, muss unsere Heldin dort Mitglied sein! Die Gewerkschaft wird nur mit ihr kommunizieren, wenn sie dort Mitglied ist. Die Gewerkschaftsmitglieder erkaufen sich sozusagen über ihren Mitgliedsbeitrag die gesamte Logistik und Dienstleistung, die ihre Gewerkschaft kraft ihrer Mitgliedsbeiträge für die Mitglieder zur Verfügung stellen kann. Sie erkaufen sich auch mit ihrem Mitgliedsbeitrag die Voraussetzung dafür, dass sie einen Tarifvertrag abschließen können! Wenn es keine Mitglieder im Betrieb oder Unternehmen gibt, kann dort kein Tarifvertrag erhandelt werden.

Rolle	Funktion
	Dieser Tarifvertrag gilt nach dem § 3 Tarifvertragsgesetz auch nur für die Gewerkschaftsmitglieder, es sei denn, das Bundesministerium für Arbeit (nicht die AG haben die Erlaubnis!) **hat diesen Tarifvertrag unter sehr engen Voraussetzungen für allgemeingültig erklärt.** Unsere Heldin ist gewerkschaftlich aktiv. Dieser Aktivität kommt sie in ihrer **Freizeit** nach. Innerhalb der gewerkschaftlichen Arbeit wird sehr viel Geld von der Gewerkschaft für die Arbeit der Mitglieder ausgegeben, damit ihre Mitglieder aktiv sein können. **Das Mandat des Betriebsrats ist keine gewerkschaftliche Aktivität.** Die Kosten der Betriebsratsarbeit trägt der AG nach § 40 BetrVG und sie/er stellt auch nach § 40 in Verbindung mit dem gesamten Paragrafen aus dem BetrVG die erforderlichen Bedingungen, damit die Betriebsräte professionell und gut arbeiten können. **Diese gesetzliche Regelung gibt es nur in Deutschland.**
h. Freunde	h. In Bezug auf ihre Freunde handelt unsere Heldin als Privatperson. Es ist sehr wichtig für die eigene psychische Gesundheit echte Freunde zu haben. Sie tragen, ertragen und halten uns aus. In guten wie in schlechten Zeiten. Hier bekommt sie Liebe, Anerkennung und Gruppenzugehörigkeit. In dieser Funktion ist sie Beziehungsarbeiterin und »Nice to have«. Sie darf sich freuen, weil sie echte Freundschaften eingehen kann und halten kann. »In die Familie wird man geboren. Freunde kann sich der Mensch selbst wählen.« Mein Tipp: Behalten sie insbesondere die Freundschaften, die Sie außerhalb ihrer Betriebsratstätigkeiten hatten. Es ist wichtig, dass jemand in dem gesamten »Rollenwirrwarr« an ihrer Seite bleibt, die oder der sich die

Rolle	Funktion
	Mühe macht, sie zu kennen und ihnen trotzdem nahe sein zu wollen. Ganz unabhängig von ihrer jeweiligen Verfassung und ganz unabhängig von ihrem Erfolg und Misserfolg. Freunde sind die Wahlfamilie oder auch Zugehörige. Gute Freunde bleiben ein Leben lang, egal was passiert.

Fazit:
Die Funktionsklarheit in Bezug auf die gesetzlichen Aufgaben ist die Grundvoraussetzung, damit Betriebsräte gesund und handlungsaktiv bleiben. Der Betriebsrat handelt im Rahmen von gefassten Beschlüssen nach § 33 BetrVG als Kollegialorgan. Niemand entscheidet irgendetwas alleine. Ausschussarbeit nach §§ 26 und 26a BetrVG haben die Funktion, Themen vorzubereiten. In keinem Fall können sie eigenständig die gesetzliche Mitbestimmung des Gremiums außer Kraft setzen. Es wäre sehr schade, wenn jemand aus gesundheitlichen Gründen oder vor lauter Frust das Mandat niederlegen muss! Achten Sie immer darauf, welche Funktion und Aufgabe von Ihnen erwartet wird und reflektieren Sie selbst, ob der Anspruch berechtigt ist oder nicht.

Beispiel:
Unsere Heldin pflegt ab 19.00 Uhr ihre Mutter. Sie hat Feierabend. Um 19.15 Uhr klingelt ihr Telefon, ein Kollege möchte mit ihr über seinen Urlaub ab nächsten Monat sprechen. Sie geht nicht an ihr Handy. Sie hört die Nachricht erst am kommenden Tag während ihrer Dienstzeit ab. Sie spricht dann mit dem Kollegen und er ist beleidigt und macht ihr Vorwürfe, weil sie sich erst jetzt meldet! Er hat von ihr erwartet, dass sie immer präsent ist, wenn er sie braucht.
Berechtigt? Ja oder Nein
Antwort: Sie werden staunen, wie intensiv und unterschiedlich Betriebsräte zu diesem einfachen Fall diskutieren können. Da gibt es die einen, sie empfinden den Kollegen als unverschämt und unkollegial, dann gibt es die anderen, sie empfinden unsere Heldin als unverschämt, weil sie immerhin jederzeit für die Kolleg*innen da zu sein hat.
Besprechen Sie diesen Fall mal in Ihrem Gremium. Sie werden staunen.

Praxistipp:
Betriebsräte müssen deutlich machen, zu welcher Zeit sie erreichbar sind und zu welcher Zeit sie nicht erreichbar sind. Das Gesetz regelt in § 39 BetrVG die Sprechstunde des Betriebsrats. Für den Urlaubsanspruch ist in der ersten Priorität die Arbeitgeber*in zuständig. Betriebsräte sind nach § 87 Absatz 1 Nr. 5 BetrVG für Urlaubsfragen zuständig, wenn zwischen den Beschäftigten und Arbeitgeber*in keine Einigung über die Urlaubsinanspruchnahme hergestellt werden kann.

a. Hard Skills zur Funktionsklarheit

Sie sind betrieblich durch eine demokratische Wahl gewählt worden. Die Rolle des Betriebsrats ist gesetzlich definiert und nicht änderbar (§ 24 Absatz 1in Verbindung mit § 37 BetrVG).
Das BetrVG bestimmt, welche Rechte und Pflichten ein Betriebsrat hat. Betriebsräte handeln nicht als Revolutionäre. Sie handeln als Reformer*innen im Rahmen einer Gesetzesvorgabe, welches vom Bundestag beschlossen wurde. Sie sind Rechtsanwender*innen. Wenn Betriebsräte sich nicht einig werden mit der Unternehmensleitung, dann können

sie sich Unterstützung von Anwälten, Sachverständigen (§ 80 Absatz 3 BetrVG), dem Arbeitsgericht (Arbeitsgerichtsgesetz) oder mit Hilfe der Einigungsstelle als außergerichtliches Streitschlichtungsverfahren (§ § 76,76a BetrVG) verordnen, indem sie diese Maßnahmen ordnungsgemäß in einer Betriebsratssitzung (§§ 29, 30, 31, 33 und 34 BetrVG) beschlossen haben (§ 33 BetrVG). Sie haben auch das Recht, die Belegschaft zu informieren (§§ 39, 42,43,44,45, 28a BetrVG) und zu beteiligen.

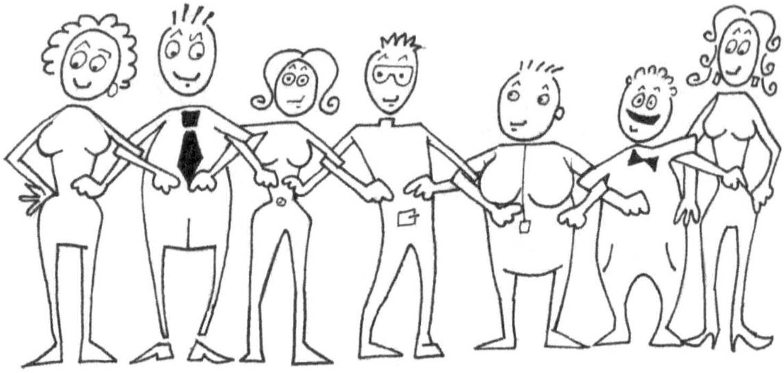

b. Soft Skills zu der Funktionsklarheit

Die Bereitschaft etwas Neues lernen zu wollen und anwenden zu können.
Die Bereitschaft sich für das betriebliche Gemeinwohl zu engagieren.
Empathie für andere Menschen zu haben. Freundlich zu sein, wertschätzend und auf »Augenhöhe« mit jedem Menschen zu sein. Ein diskriminierungsfreies Verhalten zu zeigen, siehe § 75 BetrVG.
Sorgearbeiter*in zu sein.
Verantwortung für die eigene Gesundheit zu übernehmen.
Netzwerke zu bauen und diese zu pflegen.
Organisationsvermögen und Teamarbeit einzubringen.
Ein Zeitmanagement zu haben. Sich selbst rechtzeitig Hilfe zu organisieren.
Konfliktarbeiter*in zu werden und zu bleiben.
Die Bereitschaft zur Qualifizierung und Neuausrichtung mitzubringen.
Geduld, Ausdauer und Zuverlässigkeit zu haben, termintreu zu sein, Ordnung halten zu können, loyal dem Gremium und ihren Akteur*innen gegenüber zu sein. Es ist unkollegial, im Betrieb über einzelne BR-Mitglieder öffentlich zu lästern.
Die Fähigkeit sich für bestimmte Momente zurück zu nehmen. Im Hintergrund zu stehen, damit zugunsten ihrer Kolleg*innen ein betrieblicher und gesellschaftlicher Erfolg ermöglicht werden kann. Ihr Wirken ist

höchst ehrenwert. Ehrenamtliches Arbeiten im Sinne des BetrVG bedeutet nicht unbezahlte Arbeit zu leisten.

4. Bedeutung für die örtlichen Ersatzmitglieder

In der örtlichen Betriebsratswahl sieht es so aus, dass die Ersatzmitglieder nicht zum Betriebsrat innerhalb des Betriebsrates gewählt worden sind! Sie sind kein Betriebsratsmitglied. Sie sind nach § 25 BetrVG ein Ersatzmitglied, welches die Funktion hat, ein gewähltes Mitglied im Verhinderungsfall zu vertreten. Sie sind so etwas wie das Reserverad im Autokofferraum. Sie müssen funktionieren, wenn ein Rad am Wagen ausgefallen ist.

Ein Ersatzmitglied vertritt ein ordentliches Betriebsratsmitglied im Verhinderungsfall.

Ein Verhinderungsfall liegt vor, wenn

- das ordentliche Mitglied im Urlaub, im Kriegsdienst, im Mutterschutz, auf Dienstreise, aufgrund vorübergehender Abordnung in einem anderen Betrieb, an Schulungen und Qualifizierungsmaßnamen teilnimmt, wenn es krankheitsbedingt arbeitsunfähig ist[16] oder wenn das ordentliche Mitglied selbst oder nahe Angehörige unmittelbar betroffen sind von dem Tagesordnungspunkt.[17] Das Betriebsratsmitglied darf nicht über den eigenen Fall mitbestimmen, weil niemand »neutral« für oder gegen sich selbst sein kann. Niemand ist »Richter in eigener Sache«.[18]

Eine Verhinderung und damit die Ladungsfähigkeit des Ersatzmitgliedes **liegt nicht vor, wenn**

- das ordentliche Betriebsratsmitglied »dringende« Arbeiten am Arbeitsplatz erledigen möchte oder muss.[19] Die Betriebsratsarbeit geht vor. Wer an seinem Arbeitsplatz tätig ist und nicht zur Betriebsratssitzung kommen möchte, kann nicht durch ein Ersatzmitglied vertreten werden! Die Rechtsprechung wertet solches Verhalten als Verweigerung der Zusammenarbeit einer ordentlichen Betriebsratsarbeit.[20] Es ist eine grobe Pflichtverletzung im Sinne des § 23 Absatz 1 BetrVG, die zum Ausschluss aus dem Betriebsrat führen kann.[21] Die sogenannten »Unabkömmlichen« stören die Kontinuität der Betriebsratsarbeit erheb-

16 D/K/W, § 25 RZ 14f.; Richardi, § 25 RZ 2ff.
17 Ebenda.
18 D/K/W, § 33 RZ 25; Richardi, § 33 RZ 23 »Abstimmungsverbot«.
19 Ebenda.
20 Ebenda.
21 Ebenda.

lich. Es ist unkollegial gegenüber den anderen Betriebsratsmitgliedern, weil diese sich frei gemacht haben für die Teilnahme an der Sitzung. Das Ersatzmitglied tritt in die Rolle des ordentlichen Mitglieds mit allen Rechten und Pflichten ein; für die Dauer der Verhinderung des ordentlichen Mitglieds. Dies ist der Grund, warum es kein Lehrbuch und keine Urteile für Ersatzmitglieder gibt. Die Ersatzmitglieder werden zu ordentlichen Mitgliedern, sowie sie rechtsgültig in der Vertretung stehen. Für sie gilt, für diese Dauer, das gesamte BetrVG[22] in der Rolle der ordentlichen Mitglieder, wenn sie berechtigterweise in der Vertretung sind. Das Ersatzmitglied ist kein gewähltes Betriebsratsmitglied.

Fazit:
Die **Rolle** der Ersatzmitglieder ist ungemein schwer, weil sie in der Regel ohne Wissen und Qualifikationen an der Betriebsratsarbeit teilnehmen. Oft verstehen sie ihre Aufgabe nicht sofort, weil sie keine Kompetenz im Umgang mit den Gesetzen erlernt haben. Laut BAG[23] könnte ein Ersatzmitglied an Betriebsratsschulungen teilnehmen, wenn die Arbeitsfähigkeit des Betriebsrats dies erforderlich macht. Der Betriebsrat hat hier eine Prognosepflicht, wie oft das Ersatzmitglied möglicherweise in der Vertretung steht. Dies muss begründet werden. Die Begründung ist gerichtlich überprüfbar. In der Praxis hat es sich als zweckmäßig erwiesen, wenn in kleineren Be-

22 Ebenda.
23 BAG vom 19.09.2001 – 7ABR 32/00.

trieben (bis 7 BR-Mitglieder) das 1 Ersatzmitglied geschult wird und in größeren Betrieben (ab 9 BR-Mitglieder) kann diese Anzahl erheblich höher liegen. Es ist eine gute Begründung sich darauf zu beziehen, dass viel teure Arbeitszeit investiert werden muss, weil das Ersatzmitglied ein Anspruch auf fachliche und sachliche Einweisung in seine **Aufgaben und Funktionen** hat. Es kann sehr viel Zeit in Anspruch nehmen, ein Ersatzmitglied in den Fachstand und Sachstand einzuführen. Es kann erst abgestimmt und damit beschlossen werden, wenn alle anwesenden Betriebsratsmitglieder alles verstanden haben! Es müssten dann z. B. 6 BR-Mitglieder geduldig warten, bis 1 BR-Mitglied (Ersatzmitglied) verstanden hat, worum es geht und wie es sich jetzt professionell zu verhalten hat. Die Rolle des »Stimm-Vieh«, wie sich einige Ersatzmitglieder oftmals selbst bezeichnen, um ihre Not zu kennzeichnen, hat der Bundesgesetzgeber ihnen nicht zugeschrieben.

Achtung:
Die Abstimmung eines nicht berechtigten Ersatzbetriebsratsmitglieds, welches nicht geladen werden durfte, macht den Beschluss des Betriebsrats auf einer Betriebsratssitzung nichtig, weil es nicht abstimmungsberechtigt ist.[24] Ein wirksamer Beschluss des Betriebsrats setzt nach § 33 Absatz 1 und 2 BetrVG voraus, dass die Hälfte seiner ordentlichen Betriebsratsmitglieder mit einfacher Mehrheit etwas beschlossen hat. Das »falsche« Ersatzmitglied darf nicht mit abstimmen. Es ist sozusagen möglicherweise als Auskunftsperson im Sinne von § 80 Absatz 4 BetrVG mit beratender Stimme anwesend. Ein vertretungsberechtigtes Ersatzmitglied ist für diesen Moment ein ordentliches Betriebsratsmitglied mit allem ihm zustehenden Rechten. Es ist für diese Sitzung ein ordentliches Betriebsratsmitglied und es ist für diese Sitzung kein Ersatzbetriebsratsmitglied. Schreiben Sie diese Regelung zur Vermeidung von internen Konflikten innerhalb des Betriebsrats in Ihre Geschäftsordnung nach § 36 BetrVG.

a. Das Ersatzmitglied im GBR

Das Ersatzmitglied im GBR ist in der Rolle des örtlichen BR anwesend, da nur ordentliche Mitglieder der örtlichen BRs in die Rolle der GBR – Mitgliedschaft gehen können. In seiner Funktion vertritt er die Interessen der örtlichen Beschäftigten innerhalb der Aufgabe unternehmenseinheitlicher Standards.
Die Rolle der GBR-Ersatzmitglieder gestaltet sich insofern anders, weil der GBR als Dauerorgan nur einmal errichtet wird im Sinne des BetrVG.[25] Erst wenn sich das Unternehmen auflöst oder kleiner als aus zwei Be-

24 D/K/W, § 33 RZ5 ff.; Richardi § 33 RZ 3.
25 D/K/W, § 51 RZ 1 ff.; Richardi, § 51 RZ 1 und deutlich in RZ 4ff.

trieben, Betriebsteilen oder nach § 3 BetrVG aus mehr als einem Gemeinschaftsbetriebsrat besteht, löst sich auch der GBR auf.[26]
Die örtlichen Betriebsräte entsenden nach ihrer Wahl nach § 47 Absatz 3 BetrVG aus der Mitte ihre ordentlichen Mitglieder[27] aus dem Stamm der ordentlichen BR-Mitglieder. Die Bezeichnung Ersatzmitglied stimmt eigentlich nicht, da nur ordentliche BR-Mitglieder entsendet werden kön-

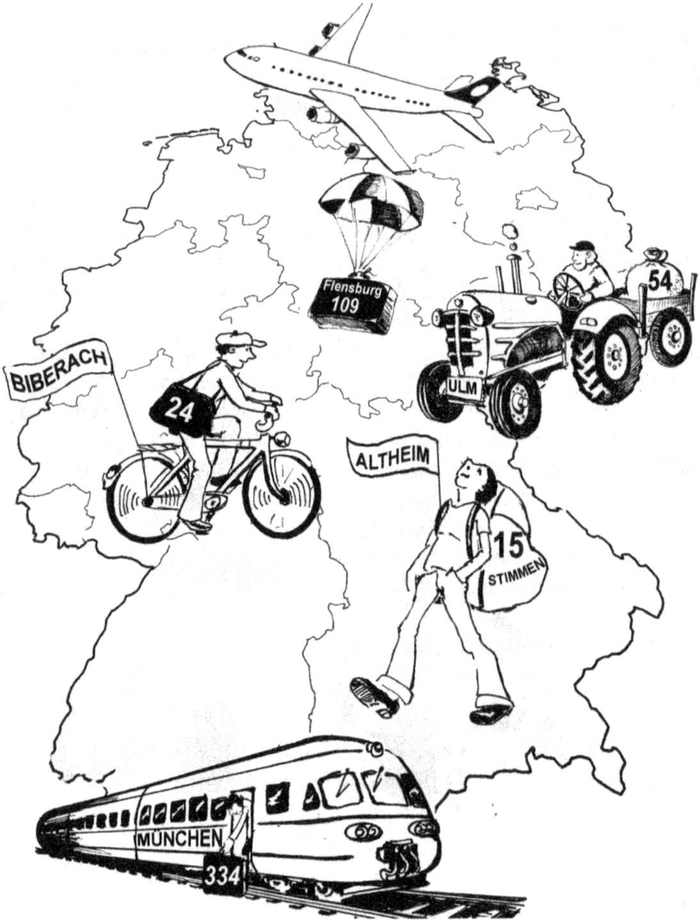

26 Ebenda.
27 Schwartau, GBR/KBR Kapitel III zu 4.

nen. Ein Ersatzmitglied aus dem örtlichen Betriebsrat kann deshalb nicht in die Rolle des Ersatz-GBR-Mitgliedes gewählt werden.[28]
Die GBR-Ersatzmitglieder haben es allerdings erheblich einfacher, sich fachlich und sachlich auf dem Informationsstand zu halten, da sie als ständige ordentliche Mitglieder auch ständig informiert werden durch die örtlichen GBR-Mitglieder.

b. Das Ersatzmitglied im KBR

Der KBR gründet sich aus der Entsendung (Beschlussfassung) der GBR-Mitglieder in den KBR, siehe § 59 Absatz 2 BetrVG. Ein KBR muss nicht gegründet werden. Die Gesamtbetriebe aus unterschiedlichen Unternehmen können jedoch per Mehrheitsbeschluss im Sinne des § 59 BetrVG für die Bildung eines KBR entscheiden. Der KBR ist wie der GBR ein Dauerorgan bis zum Untergang des Konzerns. Das bedeutet, dass die Mitglieder des KBR sowie auch die Mitglieder des GBR alle vier Jahre im Rahmen ihrer normalen Wahlperiode erneut durch ihre GBR Mitglieder gewählt werden.
Mitglied im KBR kann nur sein, wer Mitglied im GBR ist. Innerhalb der ersten Konstituierungssitzung (1. Sitzung nach der Betriebsratswahl) werden Vorsitz und Stellvertretungen im KBR gewählt.
Die Ersatzmitglieder des KBR werden ebenfalls aus den Reihen der GBR gewählt.[29] Ähnlich wie die GBR-Ersatzmitglieder haben sie es erheblich leichter, sich in das Mandat einzufügen, weil sie im ständigen Informationsfluss innerhalb ihrer GBR/KBR-Zugehörigkeit stehen. Alle KBR- oder GBR-Mitglieder können sehr eng zusammenarbeiten, da es nicht die Sperre der Geheimhaltungspflicht aus § 79 Absatz 1 und 2 BetrVG gibt.

5. Bedeutung für die Konfliktarbeit

Wenn Sie sich eingefunden haben in Ihrer neuen Gesetzesarbeit und wenn Sie sich bewusst darüber sind, dass Sie sozusagen Stellvertretungsarbeit in Bezug auf Ihre Kolleg*innen zum Wohle aller Beschäftigten machen, dann finden Sie zu einem neuen Konfliktverhalten. Seien Sie behutsam im Umgang mit den Sorgen und Nöten Ihrer Kolleg*innen. Verhalten Sie sich vorbildlich diskriminierungsfrei im Sinne von § 75 BetrVG. Vermeiden Sie eine rüpelhafte diskriminierende Sprache. Am besten sind Sie der Mensch, den Sie sich wünschen würden, wenn Sie Ihr Leben einem demokratisch gewählten Mandat anvertrauen müssen.

---

28 D/K/W, § 51 RZ 1 f.; Richardi, § 51 RZ 26 f.
29 D/K/W, § 59 RZ 4; Richardi, § 59 RZ 17 ff.

a. Bedeutung für die Betriebsratsarbeit

Solange die Betriebsratsarbeit von Menschen durchgeführt wird und nicht von einer KI-App, ist es ganz normal, dass Sie sich streiten werden. Erst über den Konflikt ist es möglich, Details zu erfassen, die Sie selbst übersehen haben. Die Konfliktphase gestaltet sich in Ausschüssen nach § 27 ff. BetrVG und ganz besonders in der Betriebsratssitzung nach § 30 in Verbindung mit § 33 BetrVG. Professionelle Betriebsräte streiten nicht an 24/7/365. Sie treffen sich in einer ordnungsgemäß eingeladenen Sitzung. Dann warten sie, bis der entsprechende Tagesordnungspunkt aufgerufen ist, und vor der Abstimmung ist es ganz normal, dass das sogenannte »dafür« oder »dagegen« auch mal hitzig und leidenschaftlich diskutiert wird. Selbstverständlich kann es dann hoch hergehen. Alle Betriebsräte müssen sich untereinander als Souveräne achten und wertschätzen, weil sie von der Belegschaft gewählt worden sind. Ähnlich wie in den Parlamenten. Jedes Betriebsratsmitglied muss die politische Ausrichtung der anderen Betriebsräte respektieren, siehe dazu § 75 BetrVG! Für neue Betriebsratsmitglieder ist die diskriminierungsfreie Betriebsratsarbeit immer ein echter Lernfaktor. Man wartet bis der Tagesordnungspunkt aufgerufen ist; dann wird kalt oder heiß debattiert und dann wird abgestimmt. Ein Mehrheitsbeschluss nach § 33 BetrVG legt nun fest, wie in diesem Tagesordnungspunkt im Betriebsrat/GBR/KBR weiter verfahren wird. Dann beugen sich alle Betriebsräte diesem Beschluss und die Vorsitzenden vertreten diesen Beschluss, selbst dann, wenn sie gegen den Inhalt des Beschlusses gestimmt hat! Ist ein Tagesordnungspunkt beschlossen, dann ist die Debatte beendet. Es ist nicht zielführend weiter zu streiten. Mal gewinnen Sie und mal verlieren Sie.

Fazit:
Für die Streitkultur innerhalb des BR/GBR/KBR gilt:
- Es ist normal, dass jedes Mitglied eine eigene Meinung hat und dass diese eine andere sein kann als meine eigene. Das müssen alle Betriebsräte aushalten.
- Debattiert zu einem Thema wird erst, wenn der Tagesordnungspunkt aufgerufen wird.
- Nach der Abstimmung steht die gemeinsame Position des BR/GBR/KBR fest. Ab jetzt wird nicht mehr über den Tagesordnungspunkt gestritten. Es kommt zum Aufruf des nächsten Tagesordnungspunkts.
- Alle BR/GBR/KBR-Vorsitzenden vertreten diesen Beschluss, weil sie alle im Rahmen der gefassten Beschlüsse zu arbeiten haben, siehe § 26 Absatz 2 BetrVG. Es ist hilfreich bei Nachfragen von Beschäftigten darauf zu verweisen, dass der Betriebsrat so entschieden hat. Verraten Sie niemals welche Person wie abgestimmt hat. Das ist illoyal gegenüber dem Betriebsrat und es führt sie mittelfristig in eigene Nöte.

Es stört den Ablauf der Betriebsratssitzung ungemein, wenn sich nicht an diese Streitkulturregelung gehalten wird. Die Abwesenheit dieser Streitkultur führt häufig zur Erschöpfung, Unlust, Verlust an Motivation in der Zusammenarbeit oder zum Rücktritt der Betriebsräte. Das ist sehr schade und undemokratisch. Die Belegschaft hat entschieden, wer für sie im Betriebsrat handeln darf. Die Betriebsräte haben nicht das Recht, dieses Mandat in Frage zu stellen und solange zu nerven, bis jemand sein Mandat niederlegt. Souverän zu sein, ist die Königin-Kunst/König-Kunst eines jeden Betriebsrats. In dieser Rolle, Aufgabe und Funktion können Sie am besten lernen sich diskriminierungsfrei zu verhalten, siehe § 75 BetrVG. Diskriminierungsfrei zu handeln gehört als zwingende Gesetzesvorgabe zu den eindeutigen Hard Skills einer Betriebsratskompetenz.

b. Konfliktkompetenz in anderen Rollen, Aufgaben und Funktionen

In allen nicht betriebsverfassungsrechtlich relevanten Funktionen entscheidet ihre Persönlichkeit und Ihr gesamtes Wertekonzept, wie Sie sich verhalten. Das dürfen Sie auch, weil dies zu Ihrer Persönlichkeit gehört, siehe dazu § 75 BetrVG.

Selbstverständlich können Menschen in ihren privaten Rollen z. B. ausgesprochen harmoniebedürftig sein und in anderen Rollen sind sie sehr kämpferisch. Diese Unterschiedlichkeit gehört zu einer demokratischen Kultur. Und denken Sie daran, die Demokratie ist die härteste »Regierungsform«. Harmoniesucht oder Gleichschritt an der Front gehören nicht in dieses Format. In der Gewerkschaftsarbeit können Sie als einfaches Mitglied sehr egoistisch sein und Ihre höchst persönlichen Interessen, Absichten und Wünsche sehr kämpferisch verteidigen. In der Rolle der Vertrauensfrau oder Vertrauensmann sind Sie ähnlich, wie im BR-Mandat ein gewähltes Mitglied und sie verfahren ähnlich, wie in der Rolle des BR-Mitgliedes. Man nennt Sie streitbar, nicht besserwisserisch und streitsüchtig. Das klingt viel freundlicher.

Am besten kommen Sie durch die Konfliktarbeit, wenn Sie sich selbst nicht untreu werden. Seien Sie einfach so, wie Sie sich gemäß sind. Lassen Sie sich nicht verbiegen.

Gedicht des Hafenarbeiters Olaf Löwe – El Assad
»Ich spiele die Rolle eines Menschen.
Personifiziert durch die Eigenschaften in der Funktion!
Den Aufgaben zu Teil werden, um eine Rolle zu verschleiern?
Bin ich der? Der sich entscheidet? Und danach handelt?
Bin ich der? Der funktioniert? Der so handelt?
Wie ihm vorausgeschickt?
Ja.«

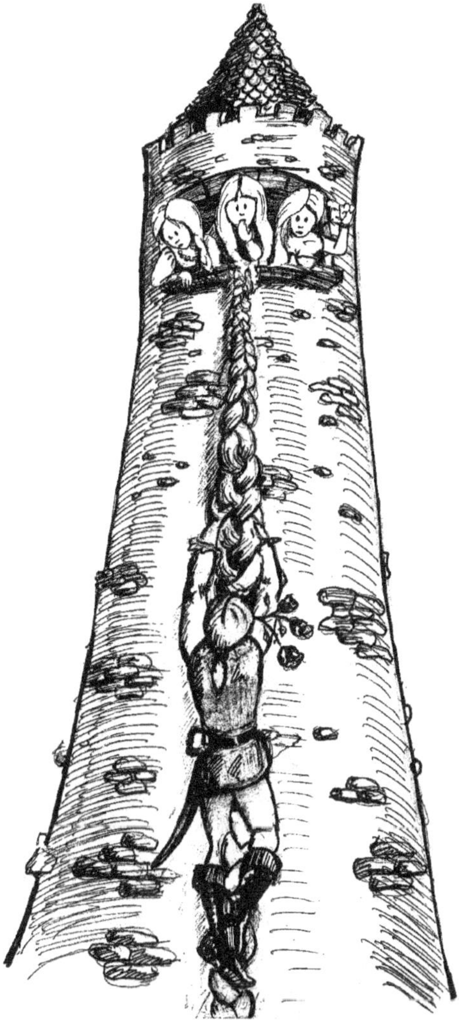

B. Arbeitsorganisation und der Umgang mit der Komplexität

Wenn Sie neu im Amt sind und nach Ihrer Wahl oder Entsendung auf eine alte und erfolgserprobte Arbeitsstruktur innerhalb der Interessenvertretungen treffen, dann ist dieses Kapitel für Sie nicht sonderlich erhellend, solange Sie sich einfügen wollen und die Rahmenbedingungen für Sie bestmöglich sind. Wenn die vorhandene Struktur klemmt oder erfolglos ist, dann können Sie hier wertvolle Argumentationstipps und Anregungen bekommen, welche Bedingungen es braucht, damit alle Mitglieder in ihnen bestmöglich arbeiten können.
Wenn Sie sich erstmalig mit der Frage beschäftigen, wie man betriebliche und überbetriebliche Interessensvertretungsarbeiten strukturiert, dann werden Sie in diesem Abschnitt erstaunliche Erkenntnisse finden.
Wenn Sie sich vorbereiten wollen auf die Arbeit im GBR oder KBR und selbst sehr strukturiert in Ihrem örtlichen Betriebsrat arbeiten, dann werden Sie hier den einen oder anderen Impuls erhalten, weil das Arbeiten auf der überbetrieblichen »Bühne« anderes erfordert als vor Ort.
Wenn Sie neugierig sind, dann lassen Sie sich überraschen.

I. Arbeiten nach Gesetz und Rechtsprechung

Als Betriebsrat gehören Sie im Sinne des demokratischen Beteiligungsverfahrens innerhalb der BRD zu den demokratischen Kräften, die in der Arbeitswelt für bestmögliche Arbeitsbedingungen engagiert aktiv sein müssen, sollen, dürfen und können. Die Bundesregierung hat allen Betriebsräten für dieses Mandat ein Gesetz verfasst, damit der Betriebsrat seine Grenzen und Pflichten gesetzestreu anwenden kann. Auch die Betriebsleitungen haben im Rahmen des Gesetzes zu handeln. Sie dürfen ihre Wirtschaftsprozesse gestalten, im Rahmen des BetrVG. Ein eigener Gerichtszweig als Sondergericht für Sonderrechte, nämlich das Arbeitsgericht für die Durchsetzung des bundesdeutschen Arbeitsrechts, bewacht die Einhaltungen dieser ganz einzigartigen »Spielregelungen«. Es ist ein deutsches Modell und in keinem anderen Land der Welt existiert solch eine verfasste Mitbestimmung der Arbeitnehmer*innen. Der größte Stress für ausländische Unternehmen findet im Rahmen des Arbeitsrechts statt. In den USA z. B. gibt es nicht einmal einen Kündigungsschutz. Die Unternehmer*innen können die Beschäftigten entlassen, wann immer sie ihrer Arbeit überdrüssig sind. Auch das deutsche Gewerkschaftsrecht ist gesetzlich gewollt und verfasst über Artikel 9 Grundgesetz. Nirgendwo auf der Welt gibt es solche Regelungen. Sie müssen dies als Hard und Soft Skills mitbedenken, wenn Sie im Rahmen einer interkulturellen Belegschaft arbeiten! Für die Kolleg*innen mit Migrationshintergrund ist es am Anfang ungemein schwer zu verstehen, dass sie in Deutschland geschützt und verfasst ihre Bedürfnisse gestalten können. Sie müssen im Kopf erst das Update zwischen dem »Recht & Unrecht-Modell« machen, welches sie aus ihren Herkunftsländern kennen gelernt haben und dem, wie sich »Recht & Unrecht« in Deutschland definiert. Alle Menschen urteilen unterschiedlich zwischen dem, was richtig oder falsch ist. Wir alle sind geprägt von unserer Erziehung, unserer Umwelt, unserem Erleben und unserer Sozialisation.

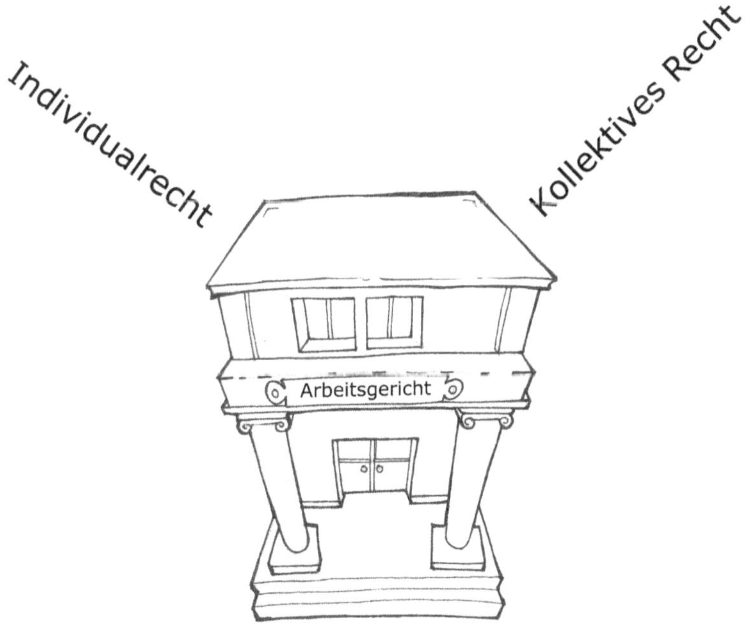

> **Beispiel:**
> Stellen wir uns vor, wir leben in einem Land mit korrupten Politiker*innen, korrupten Gerichten und korrupten Behörden. Es gibt Gesetze, diese werden allerdings sehr willkürlich beachtet oder nicht beachtet. Wenn wir eine Arbeit haben, dann sind wir sehr glücklich, weil es keine Sozialsysteme gibt, die uns »auffangen«, wenn wir keine Arbeit haben. Es gibt auch keine Arbeitsgesetze, die uns vor dem willkürlichen Handeln der Arbeitgeber*innen beschützen. Wenn wir nun in solchen Ländern sozialisiert sind, dann haben wir andere Verhaltensmuster, als wenn wir in Deutschland aufgewachsen sind. Statt »Kampf & Zerstörung« oder »Kampf & Unterwerfung« haben wir andere Handlungsinstrumente in der Arbeitswelt als andere Nationen.

Wenn Sie in multikulturellen Teams arbeiten, dann müssen Sie diesen Sozialisationsprozess unbedingt im Auge behalten und mitdenken, wenigstens erfragen, wenn Sie Unsicherheit wahrnehmen. Das Thema »Angst« ist ein lohnendes Thema für einen gemeinsamen Team-Workshop zu Beginn der Amtszeit des Betriebsrats. Es ist die beste Vorsorge, um unnötige Konflikte im Betriebsrat zu vermeiden und sich damit zu befassen, woher die Angst der Kolleg*innen vor dem Chef oder der Chefin kommt.
Sie arbeiten professionell und richtig, wenn Sie sich als Betriebsratsmitglied an die Vorgaben aus dem Gesetz halten und es schadet nicht, die dazugehörige Rechtsprechung zu beachten. Dies meint die Funktionsvorgabe: Arbeiten nach Gesetz und Rechtsprechung im Sinne von § 2 BetrVG.

1. Arbeiten im Rahmen des BetrVG

Das BetrVG ist anzuwenden auf Betriebe und Unternehmen mit 5 Beschäftigten. Davon müssen mindestens 3 Beschäftigte wählbar im Betrieb sein (§ 1 und § 8 BetrVG). Sie können einen Betriebsrat wählen. Das Gesetz selbst denkt in drei Kategorien:

a. Örtlicher Betriebsrat (BR)
b. Gesamtbetriebsrat (GBR)
c. Konzernbetriebsrat (KBR)

a. Örtlicher Betriebsrat

Die Arbeit des örtlichen Betriebsrats beschränkt sich auf alle Angelegenheiten, die nur regional und im Betrieb selbst zu regeln sind. Hier geht es darum, die Bedingungen für die ortsansässigen Beschäftigten bestmöglich zu gestalten. Man spricht hier von der originären Zuständigkeit der Betriebsräte. Es bedeutet, dass der Betriebsrat in erster Linie zuständig ist. Dies könnte sein:

- § 102 BetrVG: Kündigung
- § 99 BetrVG: Einstellungen, Versetzungen, Eingruppierungen, Umgruppierungen
- § 87 BetrVG: Alle hier benannten sozialen Themen, die bestmöglich nahe an den betrieblichen Menschen auszurichten sind, z. B. die Arbeitszeit, der Gesundheitsschutz, die Frage der Urlaubspläne usw.
- § 98 Absatz 3 BetrVG: Teilnahme an Qualifizierungsmaßnehmen usw.
- § 111 BetrVG: Betriebsänderung
- und noch vieles mehr.

aa. Arbeiten im Rahmen von Beschlüssen, § 33 BetrVG

Was immer Betriebsräte verabredet haben und umsetzen wollen, sie müssen ihre Zielvorgaben oder auch Absichten in Betriebsratssitzungen beschließen.

Dies tun sie, indem

- **die Vorsitzenden** (§ 26; § 29 Absatz 2; § 30 BetrVG) schriftlich zu einer Betriebsratssitzung mit Tagesordnung einladen! Der AG muss die Teilnahme nicht erlauben.[30] Betriebsratsmitglieder müssen sich bei ihren Vorgesetzten abmelden und wieder anmelden, wenn die Betriebsratsarbeit beendet ist.[31]

---

30 Ständige Rechtsprechung des BAG seit 1954. Übersicht bei D/K/W, § 30 RZ 9; Richardi, § 33 RZ 3.

31 Ebenda.

- Auf dieser Betriebsratssitzung müssen sich grundsätzlich alle anwesenden Betriebsräte handschriftlich in einer Anwesenheitsliste eintragen. Anders ist es, wenn ausnahmsweise eine Videokonferenz nach § 30 Absatz 2 Nr. 1–3 stattgefunden hat. Dann scheint es auszureichen, dass die Sitzungsleitung (Vorsitz) notiert, wer anwesend ist. Viele Gremien verlangen, dass die Online-Teilnahme mit einer E-Mail wegen der Dokumentation bestätigt wird. Was genau den gesetzlichen Anforderungen entspricht, wird sich irgendwann zeigen, wenn das BAG eine Entscheidung getroffen hat oder wenn der Bundestag eine genauere Gesetzesangabe macht. Problematisch ist es, wenn nicht sichergestellt ist, dass fremde Personen über den Inhalt der Videokonferenz mithören können oder Dokumente online gestohlen werden können, weil hierüber Datenschutz für Inhalte über Personen nach § 79a BetrVG verletzt werden können. Auch Geschäfts- und Betriebsgeheimnisse nach § 79 BetrVG könnten auf diesem Wege in die Öffentlichkeit gelangen. Auch kriminelle Banden könnten das »Datenleck« für Werksspionage oder Industriespionage ausnutzen, um sich darüber einen Wirtschaftsvorteil zu beschaffen. Da hat nach meiner Rechtsauffassung der Bundestag unsauber gearbeitet. Am besten fragen Sie Ihren betrieblichen Datenschutz, wie diese Videokonferenzen geschützt durchgeführt werden können. Im Jahre 2025 arbeiten die Betriebe in der Regel mit firmeneigenen Videokonferenzsystemen. Diese müssen Sie benutzen.
- Der Betriebsrat ist beschlussfähig, wenn mehr als die Hälfte seiner Mitglieder (z. B. von 5 müssen 3) anwesend ist, und diese anwesende Mehrheit muss mehrheitlich für eine bestimmte Zielvorgabe stimmen (3 Personen stimmen dafür, 1 Person enthält sich, 1 Person stimmt dagegen), siehe § 33 BetrVG. Der Antrag ist angenommen. Anders ist es, wenn 2 Personen sich enthalten, 2 Personen stimmen dafür und 1 Person stimmt dagegen. Eine Mehrheit für einen Beschluss ist nicht hergestellt, weil die Enthaltungen als »Nicht-dafür« gewertet werden müssen. Von 5 Betriebsräten müssen 3 Personen qualifiziert[32] dafür abstimmen.
- Die Betriebsratssitzung muss protokolliert werden (§ 34 BetrVG).

32 D/K/W, § 33 RZ 1 f.; Richardi, § 33 RZ 1 f.

Von diesem Verfahrensprinzip gibt es keine Ausnahme![33]

bb. Zusammenfassung

Bei der Frage, was Betriebsräte tun dürfen oder eben nicht tun dürfen, kommt es nicht so sehr darauf an, ob der Wortlaut der Paragrafen ihnen ein bestimmtes Ergebnis oder Ziel erlaubt oder verbietet. Was immer Sie haben wollen, braucht einen Beschluss des Betriebsrats mit der rechtsgültigen Beschlussfassungskette!

1. Einladung mit Tagesordnung zu einer Betriebsratssitzung.
2. Anwesenheit muss dokumentiert werden. Der Betriebsrat muss beschlussfähig sein durch die ordentlichen Mitglieder. Ordentlich geladene Ersatzmitglieder gelten für diese Sitzung als originäre Betriebsräte mit Stimmenrecht.
3. Es muss ein Mehrheitsbeschluss zum entsprechenden Tagesordnungspunkt vorliegen.
4. Der Wortlaut des Beschlusses zum jeweiligen Tagesordnungspunkt muss in einer Niederschrift gleich Protokoll schriftlich dokumentiert sein.
5. Das Protokoll muss auf einer weiteren Betriebsratssitzung mit Mehrheit der Abstimmenden bestätigt werden. Damit zukünftig nicht gestritten werden kann, wie dieses Protokoll zu verstehen ist.

33 Ständige Rechtsprechung des BAG, siehe D/K/W, § 33 RZ 9f.; Richardi, § 33 RZ 3.

6. Was immer Betriebsräte beschlossen haben, wird erst dann von einem Gericht überprüfbar sein, wenn es in einer Arbeitsgerichtsverhandlung stattgefunden hat. Es muss für diese Frage eine Klage vor dem Arbeitsgericht eingereicht werden.

b. Zuständigkeit des Gesamtbetriebsrates (GBR)

Ein Gesamtbetriebsrat ist zu bilden, wenn ein Unternehmen aus zwei Betrieben besteht, siehe § 47 BetrVG. Der GBR ist originär zuständig wenn ein Anliegen

- für mehrere Betriebe einheitlich geregelt werden muss

und

- der örtliche Betriebsrat dieses Thema nicht eigenständig regeln kann.

Der GBR ist als Organ ein Dauerorgan, solange es zwei Betriebe gibt, die ihn konstituieren können. Alle vier Jahre wählen die Beschäftigten ihren Betriebsrat neu. Dieser neugewählte Betriebsrat wählt dann eines oder zwei ordentliche Mitglieder in den GBR sowie die Ersatzmitglieder aus den Reihen der ordentlichen Mitglieder. Ersatzmitglieder aus dem örtlichen Betriebsratsgremium können nicht in den GBR gewählt werden, weil sie örtlich nicht zum Betriebsrat gewählt worden sind.

Beispiele für die Zuständigkeit des GBR – ein kleiner Auszug:
Unternehmensweite Ausgestaltung der Dienstkleidungspflicht.[34] Führt das Tragen der Dienstkleidung zur Gesundheitsgefährdung der Beschäftigten, ist der örtliche Betriebsrat zuständig, weil der Arbeitsschutz immer am Arbeitsplatz gilt.[35] Beispiel: »Kein Krawattenzwang bei großer Hitze.«
Ein unternehmenseinheitliches Reservierungssystem für Flüge.[36]
Einführung eines unternehmensweit einheitlichen EDV-Systems.[37] Die Nutzung des betrieblichen Intranets hingegen soll von den örtlichen Betriebsräten gesondert geregelt werden.[38]
Aufstellung unternehmensweiter Zuteilungs- und Nutzungsbedingungen von Werksmietwohnungen.[39]
Und noch vieles mehr.

---

34 Mit Bezug auf das BAG vom 17.01.2012 in D/K/W, § 50 RZ 78ff.; Richardi, § 50 RZ 22.

35 Ebenda.

36 Mit Bezug auf das BAG vom 30.08.1995 in D/K/W, § 50 RZ 41f.; Richardi, § 50 RZ 25.

37 Mit Bezug auf das BAG vom 14.11,2006 in D/K/W, 50 RZ 41f.; Richardi, § 50 RZ 25.

38 Mit Bezug auf das BAG vom 01.12.2004 in D/K/W, § 50 RZ 41ff.; Richardi, § 50 RZ 25.

39 D/K/W, § 58 RZ 90; Richardi, § 50 RZ 27.

Besteht Zweifel, ob in einer Angelegenheit eine regionale betriebliche Regelung die bessere Lösung ist, ist im Zweifel der örtliche Betriebsrat zuständig.[40] Es empfiehlt sich mit einer Vollmachtskette zu arbeiten:

1. Der örtliche Betriebsrat bevollmächtigt den GBR für ihn zu handeln.
2. Der GBR erklärt sich für zuständig.

Ist irgendwann arbeitsgerichtlich entschieden, dass der GBR nicht zuständig ist, dann gilt immer noch die Vollmacht des örtlichen Betriebsrats, so dass eine gültige Regelung aus dem GBR für den öBR vorliegt, jedoch nicht mehr in der Gültigkeit einer übergeordneten GBR-Handlung. Der GBR hat dann für den öBR eine bevollmächtigte Handlung vorgenommen, die dann für die vollmachtgebenden Betriebe gültig ist.

aa. Beschlussfassung der Gesamtbetriebsräte

Wenn der GBR originär, also »in erster Linie«, zuständig ist, muss auch er seine Zielvorgaben, Absichten, Wünsche und Konzepte in einer echten GBR-Sitzung beschließen. Hier handelt er wie alle örtlichen Betriebsräte. Es gelten auch die Regelungen für die »Videokonferenz und Telefonkonferenz« nach § 30 Absatz 2 BetrVG für die GBR-Arbeit.

In der Beschlussfassung gibt es allerdings den Unterschied, dass die ein oder zwei örtlichen Betriebsräte im GBR mit der gesamten Stimmenzahl aus ihrem Betrieb abstimmen, siehe § 47 Absatz 7 und 8 BetrVG.

Beispiel:

Betrieb A hatte 1200 Beschäftigte in seiner örtlichen Wählerliste zur Betriebsratswahl verfasst. Nun hat er im GBR 1200 Stimmen. 2 GBR-Mitglieder (siehe § 47 Absatz 2 BetrVG). In der Praxis teilen sich ab zwei GBR-Mitgliedern aus einem Betrieb die Stimmen auf. Jedes GBR-Mitglied stimmt dann mit seiner Stimmenzahl ab.

Betrieb B hatte 450 Beschäftigte in seiner örtlichen Wählerliste. Nun hat er 450 Stimmen im GBR. 2 GBR-Mitglieder (siehe § 47 Absatz 2 BetrVG).

Betrieb C 200 Beschäftigte in seiner örtlichen Wählerliste. Nun hat er 200 Stimmen im GBR. 2 GBR-Mitglieder (siehe § 47 Absatz 2 BetrVG).

Zusammen haben alle 6 GBR-Mitglieder 1850 Stimmen.

Um Beschlüsse fassen zu können, müssen nach § 51 Absatz 3 BetrVG

- mehr als die Hälfte der GBR-Mitglieder an der GBR-Sitzung teilnehmen. Das bedeutet von 6 GBR-Mitgliedern müssen 4 Mitglieder anwesend sein

und

40 Mit Bezug auf die BAG Rechtsprechung D/K/W zu § 50 RZ 40ff.; Richardi, § 50 RZ 19ff.

- alle teilnehmenden GBR-Mitglieder müssen mindestens die Hälfte aller Stimmen haben. Das bedeutet, dass mindestens 4 GBR-Mitglieder anwesend sein müssen und sie müssen zusammen 925 Stimmen abgeben können.

Wenn nur der Betriebsrat aus der Firma A anwesend ist, ist er nicht beschlussfähig, weil mindestens 4 GBR-Mitglieder auf der Sitzung anwesend sein müssen.
Wenn nur die Betriebsräte aus der Firma B + C anwesend sind, sind sie ebenfalls nicht beschlussfähig, weil sie zusammen nur 650 Stimmen abgeben könnten. Es bräuchte ein Volum von 925 Stimmen.
Wenn auf einer GBR-Sitzung alle 6 GBR-Mitglieder anwesend sind und die beiden Kolleg*innen aus dem Betrieb A sich beim Mittagessen eine kleine

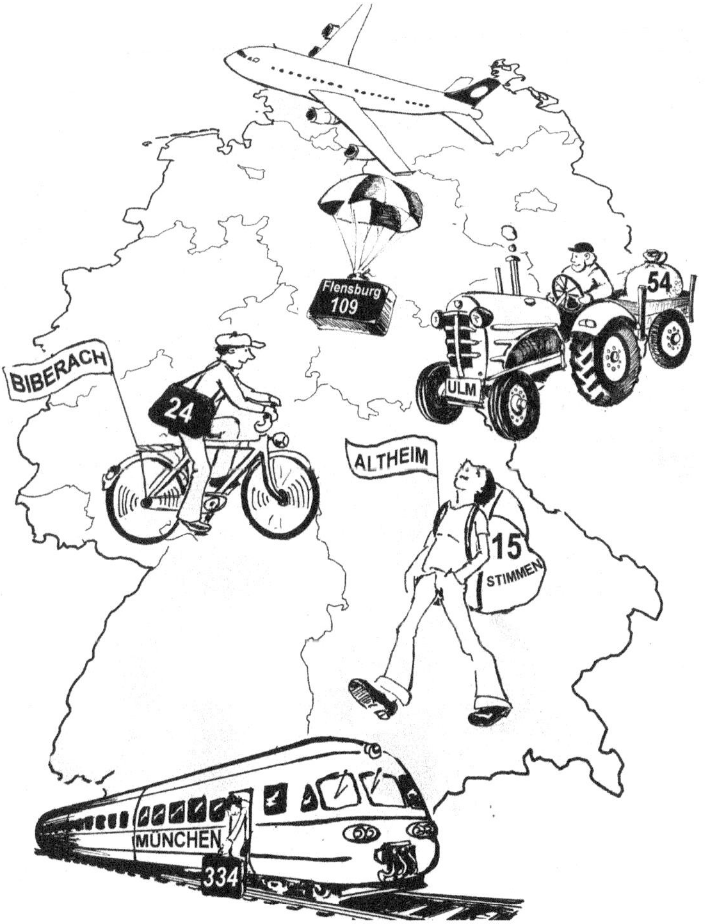

Lebensmittelvergiftung eingefangen haben, sodass sie die Sitzung verlassen müssen, ist der GBR ab dann nicht mehr beschlussfähig.

bb. Zusammenfassung

Das schwierigste in der GBR-Arbeit wird es wohl sein zu erfassen, an welchen Themenfeldern einzig und allein nur der GBR arbeiten darf und kann. In vielen Themenfeldern ist dies auf den ersten Blick nicht klar. Häufig erkennen Gerichte und auch örtliche Betriebsräte erst nach einer vollzogenen GBR-Handlung, dass es richtiger gewesen wäre, wenn die örtlichen Betriebsräte die Kraft der Regelungskompetenz gehabt hätten! So z. B. im Krawattenurteil[41], hier hatte das Unternehmen das Bedürfnis, dass alle Beschäftigten im Unternehmen uniformierte Arbeitskleidung tragen müssen. Der GBR hat eine Betriebsvereinbarung abgeschlossen und plötzlich war es in bestimmten Regionen der BRD so heiß, dass örtlich die Beschäftigten gesundheitliche Probleme bekamen. Örtliche Arbeitgeber*innen sind manchmal viel gehorsamer, als man es sich zu denken traut. Sie bestanden auf die Einhaltung der Betriebsvereinbarung »Dienstbekleidung« durch den GBR und nahmen es in Kauf, dass ihre örtlichen Beschäftigten reihenweise krank wurden. Es musste erst das BAG daran erinnern, dass der Gesundheitsschutz der Beschäftigten immer die Kernpflicht von örtlichen Arbeitgeber*innen ist

Hinweis:
§ 50 Absatz 2 BetrVG eröffnet die Möglichkeit, dass die örtlichen Betriebsräte den GBR bevollmächtigen, ein Thema zu bearbeiten! Wenn alle örtlichen Betriebsräte ihren GBR bevollmächtigen, für ein bestimmtes Thema zu verhandeln, dann kommen sie zum selben Ergebnis und sie behalten die Zuständigkeit für das Thema. Bei dem Thema muss immer daran gedacht werden, dass es regionale Besonderheiten gäben könnte, die berücksichtigt werden müssen. Erinnern wir uns an die Covid19-Pandemie. Schnell gab es auf der Ebene des GBR die Zustimmung, dass jetzt online gearbeitet werden darf, dass mit Hilfe der Videokonferenz gearbeitet werden muss. Bundesweit gab es allerdings nicht überall und an jedem Ort genügend Internetleistungen und nicht jeder PC hatte eine Kamera. Manche Kolleg*innen hatten zuhause gar keinen PC oder sie haben mit ihren Privat-PCs gearbeitet. Es gab für eine Weile keine PCs zu kaufen. Für solche Fälle wäre es wichtig gewesen, dass der örtliche Betriebsrat in die Zuständigkeit gehen kann. Der digitale Sprung zwischen 2020 und 2025 ist gewaltig. In solchen

41 D/K/W, § 50 RZ 101 und RZ 113, mit Bezug auf das BAG vom 18.07.2017 – 1 ABR 59/15.

Fällen kann die Unternehmensleitung immer noch das Arbeitsgericht bitten, feststellen zu lassen, wer die originäre Zuständigkeit hat. Unterm Strich gäbe es das gleiche Ergebnis, nur könnten die örtlichen Betriebsräte eingreifen, wenn ihre Standortleitungen unzweckmäßige Entscheidungen treffen.

Für die Beschlussfassung des GBR gelten dieselben Regelungen, wie es für die öBRs gefordert ist. Die Möglichkeit, eine Videokonferenz nach § 30 Absatz 2 BetrVG durchzuführen, muss zuvor in einer Geschäftsordnung niedergeschrieben sein. Siehe dazu Seite 60 und 108.

c. Zuständigkeit des Konzernbetriebsrats (KBR)

Ein Konzernbetriebsrat ist zu bilden, wenn es im Konzern mehrere Gesamtbetriebsräte gibt, siehe dazu § 54 Absatz 1 BetrVG. Er wird durch Beschluss der GBRs gebildet. Der KBR muss gem. § 58 Absatz 1 BetrVG für seine Themen originär zuständig sein, wenn er etwas regeln möchte oder muss, wenn ein Anliegen

- für den Konzern geregelt werden muss

oder

- mehrere Konzernunternehmen eine einheitliche Regelung benötigen

und

- die Gesamtbetriebsräte dieses Thema nicht eigenständig regeln können. Und in keinem Fall darf die Regelung in die Zuständigkeit der örtlichen Betriebsräte fallen.

Die originäre Zuständigkeit des KBRs ist unlängst seltener, als es in GBR-Anliegen oder örtlichen BR-Anliegen der Fall sein wird. In der Regel tauschen die KBR-Mitglieder Informationen über ihre Betriebe/Unternehmen und über die Konzerntätigkeiten aus. Hier gilt die Geheimhaltungspflicht nach § 79 BetrVG nicht.

Ganz zweifelsfrei kann der KBR tätig sein, wenn er in Themenfeldern durch örtliche Betriebsräte und GBR-Strukturen eine Vollmacht hat, dass er berechtigt ist, etwas zu regeln. Stellt sich im Nachgang heraus, dass der KBR nicht berechtigt war, etwas zu regeln, dann ist zwar die Regelung des KBR unwirksam, jedoch bleibt die Regelung über die öBR-Vollmacht und GBR-Vollmacht noch gültig. Im Streitfall kann dann jede Struktur eine für sie bessere Regelung verhandeln. Wird die KBR-Regelung nicht angefochten, dann bleibt sie als KBR-Regelung wegen der Vollmachten in jedem Fall gültig. Dies ist wichtig, falls eine KBR-Regelung ausnahmsweise mal nichtig sein könnte. Vorsorge ist immer besser als unterversorgt zu sein.

Die Rechtsprechung hat in folgenden Fällen angenommen, dass der KBR in diesen Angelegenheiten alleine zuständig ist, weil eine andere Regelung auf GBR-Ebene nicht möglich ist.

- Der KBR ist zuständig bei der Errichtung, Form, Ausgestaltung und Verwaltung von Sozialeinrichtungen, deren Wirkungsbereich nicht nur auf ein Konzernunternehmen beschränkt ist.[42]
- Konzerneinheitliche EDV-Anwendungen.[43]
- Konzerneinheitliche Ethik- oder Verhaltensrichtlinien.[44]
- Austausch von Mitarbeiter*innen-Daten, wenn diese zwischen Konzernunternehmen genutzt werden sollen.[45]

Es ist gar nicht so einfach die Fälle zu bestimmen, in denen der Konzernbetriebsrat eindeutig zuständig ist, so dass es ausgeschlossen ist, dass die örtlichen Betriebsräte oder die Gesamtbetriebsräte zuständig sein könnten.

Die einzelnen GBRs können gemäß § 58 Absatz 2 BetrVG ihre Angelegenheiten in den KBR per Vollmacht übertragen und sich dessen Regelungsvorbehalt vorbehalten.

---

42 D/K/W, § 58 RZ 51; Richardi, § 58 RZ 9 mit Bezug auf BAG.

43 Ebenda.

44 Ebenda.

45 Ebenda.

aa. Beschlussfassung im KBR

Für die Beschlussfassung im KBR gilt:

- Jeder GBR entsendet zwei Mitglieder, siehe § 55 Absatz 1 BetrVG.
- Jedes Mitglied im KBR hat so viele Stimmen, wie es aus seiner GBR-Gesamt-Stimmen-Liste mitbringt, jedoch stehen jedem KBR-Mitglied davon nur die Hälfte an Stimmen zu, siehe § 55 Absatz 2 KBR.
- Auch die KBR-Sitzung trifft sich zur Beschlussfassung in einer Sitzung und sie halten dasselbe Prozedere ein wie die örtlichen Betriebsräte und die GBRs, siehe § 59 Absatz 1 BetrVG.
- Für das Prozedere der Stimmengewichtung, Mehrheitsbeschluss und wie eigenartig er zusammenkommt, beachte das Kapitel I 1. b. aa. Im »Worst Case« zählt auch die Tatsache mit der Lebensmittelvergiftung und dem plötzlichen Anlass, der Nicht-Beschlussfähigkeit. Verlieren Sie niemals die Stimmzahlen aus den Augen!

Für die Möglichkeit, sich über Videokonferenzen zu treffen, gelten die Regelungen aus § 30 BetrVG, sowie das oben beschriebene Verfahren (siehe Seite 60).

bb. Zusammenfassung

In Mitbestimmungsverfahren hat der KBR seltener die originäre Zuständigkeit. Das führt dazu, dass es seltener KBR-Betriebsvereinbarungen gibt. Der KBR muss nicht wie der GBR zwingenderweise gegründet werden, siehe dazu § 54 BetrVG. Der KBR ist ein Dauerorgan, das sich erst auflöst, wenn der Konzern untergegangen oder aufgelöst wird. Alle vier Jahre wählen die Mitarbeitenden aus den Betrieben ihre Betriebsräte neu. Danach entsenden die örtlichen Betriebsräte ihre gewählten GBR-Mitglieder in den GBR und der GBR wählt dann seine Mitglieder für den KBR und diese werden entsendet. Da es keine KBR- oder GBR-Mitglieder geben kann, die in ihren örtlichen Betriebsrat nur als Ersatzmitglied gewählt worden sind, kann es auch keine örtlichen BR-Ersatzmitglieder im GBR oder KBR geben.

Der KBR wird häufig als Dialog-Gremium mit der Konzernleitung bezeichnet. Dies ist sehr passend, weil der KBR über die Beratungsrechte mit der Konzernleitung viel früher an Informationen herankommt als die einzelnen GBRs oder gar die örtlichen BRs es erhalten können. Innerhalb von Konzernstrukturen sind oft die Standortleitungen schlecht informiert. Sie haben darüber die Chance viel eher zu erfahren, welche Veränderungsprozesse auf die Beschäftigten zukommen. Die Konzernleitung erfährt in der Regel durch den KBR, wie es sich wirklich zuträgt im Unternehmen und in den Betrieben.

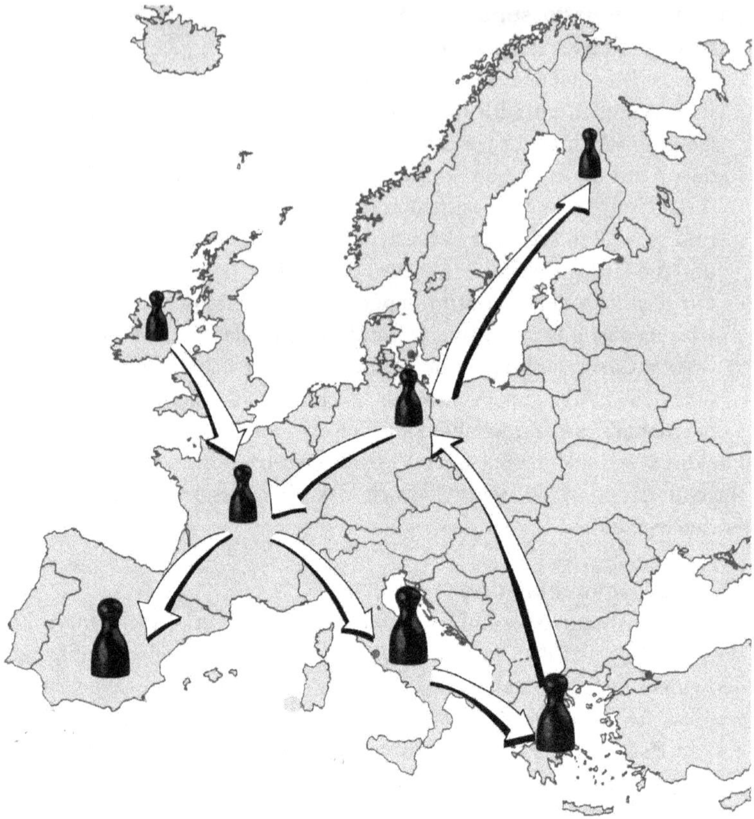

Beispiel:
Ein Konzern mit Standort in der BRD arbeitet sehr gerne mit Konzernbetriebsräten zusammen. Die Untergliederung in Unternehmensketten führt oft dazu, dass Standortbedingungen oder kleinste Betriebe an besonderen regionalen Standorten in der Konzern- oder Unternehmenspolitik in ihrer regionalen Bedingung nicht mitbedacht werden. Konzernbetriebsräte oder auch Gesamtbetriebsräte werden oft als Sozialpartner*innen geschätzt, während örtliche Betriebsräte in ihrer Arbeitsweise und Bedeutung deutlich geringer geschätzt werden. Die örtlichen Betriebsräte können dann den GBR oder KBR zur Unterstützung rufen, damit sich am eigenen Standort etwas verbessern kann. Regionale Arbeitgeber gehorchen den ihnen übergeordneten Leitungskräften viel lieber, als dass sie konflikthafte Gespräche mit den Betriebsräten vor Ort führen, die oft sehr zermürbend und langwidrig sein können.

Tipp: Arbeiten mit Vollmachten an den GBR und KBR
Wenn die örtlichen Betriebsräte ihre GBRs grundsätzlich mit einer Vollmacht zum Handeln ausstatten und die GBRs verhalten sich in der Zusammenarbeit mit den KBRs ebenso, dann ist immer gewährleistet, dass die jeweilige Ebene im Bedarfsfall handlungsfähig ist. Dies ist für das Krisenmanagement von Bedeutung.

- Wirtschaftskrisen
- Demographischer Wandel
- Umweltkatastrophen
- Energiekrisen
- Epidemien und Pandemien
- Krieg
- sowie andere unerwartete Katastrophen

können besser gestaltet werden, wenn es einen regionalen Bedarf gibt. Viele Unternehmen und auch Konzerne gliedern sich finanztechnisch europaweit oder gar International. Das Ziel muss sein, dass die Beschäftigungsbedingungen vor Ort bestmöglich gestaltbar bleiben.
Von besonderen Wert sind Vollmachten, wenn sie in einer unüberschaubaren organisationsrechtlichen mehrdimensionalen Matrix-Struktur arbeiten müssen. Hier gibt es auf den unterschiedlichen Unternehmens- und Konzernebenen sowie in der Quergestaltung und Gliederung der Organisation eine für viele Beschäftigte nicht wirklich klare Zuständigkeit, wer welche Vollmachten zum Handeln hat, weil im Zuge der Bildung von Organisationsbereichen die Entscheidungskompetenzen festgelegt sind und auf die entsprechenden Entscheidungseinheiten übertragen worden sind. Oft ist es so, dass sich in vielen Fragen die Bundesverwaltung oder andere obere Chefs vorbehalten, dass sie die abschließende Regelungskompetenz behalten. Sie merken es daran, dass ihre Standortleitung ständig irgendwelche Themen, Fragen oder Verhandlungsphasen nicht klärt, weil sie dieses Anliegen »jetzt mal mitnehmen«. Leider verraten sie selten, wer im Unternehmen oder Konzern die letzte Bestimmung hat. Das kann sehr frustrierend sein. In einer arbeitsgerichtlichen Auseinandersetzung haben Sie es dann deutlich leichter, Ihre Rechtsansprüche durchzusetzen. Das Arbeitsgericht erfragt immer die Befugnis der Leitungen und sie lassen sich Handlungsvollmachten vorlegen. Das sollten Sie auch tun.

2. Gesamtausblick Hard Skills und Soft Skills

Das BetrVG und das Arbeiten innerhalb der bundesdeutschen Gesetze gehört eindeutig zu den Hard Skills. Ebenso die Tatsache, wie der BR/GBR/KBR seine Beschlüsse als Kollegialorgan zu fassen hat und die Pflicht der Zusammenarbeit der Betriebsräte mit der Gewerkschaft.
Zu den Soft Skills gehören:

- Eine faire und wertschätzende Kommunikation mit allen Mitgliedern pflegen.
- Das Gremium zusammenhalten. Teamfähigkeit und Teamarbeit pflegen.
- Zuverlässig sein. Hier insbesondere die vorgegebenen Fristen einhalten! Pünktlich und vorbereitet an Arbeitsprozessen mitwirken.
- Sich so umsichtig verhalten, dass andere in der Zusammenarbeit mit Ihnen keinen Schaden nehmen.
- Sich organisieren können, auch indem Sie sich rechtzeitig Hilfe organisieren.
- Eine gute Selbstsorge betreiben, damit Sie gesund bleiben und damit ihr Privatleben nicht unter Ihrem Engagement leidet.
- Ausdauer entwickeln und sich qualifizieren.
- Ein Zeitmanagement und Strukturmanagement entwickeln und beibehalten. **Hier insbesondere auch die Teilzeitkräfte im Betriebsrat im Blick behalten und für sie jeden Beschluss fassen, der es für sie leichter macht, an dieser Arbeit teilzunehmen.**
- Netzwerkkompetenzen praktizieren und sich nicht auf einzelne Personen zentrieren.
- Konfliktkompetenz souverän erwerben, es anwenden und beibehalten.
- Die betriebsrätliche Öffentlichkeitsarbeit praktizieren. Die Beschäftigten haben ein Recht auf Informationen!
- Erlernen, dass Sie in unterschiedlichen Rollen im Leben stehen und das diese jeweilige Rolle immer mit einer bestimmten Aufgabe und mit einer gesetzlichen Funktion in Verbindung zu bringen ist!
- Demokratisches Handeln erlernen. Niemand in dieser Interessenvertretungsstruktur ist unersetzbar. Wäre es so, dann arbeiten die Gremien falsch.
- Selbstvertrauen und Selbstbewusstsein erlangen, das nicht herablassend und arrogant ist. »Wer führen will, muss dienen können.« In Ihrer Rolle dienen Sie ihren Kolleg*innen und damit auch dem Unternehmen, für das Sie arbeiten.
- Die juristische Methodenlehre als Analyseinstrument und Strukturinstrument kennen! Für Rechtswissenschaftler*innen gehört sie zu den Hard Skills. Betriebsräte müssen, wissen, dass es sie gibt. Die Technik »subsumieren« zu können, erleichtert den Umgang mit juristischen Sachverhalten ungemein. Jeder betriebliche Anlass ist aus der Perspektive der Jurist*innen ein Sachverhalt, an dem sie arbeiten müssen, siehe Anlage I.[46] Die juristische Sprache ist eine eigene Sprache. Sie ist nicht

46 Ausführlich in Schwartau: 5. Aufl. Neu im Betriebsrat, S. 18ff.

zu verwechseln mit der Umgangssprache, soziologischem Sprechen oder der gewerkschaftlichen Sprache. Die juristische Sprache leitet sich aus der Philosophie ab.[47] Dies erklärt, warum im Gericht stundenlang darüber gesprochen werden kann, wie und was etwas zu bedeuten hat. Juristen können nicht wirklich »Ja oder Nein« sagen. Dies geht nur, wenn der Wortlaut im Gesetz zweifelsfrei vorgibt, was zu tun ist. Siehe auch **Anlage I: Über die Gesetzessprache**.

Beispiel:
§ 102 Absatz 1 Satz 1 BetrVG: Der Arbeitgeber hat den Betriebsrat **vor jeder** Kündigung zu hören. Nach Satz 3: Eine ohne Anhörung des Betriebsrats ausgesprochene Kündigung **ist unwirksam**.

II. Komplexität strukturieren

Sie werden sich daran gewöhnen müssen, dass Sie auf dieser Bühne abstrakt arbeiten müssen. Sie befinden sich in höchstkomplexen Rahmenbedingungen und Zusammenhängen von Themen, die bearbeitet werden müssen. Wenn Sie das Gefühl bekommen, dass Ihnen Ihr gesamtes En-

47 Kaufmann, Rechtsphilosophie und Hassemer/Neumann/Salinger, Einführung in die Rechtsphilosophie und Rechtstheorie der Gegenwart.

gagement über den Kopf wächst, dann ist das nicht ungewöhnlich und aus meiner beruflichen Erfahrung weiß ich, dass sich dieses Gefühl auch wieder relativiert. Etwas befremden wird Sie die Tatsache, dass es niemanden gibt, der Sie strukturiert oder Ihnen gar Arbeitsanweisungen erteilt. In der Regel sind Sie nicht einmal ausgebildet für das, was jetzt von Ihnen verlangt wird. Die Gremien müssen sich selbst organisieren. Sie müssen ihre Tätigkeiten und Projekte planen und abstimmen. Die Gremien müssen lernen, mit sehr unterschiedlichen Bildungsvoraussetzungen, Lerntypen, Persönlichkeitsstilen und kulturellen Wertehintergründen zu arbeiten. Das ist nicht einfach und es ist in keinem Fall zu unterschätzen. **Die verlässliche Mitarbeit aller ist unabdingbar. Es ist professionell, wenn Sie zugeben, dass Sie überfordert sind. Nur dann kann Ihnen geholfen werden.**

Hinweis:
Im Umgang mit der Komplexität ist es besonders wichtig zu realisieren, dass Ihnen als Betriebsrat nicht dieselben Mittel und Voraussetzungen zur Verfügung stehen, wie Ihre Unternehmensleitungen sich diese zur Verfügung stellen können! Eine Betriebsleitung kann ein Thema zu einem Projekt erklären, hier werden Zielvereinbarungen formuliert. Dann werden die Voraussetzungen geprüft, die erforderlich sind, um Projekte in einer festgelegten Zeitspanne zu realisieren. Es werden im erforderlichen Umfang Geld und Zeit zur Realisierung des Projektes zur Verfügung gestellt. Damit die festgelegte Zeitleiste eingehalten werden kann, stellen sich die Unternehmensleitungen sogenannte Projekt-Teams als Personengruppe zusammen, die aus ihrer Perspektive geeignet sind, das Projekt bestmöglich und auf dem schnellsten Wege zu realisieren. Hilfsweise werden zwecks Umsetzungsdruck noch zusätzliche Honorarkräfte unter Vertrag genommen und los geht's!
Diese Voraussetzungen hat der Betriebsrat nicht, weil er nicht ohne Zustimmung der Arbeitgeber*innen unbegrenzte Honorarkräfte als Sachverständige nach § 80 Absatz 2 BetrVG einkaufen darf. Er kann auch nicht alle wichtigen Personen für ein Projekt aus dem Arbeitsprozess herausnehmen, damit diese für den Betriebsrat schnellstmöglich ein Projekt im Sinne von § 28a BetrVG realisieren. Alles braucht seine Zeit. Üben Sie sich in Geduld und Beharrlichkeit.

Im folgenden Kapitel schlage ich eine Vielzahl an Voraussetzungen, Techniken und Verfahren vor, mit denen es möglich ist, die Arbeitsanforderungen und die erforderlichen Arbeitsprozesse einigermaßen im Blick zu behalten und sie geschickt zu einem Ganzen zu bündeln.

Für das Gelingen der Arbeit ist es wichtig, eine Struktur oder Zeitleiste zu vereinbaren, in der Sie und das Gremium den Überblick behalten. Hier gibt es Techniken, die nur für den einzelnen Menschen seine Gültigkeit haben, und es gibt Rahmenbedingungen, an die sich alle halten könnten.

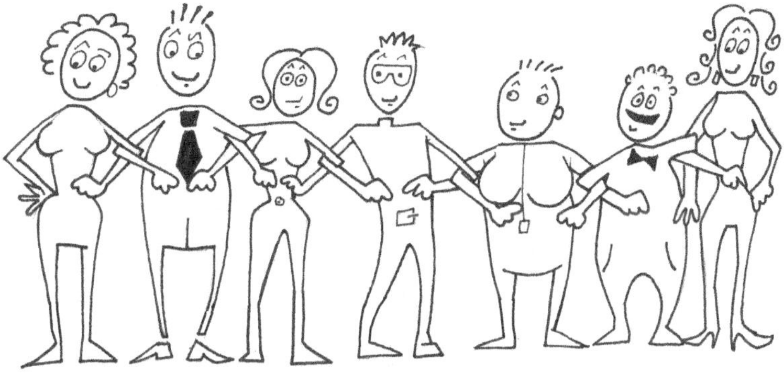

Die gesamte Betriebsratsarbeit muss verteilt werden auf alle Schultern im Betriebsrat. Hierfür kann der Betriebsrat Arbeitsausschüsse bilden, wenn er die erforderliche Größe eines neun-köpfigen Betriebsrats hat, siehe § 27 und § 28 BetrVG. Ist der Betriebsrat kleiner als 9 Personen, dann müssen Sie sich der sehr harten Auseinandersetzung um die Freistellung nach § 37 Absatz 2 BetrVG stellen! Wenn Ihr Unternehmen Ihnen nicht die erforderliche Zeit zur Umsetzung Ihrer Projekte zur Verfügung stellt, dann mangelt es Ihnen nicht an Projektkompetenz und Prozesskompetenz. Es mangelt Ihnen an einer professionellen Grundvoraussetzung, damit Themen in bestimmten Zeitfenstern umgesetzt werden können.
Geben Sie nicht auf! Ich versuche Ihnen hier Strukturmodule vorzustellen, mit dessen Hilfe auch kleinere Betriebsräte zu Recht kommen könnten. Machen Sie sich auf den Weg. Sie werden Ihre Ziele in der Regel erreichen, wenn sie kontinuierlich am Ball bleiben.
Ich versuche mich in der Darstellung der sogenannten professionellen Möglichkeiten in der Umdeutung, die sich an der Realität der Betriebsräte orientiert. Insofern werde ich Sie verschonen mit Konzepten, die Sie mangels Ressourcen gar nicht benutzen können.[48] Jeder Betriebsrat kann

48 Wer nicht über erforderliches Geld, Zeit und Personal verfügt, kann nun mal keine Excellent-Projektarbeit durchführen.

seine Ziele erreichen. Sei es manchmal auf Umwegen und Irrwegen. Alle erreichen kontinuierlich irgendwann ihr Ziel.
Bevor Sie mit der Arbeitsverteilung beginnen, sollten Sie sich allerdings einen Überblick zum IST-Zustand des Betriebes, des Unternehmens und auch etwaiger Konzernstrukturen machen. Sie brauchen Organigramme, Personaldaten und Raum und Zeit für Konzeptentwicklung und Prozesskoordination. Die Anliegen müssen geordnet werden. Dies gilt insbesondere für Unternehmen mit Matrix-Strukturen. Dazu mehr im Kapitel »Strategie und Taktik«.

1. Betriebliche Organisation und die Bedeutung eines Organigramms

Zunächst müssen Sie sich einen Überblick über den IST-Zustand Ihres organisatorischen Umfeldes verschaffen. Überall! Es geht darum, klar zu sein, mit wem und was man es zu tun hat.

- Wie ist unsere Firma, unser Unternehmen oder unser Konzern gegliedert?
- Welche Ziele verfolgt sie?

- Wie stellt sich die Unternehmenskultur dar? In welchem Wertekanon wird die Arbeit erledigt? Kultur ist das, was gelebt wird! Kultur kann man nicht verordnen.[49]

Ist es überall gleich oder sehr unterschiedlich?

- Wie stellt sich das betriebliche oder überbetriebliche Organigramm dar?
  - Welche Arbeitsgebiete werden zusammen dargestellt oder eben nicht?
  - Wie verlaufen die Entscheidungsstrukturen? Wer kann im Konfliktfall die »Macht« wieder an sich nehmen und das Anliegen möglicherweise erneut verhandeln?
  - Wer hat abschließende Regelungskompetenz (hat die letzte Entscheidungsbefugnis) und wer tritt zwar »gefühlt« als Chef*in in Erscheinung, hat jedoch tatsächlich nur eine zuarbeitende Funktion ohne Entscheidungskraft?
  - Sind alle Arbeitsbereiche aufgeführt? Sind alle Beschäftigten erkennbar zugeordnet?

In welchem Verhältnis oder in welcher Beziehung stimmen diese Werte mit Ihrem eigenen Werten überein? Was gilt es zu verändern? Was zu bewahren?!

Denken Sie immer daran, dass Sie in ihrer Rolle als abhängig Beschäftigte in Rahmenbedingungen zu funktionieren haben, die Sie nicht unmittelbar beeinflussen können. In der Rolle der Interessenvertretung muss ein Gremium sich eigene Rahmenbedingungen verschaffen, damit es Einfluss nehmen kann. Die Räte haben Veränderungserlaubnis!

---

49 Viele Leitungskräfte und auch Unternehmensberater verkennen dieses wichtige Element, wenn sie unternehmenstechnische oder betriebliche Veränderungsprozesse in Gang setzen wollen oder steuern müssen. Wenn ein Unternehmen sich z. B. dazu hinreißen lässt, eine dominante Führungskraft ohne emotionale und soziale Kompetenz einzustellen, die aus ihrer bisherigen beruflichen Biografie aus einem Kulturkreis kommt, in dem sich immer an alle Bedingungen, die von außen kommen, angepasst wird, koste es, was es wolle. Und dieses Unternehmen lebte bis zu diesem Zeitpunkt eine Kultur, in der es von besonderer Bedeutung war, dass alle Beschäftigten sich wohlfühlen im Unternehmen, weil man in großer Achtsamkeit miteinander arbeitet, dann schafft diese neue Leitungskraft es relativ schnell, dass die Mitarbeitermotivation rasend schnell verloren geht. Die Folgen sind gravierend für das Unternehmen, weil dieses Unternehmen in der Mehrheit aus Mitarbeiter*innen besteht, die zu einer Wohlfühlkultur passen. Sie sind nicht auf Befehl und Gehorsam gedrillt.

Nur wer die Gesamtstruktur des Unternehmens oder Konzerns und die Entscheidungsstrukturen kennt, ist überhaupt befähigt, überbetrieblich zu denken. Sie sagt sehr viel aus über die Kultur und über die Machtverhältnisse im Unternehmen oder Konzern. Wer darf was warum? Ist die Interessenvertretung überhaupt aufgeführt? Wo ist im Organigramm der GBR oder KBR angesiedelt? Wie und wo sind Beschäftigte vermerkt? Wer hat welche Befugnis?
Es geht in dieser Dimension nicht nur um die Qualität der Informationen, die Sie vom Arbeitgeber erhalten. Ein erfolgreiches Gelingen hängt auch zum großen Teil davon ab,

- wie gut Sie selbst über Ihr Zuständigkeitsfeld Bescheid wissen.
- wie optimal Sie Ihre Selbstverwaltung geschickt moderieren können.

Es ist zunächst notwendig, dass Sie sich einen Überblick verschaffen über

- die Erstellung eines Organigramms über Ihren Betrieb, Ihr Unternehmen und/oder Ihren Konzern. Wie ist der Betrieb, das Unternehmen, der Konzern gegliedert? Wer was mit wem?
- Wer macht was mit wem und warum?
- Optimal: Wer ist wie im Betrieb »gewandert«? Extern und intern? Wer kommt z. B. aus dem Nachlass einer Unternehmensberatung?

a. Statusabfrage aller Räte

Über die Statusabfrage sichern Sie sich die Kontakt- und Themendaten aller Räte. So eine Checkliste sollte man nicht erst erstellen, wenn sie aktuell erforderlich ist. Ungünstig ist es auch, eine Liste zu führen, auf der sich nur die Menschen befinden, die Sie gerne mögen oder von denen Sie eine bestimmte Erwartung haben. Menschen können unglaublich viel Zeit damit verlieren, wenn sie einen anderen Menschen suchen oder gar hinterher telefonieren, weil ein aktueller Fall es erforderlich macht. Ich empfehle eine Liste mit folgenden Daten:

- Wer ist mit welchem Thema in einem Ausschuss? Welche Aufgaben hat der Ausschuss zu bewältigen?
- Welche Netzwerkkontakte gibt es bei den Personen im Gremium?
- Regelmäßiges Zählen aller Mitarbeiter*innen und Vergleich mit Lohn- und Gehaltsabrechnungen, damit niemand verloren geht.
- Aktueller Wirtschaftsbericht? Aktuelle Bilanz? Wer hat diese Informationen, Aufgabe und Kenntnis?
- Gewerkschaftsnetzwerk vorhanden? Und funktioniert es?
- Vollmacht für Rechtsanwälte/Berater und Gewerkschaftssekretäre vorrätig und aktuell halten.
- Kontaktdaten zur Gewerkschaft vorhanden (Telefon und Handy)? Zuständigkeiten innerhalb der Gewerkschaften. Wann hat Sekretär Urlaub? Wer vertritt wen wann? Sichern der Erreichbarkeit für Notfälle.
- Sind die Listen der betrieblich organisierten Gewerkschaftler aktuell? Stimmen die Kontaktdaten zu den Kolleg*innen? Stimmt der Gewerkschaftsbeitrag, damit im akuten Anwendungsfall der Rechtschutz gewährt werden kann? Gibt es einen Gewerkschaftsraum zum Treffen? Wo treffen wir die Kolleg*innen? Wann? Schichtpläne koordinieren!
- Passender Rechtsanwalt zum passenden Thema? Wer für was?
- Wer versendet Schriftsätze mit der Post oder E-Mail? Wer macht die Assistenzarbeit (§ 40 BetrVG Büropersonal)?
- Arbeiten mit Jahresterminen und dauerhaften Sitzungsterminen. Jahresplanung ermöglichen und sichern. Die eigenen Freizeitwünsche der BR-Mitglieder möglichst vier Jahre vorausdenken. Wann hat der BR gemeinsam Zeit zum Arbeiten? Dieser Zeitpunkt muss kalendarisch bekannt sein.
- Einen eigenen Räteurlaubsplan haben.
- Qualifizierungsplanung für das Jahr im Hinblick auf die zu erreichenden Ziele und erforderlichen Kompetenzen.

Wenn Ihnen diese Arbeit lästig ist oder Sie gar überfordert, empfehle ich dringend, dass der Betriebsrat sich über § 40 Absatz 2 BetrVG geeignetes Büropersonal zur Verfügung stellt, damit diese **notwendige Arbeit** erledigt werden kann. Nicht alle Menschen können Ordnung halten, dafür braucht es oft Fachpersonal. Theoretisch muss ein Betriebsratsmitglied nicht einmal lesen und schreiben können. Fehlende Deutschkenntnisse können mit Dolmetscher*innen oder Deutschkursen überwunden werden.

Sie müssen vereinbaren, dass alle Räte eine Bringschuld haben! Das bedeutet, dass alle verantwortlich dafür sind, dass ihre Daten tagesaktuell sind und dass diese auch dem Gesamtsystem zur Verfügung stehen.

b. Statusabfrage für die Beschäftigten

Es ist nach dem Datenschutzgesetz nicht erlaubt, wild personenbezogene Daten zu sammeln. Sie können die angebotene Checkliste anbieten oder zumindest ihren Kolleg*innen anbieten, damit sie selbst in ihrem Leben den Überblick behalten. Sie brauchen die Erlaubnis Ihrer Kolleg*innen, damit Sie als Betriebsrat über diese Informationen verfügen dürfen und damit sie diese abspeichern und zum Einsatz bringen. Wenn Sie das Okay nicht bekommen, dann bitten Sie Ihre Kolleg*innen, dass sie diese Informationen selbst vorrätig halten.

Statusabfrage für die Arbeitnehmer*innen/Freiberufler*innen und Solo-Selbstständigen:

- Kontostand kennen.
- Zweites Konto eröffnen bei einer anderen Bank für pfändungsfreies Einkommen (Pfändungsfreies Konto = P-Konto). Änderung der Bankverbindungen für alle lebenswichtigen Geldtransaktionen. Dies ist eine Krisenvorsorge.

- Kaufvorhaben regelmäßig prüfen und mit gesicherten Einnahmen abwägen.
- Rechtzeitig Ratenzahlungen ändern oder Stundungen vereinbaren.
- Umschuldungen, bevor es zu spät ist.
- Schuldenberatung und Privatinsolvenzberatung organisieren.
- Persönliche Informationen und Kenntnisse für den BR zusammenstellen.
  - Kontaktdaten zum Betriebsrat. Wer arbeitet in welchem Ausschuss nach § 27ff. BetrVG?
  - Kontaktdaten zur Gewerkschaft, Erreichbarkeit der Gewerkschaft.

2. Zusammenfassung

Da Sie originär aus irgendeiner Arbeitnehmer*innen-Beschäftigten Struktur in die Rolle des Betriebsrats gewählt worden sind, müssen Sie zunächst einmal erfassen, in welcher betrieblichen Struktur und Größe Sie sich befinden. Als Betriebsrat werden Sie überrascht sein, wie kleinteilig und verzweigt der Betrieb oder das Unternehmen ist, indem Sie sich befinden. Dies gilt insbesondere für sogenannte Matrixorganisationen.[50] Sie werden eine völlig neue Perspektive auf Ihren Betrieb beziehungsweise auf das Unternehmen oder nationalen oder internationalen Konzern, die Kolleg*innen und Arbeitsfelder entwickeln müssen, haben.
Wenn Sie sich einen Überblick über die Strukturen, Zuständigkeiten, Ansprechpartner*innen usw. verschafft haben, können Sie sich an die Umsetzung Ihrer betriebsrätlichen Themen wagen. Eine sogenannte Matrixorganisation besteht klassischerweise aus einer Matrixleitung, die bei Konflikten eingreifen darf und die im Konflikt und bei gerichtlichen Auseinandersetzungen die abschließende Regelungskompetenz hat. Eine Matrixorganisation baut sich mit vertikalen und horizontalen Organisationsstrukturen auf, die durch sogenannten Matrixmanager geleitet werden. Die Matrixmanager haben dann Handlungsvollmachten für bestimmte Matrixzellen,[51] in denen bestimmte Projekte hinterlegt sind.[52] Einfach gesprochen könnte ich auch sagen, dass es sehr gut möglich ist, dass ihre Leitungskräfte vor Ort nur so lange etwas zu sagen haben, wie man sich mit ihnen einig ist. Im Konfliktfall oder in einer Krise spielt die Musik an einer anderen Stelle.

---

50 Maschmann/Fritz, Matrixorganisationen, Kapitel 1 und 3 (hier ab RZ 298).
51 So z. B. der Bereich, in dem Sie arbeiten.
52 Ebenda Kapitel 1 und 3.

III. Projektarbeit und Prozesssteuerung

Projektarbeit ist eine Organisationstechnik, in der Menschen ihre Arbeitsstrukturen, Regeln und Hilfsmittel systematisch aufeinander abstimmen, bevor es an die Bearbeitung eines Themas geht. Das Thema ist dabei kein Routinefall. Es zeichnet sich dadurch aus, dass es ein erhöhtes Maß an Komplexität aufweist, welches umgesetzt werden soll. Eine kleine Checkliste finden Sie in **Anlage IV.**

Beispiel:
- Gehaltsfragen.
- Gesundheitsmanagement.
- Restrukturierungspläne.
- Digitalisierungsabsichten.
- Der Demographische Wandel, hier insbesondere mit Bezug auf die Personalplanung, Kulturwandel, Generationskonflikte, mitalterndes Arbeiten, Gesundheitsmanagement und das gesamte Unvereinbarkeitsmanagement in den Betrieben und Unternehmen.
- Und dergleichen.

Ein Projekt liegt vor, wenn es die nachstehenden Eigenschaften aufweist:
- Einmaligkeit.
- Definiertes Ziel bzw. Zielvorgabe oder per Zielvereinbarung definierbar.
- Zeitliche, finanzielle und personelle Rahmenbedingungen sind abschließend planbar. Wir kennen das Enddatum, bis wann ein Projekt umgesetzt sein muss. Notfalls arbeiten Betriebsräte mit Hilfe des Arbeitsgerichts oder sie kennen den Termin, bis wann sie die Einigungsstelle anrufen.
- Abgrenzung zu anderen Vorhaben.
- Projektspezifische Organisation. Projektleitung, Projektprozessbegleitungen, Projektmitarbeiter*innen. Prozesskompetenz.
- Mindestmaß an Komplexität.

Die Durchführung eines Projektes erfordert eine eigene Projektorganisation (Projektleitung, Projektbegleiter und Projektmitarbeit) und den Einsatz von Methoden, mit deren Hilfe die Projektaktiven (Projektmanagement) ihr Projekt vorbereiten, bevor es in die Umsetzung des Projektes geht. In der Regel macht dies ein Ausschuss.
Die Projektaktiven gliedern die Komplexität eines Ziels, indem die erforderlichen Arbeitsschritte aufeinander abgestimmt werden. Mit Hilfe dieses Verfahrens wird die Endlichkeit und das Ergebnis eines Zieles ter-

miniert und überschaubar gemacht. Die Bearbeitung des Zieles wird auf diesem Wege messbar und überprüfbar gemacht.

Beispiel | Projektmanagement als Prozessmodell
Ein Prozessmodell gibt Ihnen so etwas wie einen Leitfaden in die Hand. Bei der Bearbeitung eines Projektes bedarf es weiterer Erfolgsfaktoren, die ebenfalls durch einen Ausschuss oder durch die Projektaktiven bedacht werden müssen.

Beispiel | Projektmanagement – Erfolgsfaktoren

Projektarbeit für die Betriebsräte kann in der Regel nur als Prozessarbeit durchgeführt werden, weil Sie nicht ohne Absprache mit anderen unabhängig verfahren und agieren dürfen. Die Betriebsversammlungen kann man als Projekt planen. Auf der betrieblichen Ebene müssen Sie die Freistellungen nach § 37 Absatz 2 BetrVG von Ihrer originären Beschäftigungspflicht aushandeln und insbesondere nach § 33 BetrVG beschließen. Ebenso müssen die Projekte finanziert werden. Hier ist sicher zu stellen, dass genügend Geld zur Verfügung steht. Die Kosten trägt nach § 40 BetrVG der oder die Arbeitgeber*in.

In der Planung muss eingeplant werden:

- Wer bekommt wann, wieviel Zeit und Hilfe für die Prozessbegleitung und Projektdurchführung?
- Wieviel Qualifizierung ist erforderlich, um das Projekt, nennen wir es mal »Arbeitszeitkonten«, fachlich in Bestzeit, umsetzbar zu machen?
- Wer nimmt an den Qualifizierungen teil?
- Wo lässt sich der Betriebsrat qualifizieren?
- Wer hat wann Urlaub oder Freizeit? Geburten, Hochzeiten usw.
- Machen wir zu diesem Thema ein Firmenseminar oder bietet ein Bildungsträger unserer Wahl das Thema innerhalb der geplanten Zeitleiste an?
- Hat der Betriebsrat beschlossen, dass Sachverständige nach § 80 Absatz 3 BetrVG (Fachberatung und Anwälte) eingekauft werden, damit das Projekt im Rahmen der Umsetzungspläne zeitnah fachlich und sachgerecht bewertet werden kann?
- Ist für den Konfliktfall die Inanspruchnahme der Einigungsstelle oder das Arbeitsgerichtsverfahren mit beschlossen worden?
- Sind alle Informationen zum Projekt vorhanden? Haben alle Betriebsratsmitglieder alles verstanden? Sind noch Fragen nicht beantwortet? Siehe **Anlage III, IV und V**.

Die Fragen der wirtschaftlichen Ressourcen und der zeitlichen Ressourcen müssen unbedingt mitgedacht und beschlossen sein nach § 33 BetrVG. Ich kenne Betriebsräte, die über fünf Jahre an ihren Projekten gearbeitet haben, weil sie nicht daran gedacht haben, dass Betriebsratsmitglieder für diese Projektarbeit frei zu stellen sind! Dass es auch zu einer Teamentwicklung innerhalb der Projektgruppe kommen muss. Dass der Bildungsgrad innerhalb des Betriebsrates sehr unterschiedlich sein kann. Und dass, wenn die Betriebs- und Unternehmensleitung sich gegen das Projekt stellt, die Einigungsstelle nach § 87 Absatz 2 BetrVG in Verbindung mit § 76ff. BetrVG angerufen werden muss. Irgendwann, und dieses irgendwann muss zeitlich definierbar sein, müssen Betriebsräte entscheiden, dass es nach § 87 Absatz 2 BetrVG nicht zu einer Einigung zwischen Arbeitgeber und Betriebsrat gekommen ist und dass jetzt die Einigungsstelle angerufen werden muss. Projekte können nicht umgesetzt werden, wenn jeder Arbeitsschritt neu beschlossen und wenn die Bearbeitungszeit von Woche zu Woche mit der Leitung ausgehandelt werden muss.

Hinweis:
Ein ganz wichtiger Moment ist mitzubedenken: dass Betriebsratsmitglieder nicht verpflichtet werden können, an den Projekten zu arbeiten! Das Gremium kann nicht einfach Personen benennen, die die Projekte bearbeiten, ohne deren Zustimmung. Es ist ein häufiger Rücktrittsgrund, dass einzelne Betriebsratsmitglieder sich in ihrer Projektarbeit ungesehen und nicht gewürdigt fühlen, weil Ihnen die professionellen Rahmenbedingungen durch das Gremium verwehrt werden. Dass ihre Arbeit nicht beachtet wird. Sie verlieren die Lust an der Projektarbeit und verlassen oft das Gremium oder sie verstummen innerhalb der BR-Arbeit. Sie wirken dann passiv. Damit ist das Projekt vorläufig nicht durchführbar. Schauen Sie sich mal in den Betriebsratsbüros die Ordner der »unerledigten Projekte« an. Nicht jedes Thema, welches der Betriebsrat bearbeiten will, schafft es in die Dimension der Projektarbeit, welche tatsächlich bearbeitet wird.
Nur wenn alle Faktoren bedacht sind und aufeinander abgestimmt werden, ist der Erfolg steuerbar.
Die Versetzung von XY an den Arbeitsplatz A von B muss nicht als Projekt geplant werden, diese Aufgaben gehören in das Alltagsgeschäft = operatives Geschäft. Hier gibt die Wochenfrist des § 99 BetrVG vor, dass Sie nur 1 Woche Zeit haben. Haben Sie diese Frist versäumt, gilt Ihr Nichthandeln als Zustimmung (gesetzliche Zustimmungsfiktion).

IV. Strukturiertes und analytisches Arbeiten

Viele Betriebsräte haben nie gelernt, ihre eigenen Anliegen zu strukturieren. Sie trödeln sich sozusagen durch die Jahre, weil sie sich anlassbezogen für die Bearbeitung von Themen entscheiden oder es ohne Beachtung einzelnen Personen überlassen. Ist der Krankenstand hoch, debattieren sie wie dieser gesenkt werden könnte. Sie kommen manchmal gar nicht auf die Idee, dieses Thema systematisch anzugehen. Dann reden sie ganz viel mit ihren Leitungen, ohne zu überprüfen, ob die Betriebsleitung überhaupt die Person ist, die eine abschließende Regelungskompetenz hat. Sie sprechen mit untergeordneten Leitungskräften, sogenannten Matrixmanagern mit beschränkten Handlungsbefugnissen, weil sie es aus ihrer originären Beschäftigungsstruktur gewohnt sind, dass mit diesen Personen vor Ort Absprachen zu treffen sind. Betriebsrätliches Handeln verändert Organisationsprozesse, so dass unsere »Vor-Ort-Leitung« in der Regel überhaupt keine Erlaubnis hat, diesen oder jenen Veränderungsprozess zu befürworten. Betriebsräte müssen zunächst lernen herauszufinden, wer ihre Verhandlungspartner*innen im Gegenüber sind!

Viele Bereichsleitungen, Meister*innen, Vorabeiter*innen oder Filialleitungen haben überhaupt keine Kompetenz und Erlaubnis, in Organisationsfragen einzugreifen. Dies gilt insbesondere in Matrixorganisationen, deren Unternehmen und Konzerne bundesweit, europaweit oder international aufgestellt sind. Zu Beginn einer Arbeit muss gecheckt werden, ob die erforderlichen Qualifikationen im Team vorhanden sind. Was fehlt, muss eingekauft werden, durch Schulung und Beratung! Unqualifizierte Betriebsräte können Jahre vertrödeln, weil sie sich nicht die erforderlichen Qualifikationen einkaufen, indem sie an Schulungen teilnehmen. Manchmal sind Betriebsräte Opfer ihrer eigenen Sparsamkeit, weil sie »nicht noch mehr Kosten verursachen« wollen. Wenn mir als Betriebsrat die Einigungsstelle als gesetzliches Streitschlichtungsorgan zur Verfügung steht, dann muss ich nicht Jahre sprechen und versuchen zu überreden. Ich muss beschließen, dass ich bis zum Zeitpunkt xx.xx.20xx eine Klarheit darüber brauche, ob die Leitung bereit ist, dass Thema im Sinne der Beschäftigten zu bearbeiten. Ist sie es nicht, dann ist es erforderlich, dass eine Einigungsstelle angerufen wird. Betriebsräte erklären schriftlich die Verhandlung für gescheitert und sie rufen dann die Einigungsstelle nach § 76 BetrVG an. Sie müssen nicht um Erlaubnis fragen. Der Betriebsrat fasst einen Beschluss und handelt. Außerdem ist es professionell, sich die Vollmachten der Standortmanager zeigen zu lassen.

Die Mühen, die örtliche Betriebsräte haben, sind in der Regel auf der GBR-Ebene oder gar KBR-Ebene nicht mehr vorhanden. Hier verhandeln die Betriebsräte nicht mehr mit betrieblichen Leitungskräften. Hier verhandeln sie auf Unternehmensebene und Konzernebene. Da die Zeit von

Unternehmensleitungen und Konzernleitungen knapp ist, bekommen Betriebsräte auf diesen Ebenen, in der Regel, immer Verhandlungspartner*innen, die etwas abschließend regeln dürfen. Manchmal wird ihnen erst auf dieser Ebene bewusst, wie machtlos und aufgebläht örtliche Leitungen sind.

1. Wer hat abschließende Regelungskompetenz für welches Thema?

Auf GBR- oder gar KBR-Ebene sind die Zuständigkeiten und die Machtfrage geklärt. Dies liegt daran, dass transparent ist, wer für was verantwortlich ist. Auf dieser Ebene werden keine personalpolitischen Einzelfälle bearbeitet. Hier geht es um die gesamte Organisation des Unternehmens oder des Konzerns. Hier auf dieser Ebene ist wichtig, dass eindeutig festgelegt ist, wer wann was darf und mit welcher Befugnis agiert wird.
Auf der betrieblichen Ebene operieren und handeln oft Personen, die funktional dafür zuständig sind, dass »der Laden« läuft. Sie haben oft keine strategische Kompetenz und alle Fragen, die die Arbeitsstrukturen oder gar die Organisation des Betriebes verändern, liegen überhaupt nicht in ihrer Leitungsbefugnis! Oft sind sie auch nur befristet als Geschäftsführung bestellt. Betriebsräte vor Ort sollen sich nicht scheuen, den Status der örtlichen Leitung abzufragen. Sie haben einen Informationsanspruch

aus § 80 Absatz 2 Satz 1 und Satz 2 BetrVG. Hilfsweise dürfen die Betriebsräte die Herausgabe dieser Information über das Arbeitsgericht einklagen. Lassen Sie sich Vollmachten zeigen.
Die Geschäftsleitung ist oft per Geschäftsführungsvertrag in ihrer Regelungskompetenz begrenzt! Es könnte sein, dass bestimmte Fragen durch

- Gesellschaftsversammlung bestimmt wird.
- die/den Aufsichtsratsvorsitzende*n getroffen werden. Achtung, oft ist es so, dass Betriebsratsvorsitzende die Stellvertretung im Aufsichtsrat haben! Nutzen Sie diese Befugnis gegenüber der Geschäftsleitung!
- die/den Verwaltungsratsvorsitzende*n oder
- Vorstände abgesegnet sein müssen. Gibt es eine Matrixleitung?

Kompliziert wird es in Matrixorganisationen.[53] Diese Unternehmens- oder Konzernorganisation zeichnet sich dadurch aus, dass es eine Matrixleitung gibt, dann gibt es jede Menge Matrixmanager*innen auf der horizontalen und vertikalen Ebene. Zwischen dieser vertikalen und horizontalen Ebene existieren in der Regel eine unüberschaubare Anzahl an Personen, die nur in der Matrixzelle funktionieren soll. In der Regel sind Personen aus der Matrixzelle Personen, die in verschiedenen Dimensionen und überlagerten Systemen arbeiten müssen. Sie unterstehen meist einer Mehrzahl von Matrixmanager*innen und in jedem Fall der Matrixleitung. In der Regel arbeiten sie als Anweisungsempfänger*innen. Oft haben sie jedoch kleine Bereiche, in denen sie autonom entscheiden dürfen.[54] Fallen Sie nicht darauf rein, dass eine Person aus der Matrixzelle ihre Gegenspieler*in in der betriebsrätlichen Arbeit ist. Selbst dann nicht, wenn Sie in ihrem normalen Beschäftigungsverhältnis diese Person als Chef*in fühlen. Manchmal dürfen sie Abmahnungen aussprechen, selten Kündigungen. In Mitbestimmungsverfahren müssen Matrixmanager und/oder die Matrixleitung am Verhandlungstisch sitzen. Wer was darf, muss dem Betriebsrat offengelegt werden.
Wer ist das Gegenüber des Betriebsrats im Sinne des BetrVG? Sinngemäß ist dies eine der schwierigsten Klärungsprozesse überhaupt. Wer ist die Person im Betrieb, Unternehmen oder Konzern, die abschließend entscheiden darf? Mit wem muss der Betriebsrat verhandeln?
Das Gesetz geht davon aus, dass der Betriebsrat mit seiner/seinem Arbeitgeber*in verhandelt. Es kann also nicht sein, dass der Betriebsrat mit jemanden vordebattiert, der oder die überhaupt keine Regelungsbefugnis hat. Sie erkennen diesen Mangel an Befugnis oft daran, dass diese Personen häufig so sprechen: »Oh ja, ich bin ganz dicht bei Ihnen, ich werde

53 Maschmann/Fritz, Matrixorganisationen RZ 5ff.
54 Ebenda.

mich noch einmal rückkoppeln, ich nehme das jetzt mal mit …«, mit wem sie sich »rückkoppeln«, verraten sie in der Regel nicht. Verschaffen Sie sich einen Überblick darüber, wer im Betrieb oder Gesamtunternehmen eine abschließende Regelungskompetenz und Prozessvertretung innehat.

2. Strukturelemente

Aus meiner Erfahrung tun sich viele Betriebsräte schwer damit, ein Thema diszipliniert und strukturiert zu bearbeiten. Es leuchtet **allen** ein, dass sie zur Bearbeitung von großen Themen eine vereinbarte Struktur benötigen, in der sie **diszipliniert** das Thema bearbeiten, um strukturiert und verbindlich einen angestrebten Erfolg zu erreichen. Sie müssen

- ein Thema haben.
- ein Ziel im Thema definieren (positiv, messbar und erreichbar).
- eine Struktur absprechen, wie sie dieses Ziel erreichen wollen.
- sich sprachlich absprechen, wie das Thema öffentlich kommuniziert wird, Vermeidung von Negativsprache und Herstellung von hoher Transparenz für die Basis.
- festlegen, wer was wie macht. Sich vereinbaren.
- sich diszipliniert an die Absprachen halten.
- sich nicht ablenken lassen und fleißig sein.

In der Umsetzung dieses Wissens verstricken sich viele Räte in Nebenthemen und streiten innerhalb des Prozesses über den Weg. Das ist destruktiv, weil es vermeidbar ist.
Es ist klug,

- eine Gefährdungsanalyse zu erstellen.
- eine Gewinn- und Verlustrechnung/Bilanz aufzustellen.
- den Nutzen für die Kolleg*innen herauszuarbeiten. Wenn das Thema oder Ergebnis überhaupt keinen Nutzen hat oder zu einer Verschlechterung der Bedingungen führt, dann müssen Sie diesen Schaden öffentlich so konkret wie möglich kommunizieren. Beschädigen Sie nicht Ihr Image, indem Sie Misserfolge als Erfolge vermarkten.

Verschaffen Sie sich einen Überblick über die Frage, ob das Thema Gefahren mitbringt oder ob es von hohem Nutzen für die Kolleg*innen ist.

a. NutzWertAnalyse / strategisches Erfolgspotential

Die **NutzWertAnalyse** ist eine Methode oder **Lenkungstechnik**, die bei der Abstimmung über notwendige oder erforderliche strategische Entscheidungen sehr behilflich sein kann, da sie eine Struktur stellt, um schneller in die Handlung und Umsetzung zu gelangen. Sie kann auch ein Minicontrolling für die kontinuierlichen gewünschten Ergebnisse sein. Sie enthält ein aufeinander abgestimmtes Stufensystem, mit dessen Struktur es leichter ist, den gewünschten Erfolg ganz langsam, behutsam, achtsam zu strukturieren. Und oft hilft diese Analyse als Beschleunigungsmotor, damit Aktivitäten und Anliegen, die dringend durchgeführt

werden müssen, mit Energie umgesetzt werden. Sie streiten sich, bevor Sie Ihre Absprachen treffen, und nicht mitten im Prozess.
Der Einsatz der NutzWertAnalyse stellt sicher, dass alle relevanten Aspekte berücksichtigt und unterschiedliche Interessen ausgewogen und bewertet werden.

Praxistipp:
Lernen Sie, sich nicht vor jeden Karren spannen zu lassen, der Ihnen angeraten wird. Wenn ein Anliegen keinen unmittelbaren Nutzen für die Erreichung Ihrer Kernziele hat oder diesen sogar zuwiderläuft, dann lassen Sie das Thema unbeachtet, so lange es geht!

Die NutzWertAnalyse reduziert Besprechungszeit, Vorbereitungszeit und das Verplempern von unnützer Lebenszeit und Lebensenergie.

Beispiel: Theoretischer Ablauf einer NutzWertAnalyse

1. Schritt: Eine Vision haben.
   Bestimmen der Kriterien für die strategischen Gesamtziele. Maximal drei Ziele!
2. Schritt: Gewichtung der Zielkriterien.
   Hierfür benötigt man ein Wertesystem, damit Klarheit im Selbstverständnis und um die Kernziele besprochen und abgestimmt ist. Z. B. Keine Kündigung ohne Widerspruch des Betriebsrats.
3. Schritt: Ermittlung der Zielträger.
   Zielträger sind auf der Interessenvertretungsseite der Räte immer die Beschäftigten.[55] Jede Alternative oder jedes Anliegen wird anhand eines Punktwertes in Bezug auf die Zielträger bewertet:

55 Jeder kümmert sich um seine Interessen, Unternehmer für AG-Interessen, Räte für Beschäftigteninteressen.

   1. = Sehr relevant und wichtig oder gar dringlich – Türöffner?
   2. = Relevant und wichtig.
   3. = Eher unwichtig. Kaum Nutzen für die Zielerreichung.
   4. = Unwichtig. Hat keinen Nutzen zur Erreichung der eigenen Ziele. Behindert die eigene Zielerreichung.
   Achten Sie darauf, dass keine wichtigen/dringlichen Bausteine verloren gehen. Räte müssen sich z. B. immer fragen: »Wie hoch ist der Nutzen für die Gesundheit der Mitarbeiter*innen, wenn wir uns auf dies oder jenes einlassen?«[56]
4. Schritt: Anliegen oder Themen nach TeilZielNutzWert berechnen. Multiplizieren oder addieren Sie die Teilziele, um zu schauen, ob sie in ihrer Gesamtheit einen hohen Nutzen für das Erlangen der Kernziele haben.
5. Schritt: Verknüpfung von zwei oder mehreren Bestandteilen der TeilZielNutzWerte aus den Alternativanliegen, um zu ermitteln, welche Alternativanliegen den höchsten Gesamtnutzen haben könnten. Das Gremium entscheidet sich für die Bearbeitung derjenigen Anliegen, die den höchsten Nutzen für die Zielerfüllung haben.

aa. Übersetzung: Beispiel aus Ihrer örtlichen BR-Arbeit[57]

Zum besseren Verstehen wähle ich ein Beispiel aus einem Themenfeld, das Ihnen sehr vertraut sein dürfte.
Gehen wir davon aus, dass Ihr örtlicher Betriebsrat ein strategisches Ziel formuliert, das da lautet: »Wir sichern den Verbleib der Kolleg*innen im Betrieb oder Unternehmen« (**erster und zweiter Schritt**). Stellen wir uns vor, dass Kollege Mustermann gekündigt werden soll, weil er etwas wirklich Schlimmes getan hat.
Nun können Sie Folgendes tun:

1. Mindestens eine Sitzungsstunde geht dabei drauf, weil alle sich erst einmal empören müssen. Es wird sehr viel geredet und persönliche Meinungen werden vorgetragen, ohne dass juristisch argumentiert wird.
2. Sie könnten der Kündigung zustimmen durch Schweigen (erste Alternative), der Kündigung mit einem Schreiben zustimmen (zweite Alternative), sich redlich bemühen, einen intelligenten Widerspruch nach § 102 BetrVG zu formulieren (**dritte Alternative**). Einen formellen Widerspruch nach § 102 Absatz 3 BetrVG schreiben, der nur die Absicht des Verbleibs des Kollegen Mustermann bis zum rechts-

56 Dieser Satz ist nur von Bedeutung, wenn das Thema Gesundheitsmanagement ein Hauptthema der Räte ist.

57 Es ist kein echtes Beispiel. Um es wirklich deutlich zu machen, müssten alle Faktoren und Bedingungen vorliegen.

gültigen Urteil als Ziel verfolgt (vierte Alternative), oder Sie könnten unverzüglich einen Antrag nach § 103 BetrVG beim Arbeitgeber beantragen (fünfte Alternative). **Dritter Schritt / Alternative der NutzWertAnalyse miteinander vergleichen und berechnen.**

3. Da Sie den dritten Schritt, in Bezugnahme zu Schritt 1+2 machen müssen, werden Sie **im vierten Schritt** schneller zu einem Ergebnis kommen. An dieser Stelle das strategische Gesamtziel in Frage zu stellen, ist unprofessionell. Wenn der Betriebsrat sich einmal strategisch darauf verständigt hat, dass die Energie in den Beschäftigtenschutz zu fließen hat, dann ist es nicht schlau, jeden Kündigungsfall erneut auf »richtig« oder »unrichtig« zu debattieren. Der Verlust einer Kollegin oder eines Kollegen, hat auch immer Folgen für die hinterbliebenen Kolleg*innen. Inzwischen könnte es auch fraglich sein, ob überhaupt eine Fachkraft gefunden wird, die geeignet und gewillt ist, diese Stelle einzunehmen. Es lohnt sich, in den Bestand der Mitarbeiter*innen zu investieren.
4. Ihr Ergebnis (**fünfter Schritt**) werden Sie abgleichen müssen mit Ihrer Struktur aus Schritt 1+2. Fertig.

Schritt 1 und 2 müssen nicht in Endlosdebatten bei jedem Anlass neu geklärt werden, wenn es das strategische Ziel ist, dass niemand gekündigt werden soll. Ganz cool kann man zur Kenntnis nehmen, dass eine Arbeitsperson gekündigt werden soll, und ganz cool kann der Rat einen formellen Widerspruch nach § 102 BetrVG schreiben. Die Debatte um den Anlass könnte man sich theoretisch ersparen, damit mehr Zeit für die eigenen Ziele und Aufgaben bleibt. Wenn Sie wenig Zeit haben und andere Themen dringlicher sind, hilft es, sich selbst besser zu organisieren und zu managen. Sie kommen sonst »von Holzkolben zum Holzstöckchen« und schaffen nichts. **Sie müssen Ihre Ziele in der Belegschaft transparent machen, dann wird sich niemand über Sie wundern.**

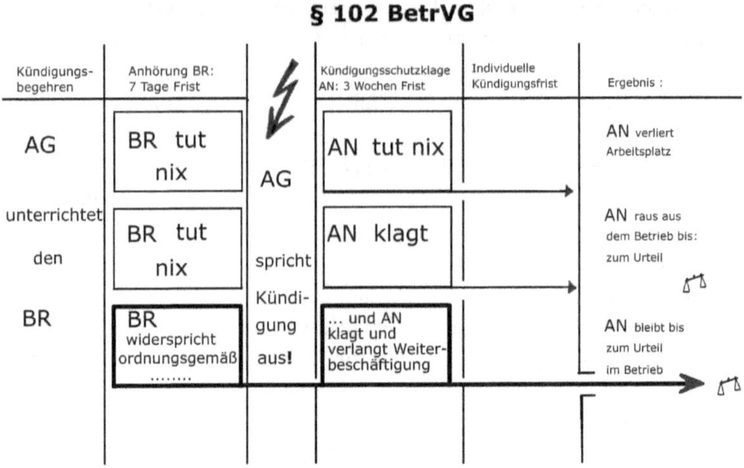

Beispiel: Auswirkung von Betriebsvereinbarungen zum Thema Vertrauensarbeitszeitkonto und Zielvereinbarungen. Was hat der Rat zu tun?[58]

In Ihrem Unternehmen steigt die Selbstmordrate. Immer mehr Kolleg*innen stützen sich mit Medikamenten und anderen Drogen, um den betrieblichen Anforderungen noch zu genügen. Die Scheidungsrate und das Singledasein sind hoch. Eine Analyse[59] des Gesundheitszustandes im Unternehmen hat ergeben, dass

- 30 % der Beschäftigten krank sind, insbesondere die jungen Kolleg*innen.
- die Abwesenheitsrate wegen Krankheit bei 15 % liegt.
- der Altersdurchschnitt bei 50 plus liegt.
- junge Kolleg*innen unzureichend ausgebildet sind und die fehlende Berufserfahrung sich inzwischen als echtes Problem erweist.
- die Selbstmordrate besonders hoch ist bei der Gruppe der über 50-Jährigen.
- häufigste Todesfolge während der Arbeitszeit der Herzstillstand bei der Gruppe der 30- bis 42-Jährigen ist.
- eine Umfrage ergeben hat, dass sich die Mehrheit aller Menschen im Gesamtbetrieb nichts sehnlicher wünscht als ein regelbares Leben.
- ein gefundener Abschiedsbrief besondere Betroffenheit ausgelöst hat. Hier formuliert ein Kollege: »Ich kann nicht mehr. Mein Leben ist leer und sinnlos geworden. Ich funktioniere nur noch, und eigentlich habe ich

58 Ein erfundenes Beispiel, welches auch einen Einblick über die Schmerzen der Beschäftigten in der Arbeitswelt geben wird.

59 Übertreibungen dienen der Deutlichkeit.

uns alle ständig belogen. Wann immer ich lächelnd vor euch gestanden habe, war ich gar nicht bei mir und schon gar nicht bei euch. Ihr wisst, dass es mir besonders wichtig war, der Mitarbeiter der Woche zu sein. Um dies zu erreichen, habe ich meine Leistungsvorhersage im Zielvereinbarungsgespräch ständig erhöht. Um meine vereinbarten Zielvorgaben erreichen zu können, habe ich mein Arbeitszeitkonto voll ausgeschöpft. Ich habe mir jeden Tag Arbeit mit nach Hause genommen. Auch am Wochenende. Ich war so stolz darauf, meinem Vorgesetzten ein Leistungsziel zu präsentieren, mit dem ich mir ganz sicher war, regelmäßig der Mitarbeiter der Woche zu werden. Meine Prämien sowie auch mein Haus und das Erbe meiner Eltern habe ich dafür eingesetzt, dass Beraterfirmen meine Arbeiten unterstützend erledigten. Ich weiß nicht, was in mich gefahren ist. Als ich heute einen meiner Berater in der Kantine mit unserem Chef zum Mittag gesehen hatte, da wusste ich, dass jetzt alles herauskommt. Ich kann diese Schande nicht ertragen. Es tut mir leid, dass ich euch so belogen habe. Besonders schmerzt es mich, dass ich mich selbst so schlecht behandelt habe. Was soll aus mir werden, wenn ich meine Leistungen reduziere? Ihr alle wisst, dass das nicht geht. Ich werde jetzt gehen, weil ich alles verloren habe. Ich habe keine Familie und keine Freunde mehr. Meine Goldfische sind gestern Abend gestorben. Ich habe seit Wochen vergessen, das Aquarium zu säubern. Ich bin ein Versager«.

Der Rat hat die Gesundheitsanalyseergebnisse ausgewertet und noch nicht abschließend bewertet. Er fragt sich, was die angemessene Antwort auf das Ergebnis ist. Was ist dringend zu tun?

1. Schritt: Der BR/GBR und KBR haben sich das strategische Ziel gesetzt, »die Gesundheit aller Mitarbeiter*innen zu erhalten und/oder optimal wiederherzustellen«. Es gibt eine dazugehörige Vision, die in ein Leitbild gefasst ist. Dieses Leitbild hat eine sehr hohe Akzeptanz in der Belegschaft. Vor langer Zeit forderten die Beschäftigten mehr Motivation, Freiheit in der Gestaltung ihrer Arbeitszeit und unbedingt eine Bezahlung, mit deren Höhe das Privatleben finanziert werden kann.
   Die Räte haben für ihre Amtszeit entschieden, wie konkret ein ganzheitliches Gesundheitssystem für die Beschäftigten aussehen könnte, welcher Gesundheitszustand ihrem Ziel nahe ist.
   Ergebnis:
   0 % Arbeitsunfähigkeit wegen psychischer Belastungen.
   80 % Zeitautonomie auf Seiten der Beschäftigten.
   80 % Mindestlohn von 5000 €, pro Beschäftigten/r.
2. Schritt: Vor langer Zeit hatte ein anderes Gremium eine Rahmenvereinbarung zum Thema »Lebensarbeitszeit & Zielvereinbarung« abgeschlossen.
   Jeder örtliche Betriebsrat hat diese Rahmenvereinbarung konkret für die Bedingungen vor Ort abgeschlossen. Das Ergebnis war grandios und alle Beteiligten im Betrieb sind hoch zufrieden. In den Betrieben klagt niemand mehr über schlechte Arbeitszeiten und wen immer man trifft und anspricht, um sich zu erkundigen, ob er oder sie zufrieden ist und ob der Leistungsdruck noch auszuhalten ist: Es gibt keine Kritik. Alle lächeln, sind fröhlich und hochmotiviert. Das Ergebnis der IST-Analyse hat die Räte überrascht. Der Rat analysiert alle bestehenden Betriebsvereinbarungen im Hinblick auf »druckverstärkende Vereinbarungen«.
   Der Rat hat die Betriebsvereinbarungen und andere Vereinbarungen gesichtet und bewertet. In einer Klausurtagung will er nun die erforderlichen Schlussfolgerungen und Kriterien entwickeln, die seiner Vorstellung eines Gesundheitssystems sehr nahe sind.
   Die Klausurtagung findet zeitnah statt und die Räte legen folgende Kriterien zu Grunde:
   - Alle druckverstärkenden Betriebsvereinbarungen werden gekündigt.

- Der Abschluss von Vereinbarungen, die gesundheitsförderlich in ihrem Sinne sind, wird unverzüglich vorangetrieben. Diese Arbeit hat oberste Priorität!

3. Schritt: Die Räte konfrontieren ihre Unternehmer mit ihren Zielen und überraschen vielleicht auch durch ein entschiedenes Handeln. Die Unternehmer*in bietet an, dass noch mehr Freiheit gewährt wird. Alle Beschäftigten dürfen arbeiten, wann und wo sie wollen. Um Kosten und Reisezeiten zu minimieren, dürfen alle zu Hause arbeiten. Diese Freiheit möchte sie gerne im gesamten Unternehmen einführen. Alles, was wirklich zählt, ist das Arbeitsergebnis.[60] Die gesamte Arbeitsleistung soll in Zukunft an das Arbeitsergebnis gekoppelt sein. Eine Studie hat ergeben, dass der berufliche Status von Freiberufler*innen zu mehr Zufriedenheit führt und dass Freiberufler*innen deutlich weniger krank sind.[61] Eine neue Unternehmensorganisation[62] steht im Angebot.

60 Anforderung an einen Werkvertrag. Arbeitsrecht ist Dienstrecht. Arbeitspersonen schulden kein Ergebnis.

61 Sie bekommen keine Honorarzahlungen, wenn sie krank sind, und sie haben nur Einkommen, wenn sie einen Auftrag haben. Ob Solo-Selbständige gesund oder krank sind, zeigt sich nicht an ihrer betrieblichen Präsenz. Sie sind es gewohnt, auch im kranken Zustand weiter zu arbeiten, da sie ihren Entgeltbezug verlieren, wenn sie krank sind.

62 Organisationsstruktur durch indirekte Steuerung.

- Abbau von Hierarchie.
- Die Leitungen bewerten nicht mehr die Art und Weise, wie jemand die Arbeit verrichtet.
- Wer will, darf auch im Unternehmen tätig sein. Sogenannte bundesweite Gemeinschaftsbüros.
- Alles was zählt, ist das Ergebnis.
- Wer sich auf diese Organisationsstruktur einlässt, bekommt ein 13. Gehalt und eine einmalige Weihnachtsprämie in Höhe von 3000 Euro.
- Das Zielvereinbarungsgespräch wird in Zukunft auf Seiten der Leitung mit mehr Wertschätzung erfolgen. Leistung und Motivation durch Lob steht im Angebot.

Der Rat wird in seiner Vorbereitungssitzung die Anliegen miteinander verglichen haben und zu einer entsprechenden Forderung gekommen sein.

0 % Arbeitsunfähigkeit wegen psychischer Belastungen.
80 % Zeitautonomie auf Seiten der Beschäftigten.
80 % Einheitslohn von 5000 €, pro Beschäftigten/r. 13. Monatsgehalt und Weihnachtsgeld als Jahresprämie für alle Beschäftigten.

- Abbau von Hierarchie ist strittig.
  - Zeitfragen sind strittig.
  - Bezahlung und Entgelte (Achtung: § 77 Absatz 3 BetrVG!) sind nur begrenzt verhandelbar.
- Abhängig Beschäftigte tragen keine Ergebnisverantwortung!

4. Schritt: Im ersten Verhandlungsgespräch mit dem Arbeitgeber kann relativ schnell festgestellt werden, ob die Räte sich mit ihrem Anliegen durchsetzen können.
   Nach dieser Sitzung werden sie überhaupt keinen Konflikt mehr darum haben, ob in dieser Angelegenheit eine Einigungsstelle einzuschalten ist für den Fall, dass ihr Verhandlungsangebot sich nicht durchsetzen lässt. Diese Maßnahme wurde bereits in der Strategieaufstellung mitgedacht und mit beschlossen![63]
5. Schritt: Die Betriebsräte formulieren eine entsprechende Betriebsvereinbarung. Diese legen sie der Leitung in Verhandlungsgesprächen vor. Sie verhandeln mit der Leitung und sie schreiben eigene Ergebnisprotokolle, die sie der Leitung mit einer Frist von drei bis fünf Tagen für schriftliche Einwendungen zusenden. In jedem Verhandlungsgespräch wird dokumentiert, worüber alle einig sind (Konsens) und

63 Theoretisch kann hier nicht beschrieben werden, was punktrichtig zu tun ist. Ich nutze ein Beispiel, damit diese abstrakte Technik einigermaßen zu verstehen ist.

was strittig ist (Dissens). Sie arbeiten mit Fristen und sie kennen das Datum, wann sie feststellen müssen, dass die Verhandlungen nicht zu einer Einigung führen, so dass sie die Einigungsstelle nach § 76 BetrVG anrufen. Selbstverständlich werden die Kolleg*innen über betriebsinterne Kommunikationswege regelmäßig informiert. Sie wollen wissen, wie der Stand der Verhandlung ist. Besonders geeignet sind dafür die Betriebsversammlungen nach §§ 42ff. (örtliche Betriebsräte); § 53(GBR) und § 59a (Konzernversammlungen der KBR-Mitglieder) BetrVG

bb. Zusammenfassung

Nur die Themen, die von besonders hohem Nutzen und Vorteile für die Beschäftigten und ihr Beschäftigungsverhältnis sind, sollten in die Dringlichkeitsstufe innerhalb der projektbezogenen oder themenbezogenen Arbeit eingestuft werden. Hier braucht es die volle Präsenz des Gremiums.

b. Risikoanalyse / Gefährdungsanalyse

Jede*r Unternehmer*in macht eine Risikoanalyse, bevor sie oder er mit dem Start irgendwelcher Projekte oder gar Prozesse beginnt. Dies sollte der Betriebsrat auf allen Ebenen ebenfalls tun.
Es ist nicht möglich, für jede Wirtschaftsbranche innerhalb der BRD ein Modell darzustellen, mit dem, wie bei einem Backrezept, das Ergebnis und die Arbeitsaufgaben, vor Beginn des Backens zu 100 % einschätzbar ist. Jedes Unternehmen muss sich strukturellen Fragen stellen. Das hier vorliegende Angebot ist als Impuls-Idee zu verstehen.
Verlässlich kann versprochen werden, dass wer sich nicht strukturiert und diszipliniert an seine Verabredung hält, garantiert sehr ins Trödeln kommt.

aa. Risikoanalyse aus der klassischen Organisationslehre

Es ist hilfreich sich einer kleinen Risikoanalyse zu unterziehen, bevor sich an die Arbeit gemacht wird.

Gefährdungsanalyse | Risikoanalyse	**Chance & Nutzen**
• Analyse der IST-Situation. • Verstehen der Unternehmensinformation. • Auswertung der Information. • Analyseergebnis kommunizieren. • Soll-Zustand aus der Perspektive der Räte ermitteln. »Was ist unser	• Was kann sich verbessern, wenn Sie sich auf die Unternehmensabsicht voll einlassen? • Ist die Veränderung oder das Anliegen von Vorteil für die Beschäftigten? Wenn ja, klar benennen.
• Interesse? Welche Position haben wir zum Anlass?« • Klarheit über die Aufgabe und Rolle der Schutzfunktion für die Räte verschaffen. • Checken des rechtlichen Rahmens. • Checken der betrieblichen Unterstützung durch die Basis. • Strategie festlegen und die Umsetzbarkeit nicht aus den Augen verlieren.	• Für welche Beschäftigungsgruppen hat dieses Thema einen hohen Chance-Faktor oder hohen Nutzen? • Was gewinnen die Beschäftigten? • Lässt sich die Bearbeitung dieses Anliegens für andere Projekte nutzen? Verwertungskette.[64]

Wenn Sie ihre Analyse abgeschlossen haben, dann müssen Sie Forderungen entwickeln, die ebenfalls von hohem Nutzen für die Beschäftigten sind.

Die erfolgreiche Umsetzung dieser Forderungen hängt davon ab, wie gut die Räte mit der Basis ihrer Herkunftsbetriebe oder Herkunftsunternehmen vernetzt sind. Wenn die Basis diese Forderungen stärkt und sich alle dafür begeistern können, dann haben Sie die beste Voraussetzung, um erfolgreich zu sein.

64 Von Verwertungsketten spricht man, wenn ein Thema mehrfach gewinnbringend verkauft werden kann.

bb. Saseler Dreischritt[65]/ Risikoanalyse in Bezug auf ein Thema

Eine für die betriebsrätliche Arbeit konzipierte Organisationsstruktur, bietet das Konzept des sogenannten »DGB Bildungswerk – Saseler Dreischritt«. Der DGB = Deutscher Gewerkschaftsbund ist der Verband aller im DGB vertretenen Einzelgewerkschaften. Ihn gibt es schon über 100 Jahre und deshalb verwundert es nicht, dass das DGB – Bildungswerk zu den marktführenden Weiterbildungsinstituten der Betriebsräte gehört. Hier lernen Betriebsräte aus der Erfahrung, ihrer Vorfahren und nach den dem neusten Stand der Wissenschaft! Das DGB Bildungswerk hat mir freundlicherweise erlaubt, dieses Konzept hier zu veröffentlichen. Dafür danke ich ausdrücklich. Im DGB – Bildungswerk finden die Seminare für Betriebsräte in der Regel im 14-Tage-Modus oder Rhythmus statt. In diesem Bildungswerk wird nicht nur das fachtheoretische Wissen vermittelt, hier können Betriebsräte über die Wochen-Module unter Anleitung erlernen, wie sie ihre Projekte professionell vorbereiten, durchführen und ständig unter Kontrolle halten können.

65 Konzeption und urheberrechtlich geschützt durch das DGB Bildungswerk. Mit freundlicher Genehmigung der Geschäftsführung.

Der Saseler Dreischritt eignet sich hervorragend für die Bearbeitung einer themenbezogenen Aufgabe.
Das Konzept der Gefahrenanalyse des DGB geht in folgenden Schritten vor:

Schritt 1[66]
Der Betriebsrat analysiert die Situation im Betrieb: Was genau ist das Problem? Welche Nachteile drohen den Beschäftigten? Welche Gefahren verbergen sich hinter dem Problem? Und welche Chancen? Aus der gründlichen Analyse leitet der Betriebsrat Wünsche und Forderungen ab. Das Gremium formuliert Ziele.

Schritt 2
Das Gremium klärt die rechtlichen und betriebspolitischen Handlungsmöglichkeiten. Wie kann der Betriebsrat seine Ziele durchsetzen?

Schritt 3
Der Betriebsrat entscheidet, welche Handlungsmöglichkeiten er einsetzen will und fasst entsprechende Beschlüsse. Ein konkreter Arbeitsplan wird erarbeitet und beschlossen.

Ergebnis:
Alle drei Schritte ergeben eine **Betriebsratsstrategie in Bezug auf die Bearbeitung einer Aufgabe oder eines Themas**, bei der die Erörterung von Rechts- und Gesetzesfragen ihren Platz im zweiten Schritt hat. An dieser Stelle hat der Betriebsrat seine Ziele bereits geklärt.
Der Vorteil des Saseler Dreischritts liegt auf der Hand: ein schrittweises, systematisches Vorgehen, das es Betriebsräten gestattet, auch in oft hektischen betrieblichen Verhältnissen einen kühlen Kopf zu behalten und strukturiert vorzugehen.
Der Saseler Dreischritt wurde im früheren DGB-Haus Sasel in Hamburg entwickelt und verweist auf die Notwendigkeit, den Diskussionen in Mitbestimmungsgremien eine deutliche Struktur und eine rechtliche Basis zu geben. Siehe Anlage X.

---

66 Beim DGB Bildungswerk kann man sich das Poster zum Saseler Dreischritt kostenfrei herunterladen oder bestellen: *www.dgb-bildungswerk.de/poster-saseler-dreischritt.*

3. Von der Unwichtigkeit einzelner Akteure

Das Gesetz spricht immer von einem »Rat« oder einem »Ausschuss«. Damit sind alle Mitglieder im Rat gemeint. Die oder der Vorsitzende hat nach dem Gesetz die Funktion, die Arbeitsergebnisse des Rates oder des Ausschusses zu kommunizieren und die Geschäftsführung des Gremiums sicherzustellen. Das BetrVG beschreibt sehr genau, wann jemand als Einzelperson rechtsgültig handeln darf. § 26 Absatz 2 BetrVG beschreibt die Aufgabe der Vorsitzenden und ihrer Stellvertretungen. Dies ist die einzige Ausnahme innerhalb des BetrVG, wo beschrieben ist, was Einzelne zu tun haben. Vorsitzende haben eine technische und organisatorische Funktion. Niemand im Rat oder im Ausschuss ist so bedeutungsvoll, dass sie oder er Garant (wichtigster Mensch für einen Erfolg) wird für ein erfolgreiches Gelingen der Arbeit. Ganz im Gegenteil!

Besonders falsch und belastend ist es für ein Gremium, wenn sich Eitelkeiten im Gremium ausbreiten. Wenn ich Menschen frage, was die unangenehmste Eigenschaft ihrer Vorsitzenden ist, dann erfahre ich oft, dass es Vorsitzende gibt, die sich wie Königinnen oder Könige behandeln lassen. Das geht so weit, dass Vorsitzende einzelne Mitglieder des GBR oder KBR zur Audienz bitten. Da reisen einzelne neue Mitglieder an und werden dem Vorsitzenden vorgestellt. Ein Dialog kommt nicht zu Stande, weil machtzentrierte Vorsitzende das Wort gewähren oder wieder entziehen. Sie stören die Arbeit mit ihrem Dominanzgehabe. Anstatt sich zu schämen über die fehlende und unreflektierte Professionalität, genügen diese »Füchse im Hühnerstall« sich selbst. Solche Menschen sollten Sie abwählen. Sie sind ungeeignet für die Verantwortungen, die sie tragen.

Bleiben Sie unbeeindruckt, wenn andere versuchen, Sie mit ihrem Dominanzgehabe zu manipulieren.

Kurt Tucholsky sagte einmal: »Erfahrung heißt gar nichts. Man kann seine Sache auch 35 Jahre schlecht machen«.
Denken Sie daran, dass Sie einen RAT bilden und nicht eine Truppe von Gefolgschaftsmitgliedern stellen, die auf Anraten einzelner Menschen wie fleißige Arbeiter*innen einfach nur mitmachen und »Befehle« ausführen. Sie sind gewählt, und das bedeutet, dass Sie selbstbewusst sein dürfen und selbständig denken müssen. Ihre Eigenart und Einzigartigkeit führten Sie an den Platz, an dem Sie sich jetzt befinden.
Es sollte keine Führer*innen, Bestimmer*innen und Vordenker*innen geben. Der Rat ist ein demokratisches Kollegialorgan, in dem sich alle Beteiligten gleichwertig und gleichgewichtig einbringen müssen. Alle sind »Gleiche unter Gleiche«. Ihre persönlichen Verschiedenheiten und Einzigartigkeiten bilden den Kern der Gruppenqualität. Nur das optimale Zusammenwirken all jener unterschiedlichen Fähigkeiten und Fertigkeiten verschafft Ihnen einen Vorsprung an Leistungsvermögen von ganz besonderer Art.[67]

---

67 Bedenken Sie, dass Ihre Unternehmensleitung sich freiwillig nur mit Menschen umgibt, die ihnen selbst ähnlich sind oder von denen sie sich einen besonders

Dieses Bewusstsein kann Sie auch vor Manipulation und Spaltung schützen.

V. Datenschutz und Geheimhaltung

Datenschutz für Personen gibt es in der BRD seit dem Urteil des Bundesverfassungsgerichts vom 15. 12. 1983[68] zum Volkszählungsurteil.
Die Bundesregierung wollte Anfang der 80er Jahre das Volk zählen und dabei diverse persönliche Informationen sammeln, speichern und verarbeiten. Dieses Vorhaben löste innerhalb der Bevölkerung erheblichen Widerstand aus und viele Bürger*innen verklagten die Bundesregierung bis zum Bundesverfassungsgericht. Sie haben gewonnen! Es war der Bundesregierung nicht erlaubt, personenbezogene Daten ohne freiwillige Einwilligung zu erfragen, zu erfassen, zu verarbeiten und zu nutzen. Dieses Vorhaben ist ein eklatanter Verstoß gegen das Persönlichkeits-

---

hohen Nutzen für ihre eigene Zielerreichung versprechen. Da Sie nicht zu diesem »inneren Zirkel« gehören, sind Sie Betriebsrat! Und das ist Ihr Vorteil!

68 BVerfGE 65,1; BVerfG vom 15.12.1983 – 1 BvR 209/83, 1 BvR 269/83, 1 BvR 362/83, 1 BvR 420/83, 1 BvR 440/83, 1 BvR 484/83 – (Sammelklage).

recht und damit ein Verstoß gegen die Menschenwürde aus Artikel 1und 2 Grundgesetz der Bürger*innen.

Soweit das Bundesverfassungsgericht. Es gehört zu den nicht änderbaren Menschenrechten aus Artikel 1 und Artikel 2 Grundgesetz, dass jeder Mensch ganz individuell selbst bestimmen darf, welche Informationen über ihn preisgegeben werden. Dies gilt insbesondere dann, wenn das Individuum nicht absehen kann, welche Informationen über sie oder ihn im sozialen, wirtschaftlichen oder politischen Umfeld bekannt gegeben werden könnten und verarbeitet werden! Die Zeit des Nationalsozialismus (1933 – 1945) war in seiner Zeit noch spürbar. Es fragt sich, was eine Diktatur mit Menschen anstellen könnte, wenn sie über persönliche und intime Daten ihrer Bürger*innen verfügen könnte und wenn sie diese nutzen und verarbeiten dürften, wie sie es für sich gebrauchen? Die Folge der Bundesverfassungsgerichtsentscheidung zum »Recht auf informationelle Selbstbestimmung« war die Erschaffung des Bundesdatenschutzgesetzes (BDSG von 1990)! Und natürlich besteht das Verbot, Bürger*innen ohne deren Einwilligung auszufragen oder gar in unerlaubter Weise persönliche und intime Daten für sich zu nutzen. Dieser Schutz gilt in der BRD seit 1983!

Die Geheimhaltungspflicht der Betriebsräte ist in Bezug auf Informationen über Kolleg*innen in den §§ 79; 99 Absatz 1 Satz 3 und § 102 Absatz 1 Satz 4 BetrVG verfasst und sicher zu stellen. Betriebsräte wissen nicht erst seit Mai 2018, dass sie im Betrieb und außerhalb des Betriebsrats nicht über personenbezogene Daten und Informationen sprechen dürfen oder diese gar frei herumliegen lassen dürfen. Die Anforderung aus der EU-DSGVO ist für deutsche Betriebsräte nichts Neues.

Der Betriebsrat ist ein juristisches Organ des Betriebes, so wie es die Geschäftsleitung und andere juristische Organe im Betrieb oder Unternehmer auch sind.

Menschen, die in einem Betrieb arbeiten wollen, müssen ihre persönlichen Daten dem Betrieb bekannt geben. Während der Bewerbungsphase geben die Menschen als betriebsfremde Personen ganz unaufgefordert ihre personenbezogenen Daten weiter und preis. Eine Bewerbung wäre ohne die Preisgabe der persönlichen und intimen Daten nicht durchführbar. In dem Moment, wo Bewerber*innen ihre Bewerbungsdaten in die juristische Organisation – GmbH; GmbH & Co.KG und andere juristischen Gebilde der Gesellschaftsformen – leiten, sind sie natürlich damit einverstanden, dass ihre Daten allen wesentlichen Leitungsstellen, wie z. B. der Geschäftsführung, Personalleitung, kaufmännischer Leitung, Aufsichtsrat und Betriebsrat bekannt gegeben werden. Es darf unterstellt werden, dass Beschäftigte damit einverstanden sind, dass Betriebsräte

sie vor einer unangenehmen **Personalmaßnahme** schützen! Anderseits verliert ein*e Arbeitgeber*in immer jeden Kündigungsschutzprozess, weil sie den Betriebsrat über kündigungsrelevante Informationen nicht informiert haben! Eine Kündigung ohne ordentliche Anhörung des Betriebsrats ist nach § 102 Absatz 1 BetrVG unwirksam. Seit Mai 2018 berichten mir diverse Betriebsräte, dass Arbeitgeber*innen die Informationsweitergabe an den Betriebsrat mit der Begründung verweigern, dass sie mit Bezug auf die neue EU-Datenschutzgrundverordnung keine personenbezogenen Daten mehr herausgeben dürfen! Ganz cool antworte ich dann: »Damit ist die Arbeitgeber*innen Maßnahme unwirksam. Es gilt die Verfahrensweise nach dem BetrVG[69]. Denken hilft!«
Was ist so anders seit Mai 2018?
Neu ist, dass europäisches Recht eine unmittelbare Wirkung auf das nationale Recht im Zivilrecht – Arbeitsrecht ist ein Sonderrecht des Zivilrechts – entfaltet. Bisher ist dies nur im Staatsrecht möglich. Europäische Normen müssen normaler Weise durch nationale Regelungen ratifiziert werden, das bedeutet verfasst und zur Anwendung gebracht werden. In nicht jedem europäischen Mitgliedsstaat besteht ein Datenschutzgesetz (BDSG). In der BRD haben wir seit dem 20.12.1990 ein Bundesdatenschutzgesetz, welches auch das Recht auf »informationelle Selbstbestimmung« der Beschäftigten regelte. Allerdings sind alle Regelungen des alten BDSG unwirksam, soweit sie nicht den Anforderungen der europäischen Datenschutzgrundverordnung entsprechen.
Für die BRD gilt seit dem 30. Juni 2017 ein neues BDSG.[70] Es enthält auch Regelungen über Entschädigungssummen für die Betroffenen, wenn in ihrem Fall und in ihrer Person gegen den Datenschutz verstoßen worden ist.
Auch die Betriebsräte haben den Datenschutz nach § 79a BetrVG sicher zu stellen. Der betriebsrätliche Datenschutz nach § 79a und die Geheimhaltungspflicht nach § 79 BetrVG sind mit Sicherheit die Messlatte dafür, inwieweit Betriebsräte Online-Dienste benutzen dürfen.

> **Tipp:**
> Da entweder § 79 BetrVG »Geheimhaltungspflicht für Betriebs.- und Geschäftsgeheimnisse« und/oder der betriebsrätliche Datenschutz nach § 79a BetrVG in jedem Fall sicher zu stellen ist, ist allen Betriebsräten zu empfehlen, dass sie ihre Kommunikationswege mit der Person besprechen, die

69 BAG vom 27.07.2017 – 2 AZR 681/16 – Hier Art. 2 Abs. 1 i.V.m. Art. 1 Abs. 1 GG.
70 Stand September 2018.

den betrieblichen Datenschutz betreut. Außerdem sollte eine schriftliche Vereinbarung mit der Arbeitgeber*in bestehen, welche Online-Dienste, wie z.B. Video- und Telefonkonferenz nach § 30 Absatz 2 BetrVG, genutzt werden dürfen. Ganz wichtig ist, dass eine Präsenzsitzung vor Video- und Telefonkonferenzen die Regel sind. Das Benutzen einer Online-Variante stellt immer die Ausnahme! Ihre Nutzung muss in einer Geschäftsordnung nach § 36 in Verbindung mit § 30 Absatz 2 mit den Nummern 1 bis 3 BetrVG des Betriebsrats festgehalten sein. Der Betriebsrat muss die organisatorischen Maßnahmen treffen, damit dritte Personen, die keine Mitglieder des Betriebsrats sind, keine Kenntnisse aus der Online-Betriebsratssitzung erhalten können.
In keinem Fall dürfen Messenger-Dienste wie WhatsApp, Signal, Telegram und anderes benutzt werden. Die Corona-Pandemie hatte manches zugelassen, was heute gesetzlich nicht erlaubt ist. Vielleicht arbeiten Sie in einem Betrieb/Unternehmen, indem eigene Systeme vorhanden sind. Nutzen Sie das, was da ist. Alles andere unterlassen Sie oder Sie holen sich die schriftliche Genehmigung durch die Arbeitgeber*in.

1. Datenschutzneuregelung nach dem BDSG und § 79a BetrVG

Betriebsräte haben nicht nur das Handeln und die Geschäftsvorgänge ihrer Arbeitgeber*innen zu überwachen. Sie selbst müssen in ihrer Arbeit den Datenschutz in vorbildlicher Weise einhalten.[71] Natürlich können Betriebsräte im Gremium eine eigene Person wählen, die als interne*r BR-Datenschutzbeauftragte tätig ist. Dies empfiehlt sich dann, wenn die Arbeitsbeziehung zur Arbeitgeber*in nicht besonders vertrauensvoll ist, weil die Arbeitgeber*in den Betriebsrat z. B. bespitzelt, mit Lust auf Fehler hinweist oder gar Beschäftigte tyrannisiert, weil sie sich Unterstützung beim Betriebsrat organisiert haben. Bezahlen muss eine Datenschutzverletzung die Arbeitgeber*in nach § 40 BetrVG. Der Betriebsrat ist ein eigenes gewähltes juristisches Organ des Betriebes. Er muss sich nicht damit zufriedengeben, dass ein betrieblicher Datenschutzbeauftragte*r im

71 Ebenda.

Betrieb vorhanden ist. Er kann aus eigenen Reihen jemanden beschließen und wählen, die oder der innerhalb des Betriebsrats auf die Einhaltung des Datenschutzes achtet. Selbstverständlich muss dieses Betriebsratsmitglied mit dem betrieblichen oder unternehmenseinheitlichen Datenschutzbeauftragte*n zusammenarbeiten und sich beraten lassen. Der Betriebsrat kann allerdings nicht verpflichtet werden, jedes Anliegen der Kolleg*innen vor dem betrieblichen Datenschutzbeauftragten offen zu legen. Oftmals wollen Kolleg*innen nicht, dass Informationen oder Beratungsanliegen, die sie gegenüber dem Betriebsrat preisgegeben haben, in die Sphäre außerhalb des Betriebsrats gelangen. Diesem Anliegen muss genüge getan werden.

In Betrieben oder Unternehmen mit einem eigenen internen und externen Datenschutzbeauftragten kann sich der Betriebsrat natürlich auch mit dieser Person vernetzen und sich von ihr beraten lassen.[72]

Der Betriebsrat könnte eine eigene Geschäftsordnung mit der Arbeitgeber*in verfassen, wie in Gegenseitigkeit mit personenbezogenen, persönlichen und intimen Daten umgegangen wird.

Natürlich hat der Betriebsrat einen eigenen Anspruch nach § 40 BetrVG auf eine datenschutzgeeignete Kommunikationstechnik. Die elektronische Kommunikation im Betriebsrat sollte mindestens verschlüsselt werden. Alle personenbezogenen Daten sind gesichert zu verschlüsseln und vor unbefugtem Zugang zu sperren. Diese Dienstleistung erhalten Sie bei Systemadministrator*innen. Machen Sie Ihre Geräte abhörsicher, indem die Geräte verschlüsselt werden, so dass niemand außer der Betriebsratsmitglieder oder des Betriebsrats an diese Informationen herankommen kann. Sie kennen diese Sicherungsvorschriften ganz bestimmt aus der Antragsbegründung für verschließbare Betriebsratsbüros und Schränke, für die ausschließlich der Betriebsrat einen Schlüssel hat. Personenbezogene Daten waren schon immer geheimhaltungspflichtig.

72 Kiesche, AiB-Extra August| 2018, Seite 13ff.

a. Was ist jetzt zu tun für den Betriebsrat?

Zunächst sollten Sie Ihre Betriebsrats-Archive entrümpeln. Das bedeutet allerdings nicht, dass jeder Vorgang eines personenbezogenen Falles sofort vernichtet werden muss, wenn er erledigt ist.

Geben Sie alte Daten an die betroffenen Kolleg*innen zurück, mit der Bitte um Aufbewahrung, damit diese historisch und künftig wieder genutzt werden können, wenn es darauf ankommt, dass die Unterlagen von Wichtigkeit sind.

Es kann auch wichtig sein, dass Sie in Ihren Archiven Informationen finden über Kolleg*innen, die das Unternehmen bereits verlassen haben. Auch hier empfehle ich die Rückgabe an die ehemaligen Kolleg*innen. Manchmal sucht jemand Arbeitsnachweise aus längst vergangener Zeit, um diese für die Rentenberechnung geltend zu machen. Die Personalabteilungen haben diese Informationen möglicherweise nicht mehr. Aus nicht wenigen Berichten habe ich erfahren, dass Betriebsräte unglaublich stolz sind, wenn sie z. B. Unterlagen aus den 70er oder 80er Jahren herausgeben können und auf diesem Wege dazu beitragen, dass ehemalige Kolleg*innen einen berechtigten Rentenbezug erhalten. Nicht alle Arbeitgeber*innen haben in der Vergangenheit ordnungsgemäß Sozialabgaben bezahlt. Bieten Sie Ihren ehemaligen Kolleg*innen die gefundenen personenbezogenen Unterlagen an, bevor Sie diese vernichten oder löschen.

Und natürlich dürfen Sie auch weiterhin alles in Papierform archivieren und aufbewahren im Betrieb oder Unternehmen.

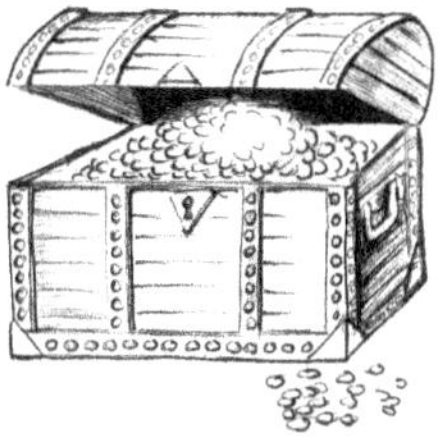

Wenn Sie digitale Unterlagen haben, speichern Sie diese auf einen verschlüsselten USB-Stick und geben Sie diesen Stick Ihren Kolleg*innen, bevor Sie die alten Informationen löschen. Benutzen Sie immer einen ungebrauchten USB-Stick für diesen Vorgang. Informationen auf einem USB-Stick werden nicht wirklich gelöscht. Der Stick wird sozusagen immer wieder neu überschreibbar. Natürlich können Sie die personenbezogenen Unterlagen auch per verschlüsselter E-Mail an die Kolleg*innen versenden oder per Post.
Gönnen Sie sich als Betriebsrat eine eigene Fachberatung (§ 80 Absatz 3 BetrVG) zur Überprüfung Ihrer betriebsrätlichen Angelegenheiten. Lassen Sie Ihre betriebsrätlichen Angelegenheiten von einer/einem Datenschutzbeauftragten überprüfen. Jetzt ist nicht die Zeit zum Abschreiben. Bringen Sie einmal eine Grundklärung in Ihr Büro und Ihre Unterlagen und in ihre digitalen Geräte, damit Sie ganz sicher gehen können, dass aus Ihrer Betriebsratstätigkeit kein Verstoß gegen das Datenschutzgesetz zu befürchten ist.

Ansonsten gilt auch, dass alle Betriebsvereinbarungen inhaltlich auf den Datenschutz hin zu überprüfen sind. Vereinbarungen, die gegen das Datenschutzgesetz verstoßen, werden ungültig![73]

Das BAG[74] hat zwischenzeitlich in mehreren Urteilen bestätigt, dass Informationen, die die Arbeitgeber*innen sich auf illegale Weise beschaffen haben, – also Informationen über Personen, die gegen das Datenschutzgesetz und gegen die Vorschrift auf informationelle Selbstbestimmung verstoßen – einem sogenannten gerichtlichen Beweisverwertungsverbot unterliegen. Das bedeutet, dass diese Informationen gerichtlich nicht verwendet werden dürfen.

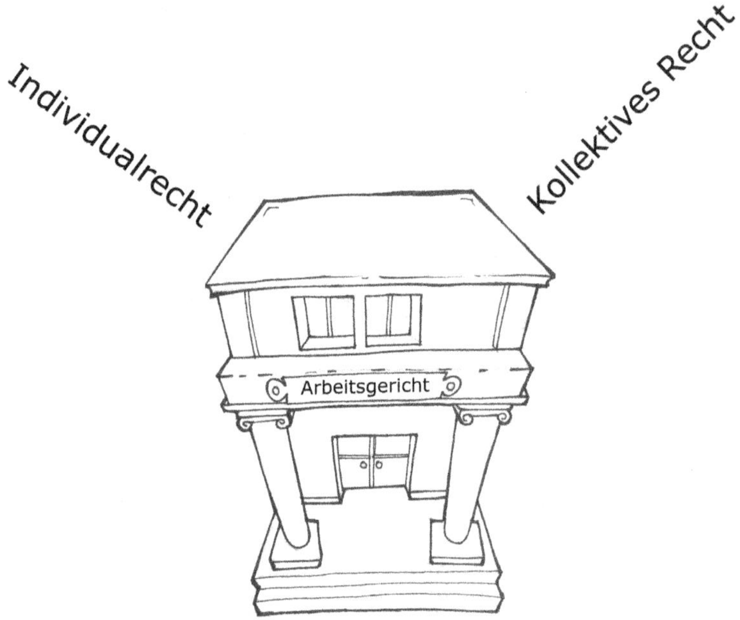

b. Erhöhter Schulungsbedarf und Beratungsbedarf

Der Betriebsrat hat nach § 37 Absatz 6 BetrVG einen unbegrenzten Schulungsanspruch für die erforderliche Betriebsratsarbeit. Zögern Sie nicht datenschutzrechtliche Schulungen zu besuchen. Sie brauchen dafür nur einen Beschluss des Betriebsrats. Die Digitalisierung ist zurzeit das Top-Thema überall. Und die Digitalisierung schreitet in einem rasenden

73 Kiesche/Wilke/Berger in AiB extra August 2018, Seite 46ff.

74 Im Aufsatz von Brink in AiB extra August 2018, Seite 28f.

Tempo voran. Heute ist alles viel schneller. Facebook hat ca. 10 Jahre gebraucht, um 1 Millionen Nutzer*innen zu haben. ChatGPT brauchte dafür nur noch 1 Woche. Das Ziel bleibt ein Persönlichkeitsschutz für datenschutzsensible Informationen über Menschen. Eine Regel gilt für die Betriebsratsarbeit immer: »Nutze nichts, was kostenfrei ist. Du bezahlst mit Deinen persönlichen Daten.« Und natürlich geht der maximale Schutz der Kolleg*innen immer vor dem eigenen Genuss und der eigenen Bequemlichkeit. Dies gilt auch, weil es inzwischen eine Hackerindustrie gibt. Hier bilden sich kriminelle Banden, die das Ziel haben, personenbezogene Daten oder Betriebsspionage zu betreiben, weil sie damit Geld verdienen wollen. Verhalten Sie sich auf der Arbeit wie eine Arbeitsperson. Es ist irrelevant, wie genial Sie als private Person sind. Nutzen Sie möglichst viele Schulungen zum Thema Digitalisierung.

2. Geheimhaltungspflicht nach dem BetrVG / Werkspionage

Bei der Geheimhaltungspflicht nach § 79 BetrVG geht es in erster Linie um Betriebs- und Geschäftsgeheimnisse, die dem Betriebsrat in seiner Rolle und Funktion bekannt gegeben worden sind. Wichtig ist dabei, dass die Arbeitgeber*innen auf die ausdrückliche Geheimhaltung hingewiesen haben und dass sie ein berechtigtes Interesse an der Geheimhaltung haben. Niemand wird bestreiten, dass es für Unternehmen ein berechtigtes Anliegen ist, wenn wirtschaftlich relevante Informationen geheim gehalten werden, damit so etwas wie »Werkspionage« oder »Urheberrechte mit Wettbewerbsvorteilen« nicht öffentlich werden. Die Pflicht zur Geheimhaltung darf jedoch die professionelle Arbeit der Betriebsräte nicht außer Kraft setzen. Alle Beschäftigten sind üblicherweise über ihre Arbeitsverträge gehalten, Betriebsgeheimnisse und Geschäftsgeheimnisse nicht außerhalb des Betriebes zu kommunizieren. Die Funktion der betriebsrätlichen Arbeit besteht jedoch darin, die Kolleg*innen über geplante Maßnahmen zu informieren und mit ihnen zu beraten, soweit dies persönliche Veränderungen für die Kolleg*innen mit sich bringt. Die Beschäftigten haben ein hohes Interesse daran zu wissen, unter welchen Bedingungen sie arbeiten müssen oder ob ihr Arbeitsplatz in Gefahr ist! Die Beschäftigten haben das Recht, sich rechtzeitig anderswo zu bewerben, um einen neuen Arbeitsplatz zu finden. Die Arbeitgeber*innen haben nicht das Recht, die Beschäftigten vor Tatsachen zu stellen, die sie nicht mehr beeinflussen können.[75] Und wenn die Informationen bereits öffentlich sind, weil sie z. B. auf der Internetseite stehen oder in der Zeitung, dann sind diese Informationen nicht geheim. Selbstverständlich haben Betriebsräte darauf hinzuwirken, dass Betriebs- und Geschäftsgeheimnisse nicht innerhalb einer digitalen Kommunikation außerhalb des Betriebes oder des Unternehmens bekannt werden.

75 Siehe dazu ausführlich bei Schwartau, Neu im Betriebsrat, 5. Aufl., Seite 166.

3. Zusammenfassung

Das Thema der digitalen Zusammenarbeit innerhalb einer Arbeitsgemeinschaft sollte zum Wohle aller arbeitenden Menschen und dem Fortbestand des Betriebes, des Unternehmens oder Konzerns zum Top1-Thema gemacht werden. Warum sollen gute Arbeitsprozesse nicht effizienter und zeitnaher genutzt werden? Das Thema der Digitalisierung ist hoch spannungsgeladen. Zum einen kann es auf der betrieblichen Ebene irgendwie nicht schnell genug gehen. Und zum anderen sind ganz viele Menschen gewohnt, soziale Medien zu nutzen. Manche Personen lehnen es ganz ab, weil sie sich u. a. nicht der Gefahr aussetzen wollen, dass z. B. eine KI ein Persönlichkeitsprofil erstellen könnte. Manche Kolleg*innen nutzen überhaupt keine elektronische Kommunikation.

Und es gibt da auch noch die Wirklichkeit, dass Präsident*innen der Welt ihre Staatsziele über »Twitter oder X« verbreiten. Sie gewinnen auf diesem Wege sogar Wahlen. Ich plädiere in keinem Fall dafür, dass dieses Format für die Arbeitswelt angewandt wird. Der Datenschutz und damit der Persönlichkeitsschutz eines jeden Menschen auf informelle Selbstbestimmung gilt immer. Es muss Vereinbarungen geben für z. B. KI-kompetente Geräte. Es ist immer fraglich, wer diese KI mit was programmiert hat. Welche Auswirkung hat die Anwendung von KI auf die gesund erhaltenden Arbeitsprozesse? Gibt es Hinweise auf »Online-Stress« oder ähnliches?

Es muss geklärt sein, welche Bedürfnisse anerkannt sind. Dies regelt sich gut in einer Geschäftsordnung des Betriebsrats. Die Geschäftsordnung ist eine vereinbarte schriftliche Arbeitsgrundlage des Betriebsrats. Berechtigt ist, wer seinen Bedarf mit möglichst einem Paragrafen begründen kann. Anders gesagt: Verträge regeln, wie man sich verträgt. In jedem Fall regeln sie den Konfliktteil.

Wenn diese Frage strittig sein sollte, dann ist es sehr zu empfehlen, auf die Möglichkeit der digitalen Kommunikation zu verzichten. Der Betriebsrat verliert sonst motivierte und soziale kompetente Mitglieder. Das wäre sehr schade. Es macht keinen Sinn, mehr als eine Kommunikationslinie zu haben. Wie der Betriebsrat seinen digitalen Kommunikationsstrang gestaltet, ist ein schwieriger Prozess. In der Anwendung sollte eine Regelung mit der Arbeitgeberin und dem betrieblichen Datenschutz vorliegen, **bevor** der Betriebsrat irgendwelche elektronischen Geräte verwendet. Was in Großbetrieben sowie in Großunternehmen und Konzernen inzwischen üblich ist, ist in kleinen Betrieben oft ungeklärt.

Diesem Thema muss in der Gegenwart und Zukunft mit maximaler Offenheit begegnet werden. Es wäre so wunderbar, wenn die Knechtschaft der Arbeit endlich abgeschafft ist.
Es sollte selbstverständlich sein, dass über personennahe Datenweitergabe ein Einverständnis hergestellt ist. Wenigstens eine schriftliche Rahmenvereinbarung sollte es geben.

VI. Selbstverwaltung

1. Strategie und Taktik

»Nachdem wir das Ziel endgültig aus den Augen verloren hatten, verdoppelten wir unsere Anstrengung.«[76]
Wenn Sie in der Liga der örtlichen Betriebsräte, Gesamtbetriebsräte, Konzernbetriebsräte, europäischen Betriebsräte oder Welt-Betriebsräte mitgestalten wollen, dann werden Sie nicht drum herumkommen, sich übergeordnet in fest vereinbarten Themen und Zielen wiederzufinden. Oft arbeiten Sie an Projekten, die prozesshaft geführt werden müssen. Und Sie werden die Bereitschaft finden müssen, sich in diesen übergeordneten Themenfeldern aktiv einzubringen. Das bedeutet auch, dass Sie sich zu anstehenden Veränderungsprozessen positionieren müssen!
Es ist ganz normal, dass Sie am Anfang Ihres Wirkens zunächst die Angst vor Ihrer eigenen Courage überwinden müssen.[77] Akzeptieren Sie, dass Sie ab JETZT an den großen Themen gestalterisch beteiligt sind.

> **Praxistipp:**
> Akzeptieren Sie Ihren Mut, Ihre Bereitschaft, sich zu beteiligen. Überwinden Sie Ihre Furcht oder Ihr »schüchtern sein«. Klären Sie für sich und im Team, was Ihnen wirklich wichtig ist! Haben Sie keine Lust mehr auf den Leitungsstil Ihrer Führungskräfte? Wenn ja, dann könnten Sie hier einen Veränderungsprozess ansteuern. Setzen Sie sich Ziele. Planen Sie mit Ihrem Team Handlungsschritte, um aktiv zu sein. Welche Maßnahmen sind dringend erforderlich, um das gewünschte Ziel zu erreichen? Wie machen wir was? Es gibt keinen Masterplan für die richtigen Entscheidungen. Erfolgreich ist, wer einen Prozess moderieren und modellieren kann. Erfolgreich ist, wer sein Ziel nicht aus den Augen verliert. Denken Sie immer daran, dass der

76 Mark Twain.
77 Dies gilt insbesondere für schüchterne und zurückhaltende Menschen.

örtliche Betriebsrat selten initiativ ist. In der Regel reagieren Betriebsräte auf Aktionen Ihrer Arbeitgeber*innen oder der Gesamtbetriebsräte/Konzernbetriebsräte.

Eine Strategie zu vereinbaren, bedeutet, dass das Gremium sich auf lange Sicht darauf verständigt und selbst verpflichtet, einen vereinbarten Verhaltensplan aufzustellen und dass das Gremium in seinem gesamten Handeln dazu bereit ist, sich diesem Handlungsplan zu unterwerfen, um das Ziel zu erreichen. Es hat die Funktion, ein Erfolgspotential aufzubauen, zu erhalten und auszubauen!
Das Drama um das Thema »örtliche Betriebsräte & Strategie plus Taktik« habe ich ausführlich in »Neu im Betriebsrat«[78] mit Bezug auf die betrieblichen Akteure dargestellt.
Im übergeordnetem Sinne gehört das Thema der strategischen und organisatorischen Ausrichtung der eigenen Arbeit zu der Grundarbeit sowie die dazugehörigen taktischen Vereinbarungen zu den notwendigen Vorüberlegungen, die anzustellen sind, bevor eine Räteversammlung sich an die aktive Arbeit begibt. **Das spart enorm an Zeit und es minimiert spätere Konflikte.**

78 Beate Schwartau, 5. Aufl., Neu im Betriebsrat, 152ff.

Sie müssen sich wenigstens auf eine Vision verständigen. Was ist der Sinn Ihrer Arbeit? Wer sind Sie? Was ist Ihre Mission? Was hat Sie motiviert zum Betriebsrat zu kandidieren? Wenn der Betriebsrat erfolgreich ist, dann sieht die betriebliche Wirklichkeit wie aus?
Ebenso wichtig ist es, dass Sie Ihre strategischen Kernziele abgesprochen haben und kennen. Sie dürfen dabei maximal drei gesamtstrategische Ziele definieren, wobei eines definitiv zu Ihren Geschäftsfunktionszielen[79] gehört. Man merke sich: »Mehr als drei zeitgleiche Ziele überfordern!« Es gibt in den anderen beiden Themenfeldern kein »Richtig oder Falsch«. Es gilt, eine Einigung zu erzielen, um an übergeordneten Kernthemen gemeinschaftlich zu arbeiten. Wenn Sie die Debatte um diese Themenfelder bewältigen, dann werden Sie erfahren, wie wohlwollend routiniert und souverän die nachfolgende taktische Ausrichtung und Absprache zwischen Ihnen und den Räten klappt und wie auf wunderbare Weise die alltäglichen operativen Geschehnisse ihren Lauf nehmen. Alles nur, weil die Anliegen in einer Rollen- und Funktionsklarheit bewältigt werden.
So wird an Zeit und an späteren Konfliktpotentialen gespart. Ich empfehle auch einen Dialog über die Abstimmungsvoraussetzungen. Es zeigt sich immer wieder, dass Gremienarbeit besonders erfolgreich ist, wenn die Vision und die Ziele von allen getragen werden. Es macht einen erheblichen Unterschied, ob die Vision und die Ziele einstimmig beschlossen werden oder ob sie durch eine einfache Mehrheit zustande gekommen sind. Die einfache Mehrheit birgt die Gefahr, dass die Arbeit nicht von allen zu 100 % motiviert durchgeführt wird. Bei einer einfachen Mehrheit wird sich innerhalb der Amtszeit immer mal wieder ein Konflikt darüber auftun, dass die Arbeit zu schleppend vorangeht, weil die Zielbearbeitung nicht bei allen dieselbe Dringlichkeit hat.
Mit der einfachen Mehrheit kommen Sie im taktischen und operativen Handeln zurecht. Die einfache Mehrheit beinhaltet jedoch die Gefahr, dass an der einen oder anderen Sitzung die sogenannte Minderheit in der Mehrheit anwesend sein könnte, sodass das Gremium immer mal wieder aus der strategischen Überlegung heraus darauf zu achten hat, dass die »richtigen Personen« am Geschehen teilnehmen. Dies produziert Stress.

79 Ebenda.

a. Strategiestrukturbeispiel
aa. Vision

Was ist der Sinn und Wert meines Handelns?!

↓ ↓ ↓

Beispiel:
»Wir, der Betriebsrat der XY, gestalten aktiv unsere Arbeitsbedingungen, in enger Arbeitsbeziehung mit der Gewerkschaft, zugunsten unserer Kolleginnen und Kollegen. Wir schaffen humane, gesunde und faire Arbeitsbedingungen und richten unser Handeln zur Erreichung dieser Vision aus.«

Wenn man einmal diese Definition verfasst und beschlossen hat, muss man nicht bei jedem Tagesordnungspunkt erneut darüber streiten, ob die Gewerkschaft in die Arbeit einbezogen wird oder nicht.

bb. Strategische Zielsetzung zur Erreichung der Vision

Ziel A | Beschäftigungssicherung	**Ziel B | Soziale und gesunde Arbeitsbedingungen**	**Geschäftsführung des BR/GBR/KBR/EBR**
Ziel definieren und möglichst einstimmig beschließen. Es minimiert Konflikte.	Ziel definieren und möglichst einstimmig beschließen. Es minimiert Konflikte	• Funktionsziele • Organisatorische und personelle Voraussetzungen • Teamarbeit ist angesagt! • Sozialtechniken sind vorhanden = Einstimmig beschließen. Ansonsten genügt die einfache Mehrheit gemäß § 51 Absatz 3 BetrVG

Ziel A | Beschäftigungssicherung	**Ziel B | Soziale und gesunde Arbeitsbedingungen**	**Geschäftsführung des BR/GBR/KBR/EBR**
Beispiel:[80] **Beschäftigungssicherung:** »Der BR setzt sich für den Erhalt und die Schaffung von zukunftssichernden Arbeitsplätzen, mit qualitativ hochwertigen Beschäftigtenstandards, insbesondere durch systematische Kompetenzentwicklung ein.«	**Beispiel:**[81] **Soziale Arbeitsplatzgestaltung:** »Der BR gestaltet unter Berücksichtigung individueller Entwicklungen und kommenden Innovationen humane Arbeitsplätze. Der BR achtet dabei auf die Barrierefreiheit (§ 80 Absatz 1 Nr. 4 BetrVG), den Gesundheitsschutz (§ 87 Absatz 1 Nr. 7 BetrVG) und die Beachtung des Persönlichkeitsschutzes (§ 75 BetrVG) aller Beschäftigten im Ganzen und individuell.«	**Beispiel:**[82] »Der BR gestaltet seine Arbeit transparent und verbindlich nach innen und außen. Der BR arbeitet als Gremium professionell, in dem er alle seine vorhandenen Kompetenzen nutzt und weiterentwickelt. Der BR ist ein Kollegialorgan, wir sind solidarisch und kollegial.«

Es liegt auf der Hand, dass diese Vereinbarungen einmal erstritten werden und im Anschluss wie ein Leitbild für die BR-Arbeit gelten.

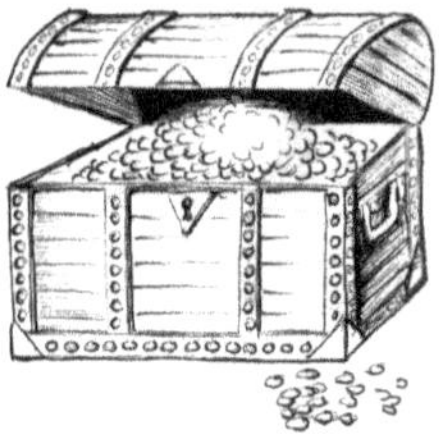

80 Echtbeispiel, mit freundlicher Genehmigung.
81 Ebenda.
82 Ebenda.

cc. Taktisches Vorgehen

Hier geht es um das Absprechen des gemeinsamen Handelns. Der Schwerpunkt liegt auf einer koordinierten Absprache zur Erreichung eines realistischen Arbeitsablaufes.

Im militärischen Sprachgebrauch würde man sagen, ein Gefecht muss optimal geplant werden, damit die Operation erfolgreich durchgeführt werden kann. Sie treffen hier sozusagen einen Entscheidungsrahmen für den optimalen Einsatz der Zielerreichung in Bezug auf die Zeit und organisatorischen Bedingungen (Raum und Zeit).

Was/Warum/Wer/bis wann/Eckpunkte für ein Controlling/Prozesskontrolle

Vergessen Sie nicht zu vereinbaren, wer wann in Bringschuld oder Holschuld steht.

> **Hinweis:**
> Wenn Sie nach der Neuwahl zum Betriebsrat feststellen, dass Ihre neuen Kolleg*innen nicht das erforderliche Fachwissen zur Anwendung des BetrVG haben, dann sollte nicht aus Kostengründen auf die Betriebsratsqualifizierung verzichten werden und Sie der Unternehmensleitung ein Gefallen tun möchten, indem Sie am falschen Ende sparen.

dd. Operatives Handeln

Hier stellen Sie Ihre alltägliche Arbeit auf die vereinbarten Ziele ab. Und los geht's …

> **Beispiel:**
> Um im Beispiel der Betriebsrätequalifizierung zu bleiben: Ab dieser Stufe der Zusammenarbeit hat der Betriebsrat längst festgestellt, wer welchen Bildungsbedarf hat und es folgen nun die Beschlüsse nach § § 37 Absatz 7 in Verbindung mit § 40 BetrVG für die Teilnahme an Bildungsveranstaltungen. Die Kolleg*innen können sich aussuchen, von wem sie wann wo und wie weitergebildet werden wollen. Anmeldungen erfolgen. Notfalls klagt der Betriebsrat diesen Bildungsanspruch beim Arbeitsgericht ein.

b. Bedeutung für das organisierte und systematische Arbeiten

Wenn eine Strategie besprochen ist und die wesentlichen Verhaltens- und Handlungstaktiken vereinbart sind, dann lässt sich Routine in der Bearbeitung der Anlässe entwickeln.

Dies erspart viel Zeit, weil die grundsätzlichen Fragen nicht an jedem Einzelfall neu debattiert werden müssen. Sie können die eingehenden Arbeitsaufträge systematisch erfassen und grundsätzlicher Art zuordnen.

Dies erleichtert die Vorbereitung einer Beschlussvorlage und die Umsetzungsaktivitäten des Rates.
Es minimiert Konflikte, weil die wesentlichen Begründungen zu einem Zeitpunkt vereinbart wurden, an dem dieses Ereignis noch nicht vorlag. Mit klarem und kühlem Kopf haben Sie X Fälle in Ihrer Auflösung vorbereitet.
Im Laufe eines Jahres könnte es gelingen, die Zusammenarbeit soweit zu professionalisieren, dass die Bearbeitung der Anlässe weitestgehend standardisiert ist. Es wird Sie am Anfang etwas Mühe kosten, aber der Einsatz ist sehr lohnenswert.

2. Teambildung und Teamentwicklung

Eine Gruppe ist kein Team. Sie ist zunächst eine Ansammlung von Menschen, die für eine Aufgabe gewählt worden sind. Nach der Betriebsratswahl mag es sein, dass drei Listen in den Betriebsrat gewählt worden sind. Jetzt müssen Sie funktional umdenken! Es sind jetzt nicht drei Gruppen in den Betriebsrat gewählt worden. Es ist eine bestimmte Anzahl von Menschen als Betriebsrat gewählt worden und diese setzt sich aus drei Listen zusammen. **Listen sind keine Gruppen!** Alle Betriebsräte sind nun in der Rolle von Betriebsratsmitgliedern. Sie müssen erst lernen, sich als ein Team zu entwickeln. Oft ist dies auch erforderlich, weil im Wahlkampf diverse Versprechungen abgegeben worden sind. Das Wort Teamentwick-

lung deutet darauf hin, dass es Bedingungen für eine erfolgreiche Teambildung gibt.
Aus meiner Praxis kann ich verraten, dass ein professionell arbeitendes Team nicht um folgende Prozessbestandteile herumkommt:

- Die Gruppe muss vier Phasen der Teambildung durchlaufen haben. **Testphase/Nahkampf/Neuorganisierung und Verschmelzung.**
- Es sollten Funktionsprofile erstellt werden.
- Es sollten Aktionsprofile erstellt werden.
- Ein Team hat einen gemeinsamen Arbeitsplan aufgestellt.
- Ein Team muss ein Verfahren für die Zusammenarbeit erarbeitet haben (Geschäftsverteilungsplan). Bei konkurrierenden Listen empfehle ich, eine Geschäftsordnung nach § 36 BetrVG zu erstellen. Damit allen klar ist, wie die Zusammenarbeit im Betriebsrat gemeinsam bewältigt wird.
- In einem Team müssen alle Mitglieder einen wertschätzenden und freundlichen Umgang miteinander gefunden haben (Akzeptanz der unterschiedlichen Persönlichkeiten und Verhaltensweisen).
- In einem Team haben unterschiedliche Kompetenzen und Persönlichkeiten der Teammitglieder einen gleichberechtigten und gleichwertigen Stand. »Alle für einen und einer für Alle«.

Teamarbeit bedeutet nicht **T**oll **e**in **a**nderer **m**acht's!

a. Prozesskraft / Teamentwicklung

Die Teamentwicklung unterliegt **immer** vier Prozessphasen. Von dieser Bedingung gibt es keine Ausnahme.

1. **Phase Testphase:**
   Neue Mitglieder des Rates befinden sich in einer »AnkommensPhase«. Sie verhalten sich zurückhaltend. Sie schauen erst einmal, wie »der Hase hier läuft«. Für die alten Ratsmitglieder sind es die Überraschungskandidaten. Noch weiß keiner, wie sie sich in der Zukunft verhalten werden. Alles beschnuppert sich sozusagen. Der Umgang miteinander ist hoffentlich freundlich und vorsichtig.
2. **Phase Nahkampfphase:**
   Es gibt unterschwellige Konflikte in der Gruppe. Die ersten Cliquen werden gebildet. **Personen werden konfrontiert mit ihrem Verhalten.** Dies fällt hoffentlich nicht zu vorwurfsvoll und aggressiv aus. **Hier geht es um Konflikte, die sich über das »wie eine Person« etwas macht ergießen können.** Der Konflikt eskaliert um die Frage, WIE etwas getan wird. In heftigen Nahkämpfen kann es immer wieder vorkommen, dass seltsame Kritik geäußert wird, wie z. B. »deine Schreiben sind voller Rechtschreibfehler«. Die Art, wie jemand sitzt

oder spricht, löst heftigen Ärger aus. Ungeduld und Konkurrenz beherrscht die Arbeitsweise. Die Auseinandersetzung ist nicht sachlich oder fachlich geführt. **Das Vorankommen in der Zusammenarbeit ist sehr mühevoll. Die Arbeit lebt von einzelnen Akteuren.**[83] **In dieser Phase wird gekränkt.**

Es gilt zu akzeptieren, dass der Rat sich aus sehr unterschiedlichen Persönlichkeiten zusammensetzt und dass die einzelnen Räte in ihrem Verhalten und Leistungsvermögen ebenfalls sehr unterschiedlich und einzigartig sind. Diese Vielfalt gilt es zu moderieren und zum besten Gelingen zusammen zu fügen.

Es braucht Zeit und Raum sowie eine ehrliche und wertschätzende Auseinandersetzung, um diese Phase erfolgreich durchzuführen. Das Vorankommen innerhalb der inhaltlichen Arbeit erweist sich als schleppend und schwierig. Bedenken Sie, dass Sie innerhalb Ihrer originären Tätigkeit aus einer bestimmten Abteilung stammen, die sich aus ziemlich ähnlicher Kompetenz zusammensetzt. Die Personalabteilung achtet im Einstellungsverfahren sicherlich auch darauf, dass die einzustellenden Menschen zueinander passen und sich ergänzen. Ähnliches gilt für Projekte, die von den Arbeitgeber*innen gegründet werden. Diesen Moment haben Sie nicht im Betriebsrat. Hier stellt die Belegschaft das Team durch eine Wahl zusammen und dieses Team muss lernen, zusammen zu arbeiten. Und sich respektvoll im Umgang zu verhalten.

3. **Phase Neuorganisierung:**
   Nachdem die Konflikte in der Nahkampfphase angesprochen wurden, besteht im Team das Bedürfnis, sich neu als Team zu organisieren. Neue Umgangsformen werden entwickelt. Verhaltensweisen werden abgesprochen[84] und deren Einhaltung wird geübt und kontinuierlich verbessert. Dies ist eine Prozessarbeit.
   In dieser Phase streitet die Gruppe über Standpunkte und Positionen. Sie streiten über das WAS und immer seltener über das WIE. Es kommt zu einer Konfrontation um Positionen und Inhalte.
   Die Konflikte werden objektiviert und versachlicht.
   Gelingt diese Phase nicht, treten einzelne Mitglieder zurück oder »die Ansammlung von Menschen« macht sich gegenseitig das Leben

83 In der Regel beginnt hier der Teamentwicklungsprozess, und viele Gremien durchlaufen diese Phase mit Hilfe von Berater*innen als externe Hilfe.

84 Z.B. Pünktlichkeit, Handy aus oder laut, Termintreue. Es gibt Hilfsnetzwerke und Absprachen, wer was bis wann macht. Die unterschiedlichen Fertig- und Fähigkeiten der Teammitglieder werden zu Teamqualitäten, oder die Mitglieder verweigern auf andere Art die Zusammenarbeit.

schwer. Arbeitsergebnisse können nicht im Kollektiv erschaffen werden und sie werden auch nicht als Gremium von allen getragen. Die Wähler*innen nehmen ihre Räte als zerstrittenen Haufen wahr und es besteht wenig Interesse mit dem Rat in Kontakt zu treten. Die Wähler*innen misstrauen ihren Räten und unterstellen ihnen z. B., dass sie ihre Sitzungen nur zum Kaffeetrinken nutzen. In dieser Phase werden Teamregelungen vereinbart, an die sich alle halten müssen.

4. **Phase Verschmelzung:**
   Ein Team ist gebildet und es arbeitet zusammen.
   Die Personen im Rat sind in ihren Persönlichkeiten, Fertigkeiten und Kompetenzen anerkannt und respektiert. Das Team arbeitet solidarisch und hilfsbereit miteinander. Die Ziele und Themen der Räte sind abgesprochen und alle Teammitglieder beteiligen sich. Es wächst eine leistungsfähige Kultur heran. Die Räte unterstützen ihre kollektive Arbeit ideenreich, offen und nach ihrem besten Können. Defizite von einzelnen Mitgliedern werden von der Gruppenkompetenz aufgefangen. Ein Team unterstützt und motiviert sich gegenseitig.
5. **Phase: Schade, schade ...:**
   Das Team löst sich nach der nächsten Wahl auf, weil neue Mitglieder in das Gremium gewählt werden. Der Teamprozess beginnt erneut.
   Der Teamprozess beginnt alle vier Jahre wieder aufs Neue. Vergessen Sie es nicht. Dieses Bewusstsein schützt die Räte vor Belastungen und Stress in der Gruppe/Team.

Praxistipp Teamkonflikt: Häufig wechselnde Anwesenheit
Stellen wir uns vor, dass immer weniger Menschen regelmäßig zu den Ratssitzungen erscheinen. Immer öfter werden Einzelne durch Ersatzmitglieder vertreten oder fehlen ganz. Für das Team bedeutet dies, dass die fehlende Kontinuität für die anstehenden Arbeitsprozesse gestört ist. Dies macht sich irgendwann bemerkbar. Ein Team braucht Menschen, die miteinander vertraut sind und gemeinsame Arbeitserlebnisse haben.

Ich empfehle vielen Räten, dass sie das oben beschriebene Vier-Phasen-Modell als Uhr zeichnen. Diese »Uhr« sollen sie in vier Teile untergliedern. Diese Phasenfelder können immer mal wieder als IST-Bewertung gepunktet werden.
Wenn die Arbeit schleppend ist, lohnt es sich immer wieder eine Bewertung des IST-Zustands im Team vorzunehmen. Die Ratsmitglieder könnten ihre Wahrnehmung in der Fragestellung »wo stehen wir gerade« mit einem Farbstift punkten, indem alle einen Punkt auf das jeweilige

Themenfeld zeichnen, in dem sie sich befinden. Es lässt sich leichter streiten, wenn z. B. in einem 11-köpfigen Rat eine Auswertung ergibt:

- 2 Räte stehen in der Verschmelzungsphase
- 2 Räte stehen in der Organisationsphase. Eine Bewertung auf dem Weg in Richtung Verschmelzung. Eine andere unten rechts am Übergang der Nahkampfphase
- 4 Räte befinden sich in der Nahkampfphase
- 3 Räte befinden sich noch in der Testphase

Es lässt sich besser besprechen, worin die Ursache für die Störung im Team liegt. Sie kommunizieren ihre unterschiedlichen Wahrnehmungen auf einer ganz objektiven Ebene, sodass es leichter ist, miteinander zu besprechen, was im Team geändert werden muss, damit die Zusammenarbeit besser klappt. Die Störung lässt sich besser beheben.

b. Teamregeln

Ein Team braucht Regeln, weil es aus Menschen zusammengesetzt ist. Es ist den Menschen ureigen, sich in Strukturen zu organisieren. So ist es auch im überbetrieblichen Team. Sie kommen aus verschiedenen Standorten, und ihre unterschiedliche Herkunft und Tätigkeitsfelder bringt eine sehr unterschiedliche Kultur und Mentalität mit sich.

Damit die Teamarbeit gelingt, könnte das Team beispielsweise folgende Vereinbarungen treffen:

- Wir schützen einen kollegialen Umgang.
- Wir handeln solidarisch.
- Wir sind gemeinsam für unseren Erfolg und Misserfolg verantwortlich.
- Wir unterstützen und helfen uns gegenseitig.
- Wir sprechen Konflikte unmittelbar und zeitnah an.
- Wir beschädigen nicht das Ansehen von anderen Teammitgliedern.
- Wir sprechen miteinander und nicht übereinander.
- Wir haben ein gemeinsames Ordnungssystem.
- Wir halten uns an Vereinbarungen.
- Wir sind zuverlässig.
- Wir arbeiten umsichtig und zeitnah.
- Wir pflegen aktiv unser Netzwerk.
- Wir verstärken nicht den Stress im Team, indem einzelne ständig an ihrer Leistungsgrenze arbeiten. Weniger ist oft mehr.
- Wir organisieren uns rechtzeitig Hilfe.
- Jeder übernimmt Eigenaktivität und Eigenverantwortung.

- Wir erleichtern uns eine erfolgreiche Zusammenarbeit im Team, indem wir umsichtig arbeiten und nicht der auslösende Moment sind, der die Arbeit der anderen erfolglos werden lässt.
- Wir fördern uns gegenseitig.

3. Arbeiten mit Profilkompetenz

Das Arbeiten mit Profilkompetenz gehört in der gesellschaftspolitischen Arbeit zu den selbstverständlichsten Vorüberlegungen, wenn Projekte erfolgreich durchgeführt werden sollen. Dieser professionelle Standard ist etwas anderes als eine Stellenbeschreibung, andererseits ist er ihr auch etwas ähnlich. Die Bezeichnung »Stellenausschreibung oder Stellenbeschreibung« wird für abhängige Beschäftigungsverhältnisse gebraucht. Das Arbeiten mit Profilkompetenzen wird in Arbeitsstrukturen verwendet, wenn die Menschen eigenverantwortlich handeln und auch die Verantwortung für ein Ergebnis tragen. In der Rolle als Räte sind die Räte für eine eigenverantwortliche und ergebnisbestimmte Tätigkeit gewählt worden! Deshalb ist es auch fachlich angebracht, das eigene Handeln oder das Handeln von anderen über Kompetenzabsprachen zu vereinbaren. Sie sind eben nicht als Betriebsrat eingestellt. Sie sind als Betriebsrat gewählt!
Arbeiten nach Profilkompetenz bedeutet, dass die Räte sich zunächst der Frage stellen:
Was muss getan werden? Wie ist dies zu bewältigen? Wer ist die dafür geeignete Person?
Das Arbeiten mit Profilkompetenzen ist besonders geeignet, wenn Sie für Aufgaben die passenden Menschen gewinnen wollen. Dafür müssen Aufgaben und das dafür erforderliche Profil deutlich formuliert sein. Formu-

lieren Sie ein Ziel, dann erstellen Sie zu diesem Ziel im ersten Schritt ein Funktionsprofil und im zweiten Schritt ein Aktionsprofil.
Ein Kompetenzprofil beantwortete die Frage nach der
- fachlichen Eignung.
- persönlichen Eignung.
- sozialen Eignung.

Beispiel: Wer hat das beste Profil für die Rolle der Vorsitzenden bzw. des Vorsitzenden?
Das Profil setzt sich aus einem Funktionsprofil (gewählte Person) und einem Aktionsprofil (fachliche, persönliche und soziale Kompetenz) zusammen.

Fachliche Eignung: Was muss getan werden?
- Einhaltung der gesetzlich geschuldeten Funktion (Kenntnisse aus dem Arbeitsrecht).
- Transparenzbereitschaft und demokratischer Arbeitsstil.
- Steuerungskompetenz für die Arbeit und das Team.

Persönliche Eignung: Wie muss es getan werden?
- Weiterbildungsbereitschaft, um Defizite auszugleichen, muss selbstverständlich vorhanden sein.
- Die Bereitschaft zum Reisen muss vorhanden sein.
- Loyalität gegenüber dem Rat ist selbstverständlich.
- Verantwortungsbewusstsein und soziale Kompetenz sind vorhanden.

Soziale Eignung: Wie muss es getan werden?
- Teamplayer, Demokrat*in. Kann diese Person sich diskriminierungsfrei verhalten.
- Freundlicher und wertschätzender Umgang mit den Räten.
- Kann sich Hilfe organisieren.
- Integre[85] Persönlichkeit.
- Hohe Konfliktkompetenz.
- Kompetenz in der Arbeitsorganisation.

Bevor der Rat eine Person für die Rolle des/der Vorsitzenden wählt oder Personen für Aufgaben wählt und bestimmt, lohnt sich ein zweiter Blick auf das **Aktionsprofil**. Hier wird sozusagen ein Kompetenzprofil mit Kernkompetenzen angereichert.

85 Das bedeutet, dass jemand ECHT und authentisch ist.

Was?	Wie macht wer was?	Selbstreflexion und Initiativkraft
• **Fachkompetenz**	• **Sozialkompetenz**	✓ Ich im Umgang mit Anderen
✓ Gewähltes Mandat! Glückwunsch.	✓ Teamverhalten	
✓ Bereitschaft zur Weiterbildung	✓ Streitkultur	
✓ Teamarbeit	✓ Streitverhalten	
	✓ Versöhnungskraft	
	✓ Einfühlungsvermögen	
	✓ Sich an Vereinbarungen halten	
	✓ Sich Hilfe organisieren	✓ Ich im Umgang mit meinem Mandat und meinem Arbeitsauftrag
	• **Methodenkompetenz** muss erworben werden. Konzeptionelle Fähigkeit, Konfliktkompetenz, Planungsvermögen, Umsetzungsvermögen, Moderationsvermögen, Kommunikationskompetenz, reflektierendes Denken, Fachwissen.	✓ Ich im Umgang mit mir
	• **Selbstkompetenz**	
	✓ Beweglichkeit	Diese Kompetenz entscheidet über Ihre Kraft und Motivation.
	✓ Akzeptanz der Beschlüsse	
	✓ Idealismus	
	✓ Zuverlässigkeit	

Was?	Wie macht wer was?	Selbstreflexion und Initiativkraft
	✓ Loyalität gegenüber der Aufgabe, Rolle und Team	
	✓ Belastbarkeit	
	✓ Gesteigerte Frustrationstoleranz	
	✓ Gewissenhaftigkeit	
	✓ Selbstbeherrschung	
	✓ Disziplin	
	✓ Mut und Tapferkeit	
	✓ Erfolgswille	
	✓ Auch mal für sich allein stehen können	
	✓ Netzwerke haben	

Der Rat hat zu entscheiden, wer die Rolle des/der Vorsitzenden übernimmt.
Zur Verdeutlichung arbeite ich wieder mit einer leichten Übertreibung.

Kandidatin A	Kandidatin B
• 12 Jahre im Amt der Vorsitzenden • Sie ist sehr fleißig in der Aufrechterhaltung der Funktion. • Sie delegiert sehr viel Arbeit. • Sie duldet keinen Streit. • Bei anstehenden Konflikten deckelt sie diese sofort zu. • Ihre letzte Weiterbildung hat vor sechs Jahren stattgefunden. Sie fühlt sich sehr kompetent. • Ihre Vorsitzfunktion führt sie machtzentriert durch. Das bedeutet, dass sie ein geheimes Netzwerk zur Verfügung hat, welches sie niemals verrät. Sie operiert taktisch mit den Räten.	• Hat keine Erfahrung in der Funktion der BR-Vorsitzenden. • Sie ist auf dem neusten Stand des Arbeitsrechts. • Sie wurde entsandt, weil sie eine besondere Gabe hat, Gruppen zur aktiven Mitarbeit zu aktivieren. • Sie ist Kampagne erfahren. Zuletzt rettete sie im Rahmen einer bundesweiten Bürgerinitiative eine Kuh. • Die Leitung kann sie überhaupt nicht leiden. Sie ist ein sogenanntes rotes Tuch. In ihrem Betrieb steht sie als Marke für Transparenz.

Kandidatin A	**Kandidatin B**
• Ihr Leitungsstil ist dominant. • Informationen an die Belegschaft werden nur sehr gefiltert weitergegeben. Sie bestimmt, was rausgeht. • Sie hat eine sehr gute Beziehung zur Leitung. • Sie gilt als besonders kampferfahren. • Sie ist eine Gewinnerin. • Wenn es für sie gewinnbringend ist, dann geht sie über Leichen.	• In ihrer Kommunikation ist sie sehr klar, deutlich und unmissverständlich. • Für die Arbeit in ihrem Herkunftsbetrieb ist es gelungen, ein bezahltes Coaching einzuführen. • Gegenüber der Kandidatin A bemüht sie sich um einen warmherzigen Umgang, welcher von dieser aufs Schärfste kritisiert wird. • Sie ist eine Gewinnerin und Verliererin. • Grundsätzlich geht sie nicht über Leichen. Sie hat einen kollegialen und demokratischen Leitungsstil. Das führt dazu, dass Diskussionen abschließend geführt werden. • Sie strebt immer den einstimmigen Beschluss an.

Ich kann Ihnen jetzt nicht sagen oder empfehlen, wer hier die Bestenauslese besteht und zur Vorsitzenden gewählt wird. Im Ringen um das Mandat muss darauf geachtet werden, dass niemand beschädigt wird. Es geht mir hier darum, für ein Bewusstsein zu werben. Eine Debatte um die Anforderungen innerhalb des Rates, um Funktionen, lohnt sich langfristig. Wenn Einverständnis herrscht, kann ein Rat seine Funktionen und Aufgaben während einer Amtsperiode umstrukturieren. Theoretisch können auch Betriebsratsvorsitzende in jeder Betriebsratssitzung neugewählt werden. Es muss nur ein Tagesordnungspunkt geben: Neuwahl Betriebsratsvorsitz. Dieser Beschluss braucht die einfache Mehrheit nach § 33 BetrVG der Betriebsratsmitglieder.
Wenn Aufgaben oder Funktionen mangelhaft besetzt werden, leidet die gesamte Rätearbeit.
Das Arbeiten mit Profilen eignet sich für alle Arbeits- und Themenbesetzungen. Es hilft Ihnen, bewusster in Ihrer Funktion und Rolle zu stehen und es vermindert die Wahrscheinlichkeit, dass es später Konflikte um die Frage gibt, ob die Vorsitzfunktion entsprechend der Erwartungen an das fachliche Können und persönliche Verhalten des amtierenden Menschen »gut genug« ist.

Was genau ist die Aufgabe? Welche Kompetenzen werden zur Erfüllung von Aufgaben gebraucht? Wer muss was warum wie tun? Wie ist die Bringschuld und Holschuld vereinbart?

a. Potentialanalyse

Bei der Vergabe von Funktionen könnte jedes Ratsmitglied bewusst und reflektiert eine eigene Einschätzung seiner Ressourcen vornehmen, um sich nicht zu überfordern oder zu unterfordern.
Eine gängige Methode ist die Potentialanalyse. Sie steht dabei für die Analyse der eigenen

- Stärke,
- Schwäche,
- Chancen und Möglichkeiten,
- Risiko- und Behinderungspotentiale,

damit die passende Person (Persönlichkeit) die Aktiva übernimmt. Wenn die richtige Person mit dem passenden Thema am richtigen Ort handelt, dann kann eine Unternehmung nur erfolgreich verlaufen. Erfolgreich bedeutet nicht immer, dass man zu 100 % sein Ziel erreicht. Manches bringt der Prozessverlauf.
Eine Potentialanalyse vorzunehmen, birgt die Chance, sich bewusst zu sein, welche Stärken und Schwächen vorhanden sind, damit die handelnden Personen und Teams klug auf die Chancen und Risiken blicken können. Es gilt, die betriebliche Arbeit (interne Sicht) auf die überbetriebliche Arbeit anzupassen (externe Sicht).
In der Rolle der überbetrieblichen Interessenvertretung kann es sein, dass eine von Ihnen oder von anderen als besondere berufliche Schwäche erkannte Eigenschaft für die externe Anforderung oder Erwartung eine riesige Chance birgt oder auch das Risiko darstellt, welches in jedem Fall zu vermeiden ist.

> **Beispiel:**
> Stellen wir uns vor, Sie sprechen sieben europäische Sprachen. Sie haben ein soziales Wesen. Deshalb sind Sie die Person für die Beschwerdeverfahren im örtlichen Betriebsrat. Leider können Sie nicht lesen und schreiben und gehen deshalb so selten wie nur möglich zur Weiterbildung. Sie können Konflikte schlecht ertragen, und deshalb übernehmen Sie schnell die Rolle der Streitschlichterin oder des Streitschlichters. Diese Kompetenz führt auch dazu, dass Sie im örtlichen BR und GBR die Verhandlungsleitung haben. Ihre absolute Stärke findet sich in Ihrer Zuverlässigkeit und Ihrer Kommunikationskompetenz. Sie kompensieren Ihre Lese- und Schreibschwäche, indem Sie immer an allen Terminen präsent sind. Sie bereichern

die Arbeit durch Ihr Wissen und Wesen. Dies sichert Ihnen die Information. Im GBR kann das Risiko, dass schriftliche Informationen von Ihnen nur bedingt übermittelt werden, reduziert werden, weil Sie über ein Spracherkennungsprogramm, welches vom Unternehmen genehmigt ist, auf Ihrem PC verfügen. Ihr Protokoll kann von Ihnen diktiert werden, um dann in Umlauf gebracht zu werden. Es könnte aber auch sein, dass Sie niemals schreiben müssen und dass alle Schriftsätze laut vorgelesen werden. Und natürlich müssen Betriebsräte nicht schreiben können, weil § 40 Absatz 2 BetrVG jedem Betriebsrat Büropersonal zur Verfügung stellen muss, wenn dies erforderlich ist.

Nun soll ein europäischer Betriebsrat gegründet werden, und die Kommunikationsflüsse werden per Internet und E-Mails koordiniert. Die Bundesrepublik Deutschland besetzt einen Platz. Sind Sie wirklich die passende Person für diese Funktion?[86]
Welche Chance bringt Ihre Nominierung und welches Risiko steht mit Ihrer Nominierung im Raum?[87]
Um eine strategische Entscheidung zu treffen, kann man sich folgendes Muster aneignen:

Intern	**Extern**	**Strategische Ausrichtung**
Stärke	Schwäche	Empfehlenswert, verfolgen, umsetzen
Stärke	Risiko	Prüfung, ob das Risiko realistisch minimiert werden kann
Schwäche	Chance	Prüfen, ob Schwäche realistisch überwunden werden können
Schwäche	Risiko	In keinem Fall zu empfehlen

Eine Potentialanalyse ist für die Ratsmitglieder eine lohnende Perspektive. Sie ist eine nützliche Entscheidungshilfe für eine anstehende Aufgabenverteilung. Verteilen Sie die Aufgaben nicht nach Eitelkeiten und Gewohnheiten. Wenn Sie etwas nicht so gut können, dann kann dies in der Regel durch die Zusammenarbeit im Team ausgeglichen werden. Es besteht kein Grund, nicht zur Weiterbildung zu gehen, weil Sie etwas noch

86 Dies gilt es zu ermitteln und miteinander abzugleichen, ganz sachlich, gemessen an der fachlichen, persönlichen und sozialen Anforderung.

87 Es könnte sein, dass so ein Mensch die besten Voraussetzungen hat, um Mitglied in transnationalen Strukturen zu sein. Warum sollen Sie nicht über eine betriebsübliche Videokonferenz miteinander in Kontakt bleiben, um sich zu besprechen? Achten Sie auf eine gute Webcam, sie hinterlässt ein vorteilhaftes Bild von Ihnen.

nicht können. Es ist die Aufgabe von Weiterbildungsprofis, dafür Sorge zu tragen, dass die Menschen lernen, was sie zu lernen haben. Wirkliche Profis können das.

b. Typenanalyse für Teams

Auch Gruppen können sich auf dem Weg zur Teambildung einer Schwächen-Stärkenanalyse bedienen. Dabei geht es nicht darum, Menschen zu stigmatisieren oder ihnen etwas in Abrede zu stellen. Vielmehr geht es darum zu erkennen, dass Menschen in ihrem Verhalten das Ergebnis ihrer Lebenserfahrungen sind. Unser Verhalten ist geprägt durch die Einflüsse von Familie, Kindergarten, Schule, Ausbildung, Beruf, Umwelt, sozialem Klima, in dem wir aufgewachsen sind oder in welchem wir derzeit leben. In Teams finden sich vier Verhaltenstypen, die eine Teamkultur formen, und jede hat ihre Qualität und Voraussetzung, die Teamarbeit zu fördern. Je nach Kontext oder Fragestellung kann jeder Typ in seinem Verhalten wechseln. Das ist ganz normal und menschlich intelligent.

Dominanz/Distanz	**Kreativität/Wechsel**
• eigenständig • entscheidungsfähig • rationalisierend • arrogant • starker Wille • Risikobereitschaft • wettbewerbsorientiert • rivalisierend – aggressiv	• ergreift Initiative • Einfallsreichtum • entwickelt assoziativ Alternativen • bereichernde Lebendigkeit • kreativ • undogmatisch/»chaotisch« • Improvisationstalent
gewissenhaft/Dauer	**stetig/Nähe orientiert**
• systematisch • ganz gerade und ordentlich • geduldig • achtet auf Regeln + Ordnung • liebt den persönlichen Austausch • bewacht die Folgen des Handelns • analysiert Konsequenzen	• arbeitet mit anderen zusammen, um Ergebnisse zu erzielen • systematisch • anpassungsfähig • konfliktvermeidend • kontaktfähig • verständnisvoll • ausgleichend • aggressionsgehemmt zum Wohle aller arbeiten wahre Gefühle sollen Raum haben »echt«, wahrhaftig, authentisch

Alle Persönlichkeitstypen haben ihre wichtige Bedeutung für das Gelingen der Anforderungen. Es hilft, wenn sich alle im jeweiligen Moment darüber bewusst sind, ob ihr Typ zu diesem Anlass wirklich in der ersten Reihe aufgestellt sein muss.
Denken Sie daran, dass es davon abhängt, in welchem Kontext Sie sich wie verhalten. Alle Verhaltenstypen sind »goldrichtig« in der Interessenvertretung. Man nennt so etwas Vielfaltsmanagement. Eine Kompetenz, die auf Leitungsebene für »teures Geld« geschult werden muss.[88] Im gewählten Gremium entsteht sie von selbst. Für das Konfliktmanagement bedeutet dies: Hören Sie auf damit, im »Alt-Mackertum« von anderen zu erwarten, was Sie eigentlich nur von sich selbst erwarten können.
Bedenken Sie: »Wenn ich mir wünschen würde, dass Sie so sind wie ich, dann würde ich mir, während ich Sie dabei beobachte, wie Sie sich bewegen, als seien Sie ich, stets wünschen, dass ich ganz schnell wieder ich bin!« Bedenken Sie immer, dass Sie einzigartig sind; ebenso wie jeder andere Mensch.

Praxistipp:
Es sagt:

Der Dominanztyp:	Wer hat das genehmigt?
Der Kreative – Wechseltyp:	Oh, wie schön, und wo kann ich mitmachen?
Der stetige und Nähe orientierte Typ:	Oh, und was darf ich für uns tun?
Der gewissenhafte Dauer Typ:	Wie ist das Verfahren, die Struktur?

D-Typ	K-W-Typ
Motivation	Motivation
Gelegenheit nutzen, um sich zu behaupten	Möglichkeit suchen, Spaß zu haben. Mag mit Menschen umgehen, will andere verstehen.
Ziel + Absicht	Ziel + Absicht

88 Technik NLP = Neurolinguistisches Programmieren. Verkürzt: Ich stelle mich auf meine Hörer*innen oder mein Publikum ein und begegne ihnen in ihren Welten. Wenn ich feststelle, dass sie in Bildern sprechen, dann vermittle ich mein Wissen in Bildersprache. Sie haben dann den Eindruck, dass wir uns ähnlich sind, und das schafft Vertrauen. Glauben Sie niemals, dass andere so sind wie Sie! NLP ist eine Technik, die alle Personaler*innen kennen. Schützen Sie sich vor Manipulationen. Niemand ist wie Sie. NLP kann missbräuchlich angewandt werden und zum Wohle der Anwesenden eingesetzt werden. Schützen Sie sich.

D-Typ	**K-W-Typ**
Das Umfeld formen, im Wollen. Widerstand überwinden, um Ergebnisse zu erzielen.	Umfeld formen, will andere einbinden, um Ergebnisse zu erzielen.
Furcht	Furcht
Angst, bezwungen zu werden.	benachteiligt zu werden.
Grundbedürfnis	Grundbedürfnis
Unabhängigkeit	akzeptiert zu werden.
G-D-Typ	**S + N-Typ**
Motivation	Motivation
Möglichkeit nutzen, andere fair zu behandeln. Fehler vermeiden, ordnungssorgend, Gefahr abweisen.	zum Wohle Aller zu handeln, authentisch zu sein.
Ziel + Absicht	Ziel + Absicht
Nachhaltigkeit sicherstellen	Mit anderen zusammenarbeiten, um Ergebnisse zu erzielen.
Furcht	Furcht
kritisiert zu werden, Fehler zu machen.	allein gelassen zu werden.
Grundbedürfnis	Grundbedürfnis
100 % sein!	Sicherheit + Liebe »will gemocht werden.«

Ihre Motivation, Ihre Ziele, Ihre Absichten, Ihre Furcht und das Grundbedürfnis und die Qualität Ihres Handelns sind geprägt von Ihren Schwächen und Stärken in einem jeweils anliegenden Thema oder Kontext.
Sie können in Ihrer Freizeit, als Liebespartner, am regulären Arbeitsplatz oder in der Rolle der Interessenvertretung einen jeweils anderen Persönlichkeitstyp einnehmen und mit diesem den Teamerfolg stärken oder beschädigen. Siehe dazu Abschnitt A aus diesem Buch. Wer kann gut mit wem?
Am besten arbeiten Typen miteinander, die diagonal zueinander passen. Sie können sich ergänzen.

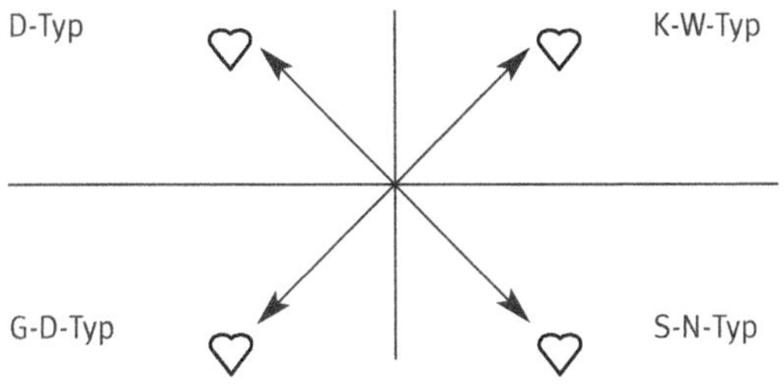

Zu schleppendem Arbeitsergebnis kommt es, wenn vertikale Typen miteinander arbeiten. Sie produzieren Wertekonflikte, weil sie **um Weg und Ziel** miteinander konkurrieren.

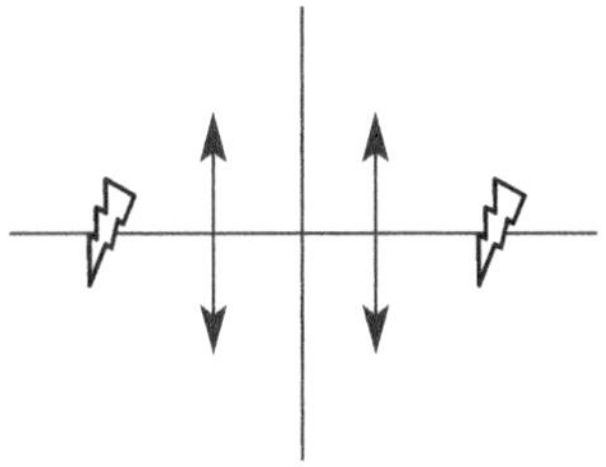

Zu keinem Ergebnis und heftigen Konflikten kommt es, wenn horizontale Typen miteinander arbeiten, weil sie nicht die gleichen Motive für ihren Arbeitseinsatz haben.
Sie streiten **um das Motiv**.

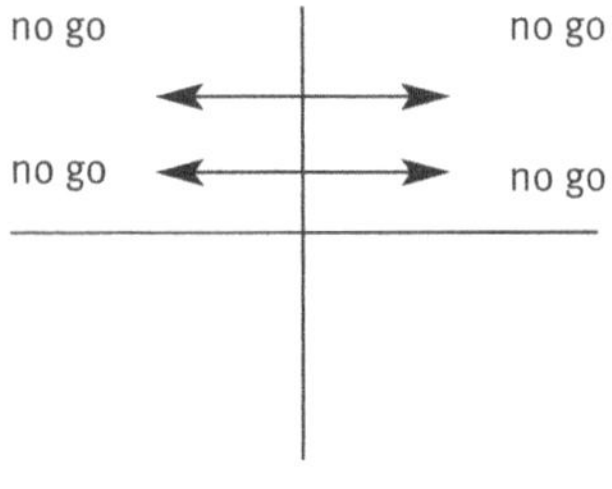

c. Leitungskompetenz

Vorsitzende oder andere Ratsmitglieder mit Geschäftsführungsaufgaben haben in erster Linie die Geschäftsführungsaufgaben zu **moderieren.**

In diesem Themenfeld etwas von der Qualität der gewissenhaften und der auf Dauer ausgerichteten Verhaltenstypen in sich zu tragen, ist von Vorteil. Wenn die Beteiligung an den Sitzungen sich ausdünnt und die Beschlussfähigkeit gefährdet ist, dann müssen Vorsitzende in die Dominanz gehen und die Räte mit ihrer Kritik konfrontieren. Wenn es darum geht, das Team in die Aktivität zu bringen oder aus einer Depression zu befreien, dann hilft eine hohe soziale Kompetenz und auch Erneuerungsgeschick. Hier stehen die Kreativität und die Lebensfreude ganz vorne an. Im Kontakt mit anderen Räten hilft ein Nähe orientierter Umgang.

Wie Sie als Leitung zur Marke werden, entscheidet darüber, welchen Leitungsstil Sie bevorzugen. Ein wirkliches »Richtig oder Falsch« gibt es dabei nicht. Meine Erfahrung ist, dass jedes Team die Leitung hat, die es verdient. Es kommt weniger auf die Frage an, wie das Team geleitet wird. Es geht um die Frage, warum sich das Team freiwillig von einem bestimmten Leitungsstil leiten lässt.[89]

Leitungsvarianten[90]

- Autoritäre Leitung
- Demokratische Leitung
- Laisser-faire-Führung oder Laissez-faire-Leitung (aus dem Französischen: »gewähren lassen«)
- Gruppenbezogener Leistungsstil
- Situativer Leitungsstil

Zwischen Leitungsstilen besteht die Möglichkeit, Mischformen zu wählen und Abstufungen vorzunehmen. Für die Interessenvertretung favorisiere ich den situativen Leitungsstil oder gruppenbezogenen Leitungsstil. Sie müssen sich die Erlaubnis holen in Absprache mit dem Gremium, damit Sie in einem bestimmten Leitungsstil in Erscheinung treten dürfen oder sollen. Diese Absprache verringert den zukünftigen Konflikt um die Frage »wie jemand etwas macht«.

aa. Autoritärer bzw. hierarchischer Leitungsstil

Die Leitung gibt Anweisungen, Aufgaben und Anordnungen weiter, ohne die Teammitglieder in die Entscheidung einzubeziehen. Von ihren Teammitgliedern erwartet die Leitung nahezu bedingungslosen Gehorsam,

89 Ein philosophisches Thema.

90 In der BR-Arbeit ist es unangemessen, Leitung mit Führung gleichzusetzen. Niemand hat die einseitige Gelegenheit, etwas zu entscheiden. Insoweit kann auch niemand führen, nur leiten oder begleiten. Betriebsratsmitglieder handeln im Rahmen der Betriebsratsbeschlüsse. Siehe § 33 BetrVG.

und sie duldet keinen Widerspruch oder Kritik. Bei Fehlern wird bestraft, statt zu helfen.
Dieser Leitungsstil ist in der kollektiven Interessenvertretung völlig deplatziert, da ihre Mitglieder nicht Angestellte im Rat sind, sondern demokratisch gewählte Mitglieder. Betriebsratsmitglieder sind in ihrer Rolle gewählte Souveräne, nicht Angestellte oder Freunde.

bb. Demokratischer oder auch kooperativer Leitungsstil

Die Leitung moderiert die Ratsmitglieder und das Geschehen. Echte Diskussionen werden ermöglicht und das Team erhält die erwartete sachliche Unterstützung. Bei Fehlern wird in der Regel nicht bestraft, sondern geholfen. Hier spiegelt sich hohe soziale und emotionale Kompetenz.[91]

Vorteile des Leitungsstils:

- Hohe Motivation der Ratsmitglieder durch Beteiligung.
- Förderung der Leistungsfähigkeit und höhere Selbständigkeit.
- Höhere Identifikation mit der Tätigkeit des Rates.
- Offene Kommunikationsstrukturen.

91 Götzfried, Seite 10ff.

Nachteile des Leitungsstils:
- Die Entscheidungsgeschwindigkeit ist verlangsamt bzw. verzögert sich, weil alle Ratsmitglieder ausreichend informiert werden müssen. Viele Köpfe produzieren Ideen.
- Ratsmitglieder müssen hinreichend qualifiziert sein.

cc. Laissez-faire-Leitungsstil

Der Laissez-faire-Leitungsstil lässt allen Mitgliedern viele Freiheiten. Die Ratsmitglieder bestimmen ihre Arbeitstechnik, die Aufgaben und die Organisation selbst. Die Leitung greift nicht in das Geschehen ein, sie hilft und bestraft auch nicht. Sie vertraut auf das Können der Teammitglieder.[92]

Vorteile des Leitungsstils
- Gewährung von Freiheiten fördert die eigenständigen Arbeitsweisen der Ratsmitglieder.
- Die Ratsmitglieder können ihre Entscheidungen eigenständig treffen und ihre Individualität wird gewährt.
- Dieser Leitungsstil wird oft in »Kreativ«-Betrieben und Unternehmen angewandt.

92 Ebenda.

Nachteile des Leitungsstils

- Kompetenzstreitigkeiten könnten den Prozess behindern.
- Es kann zu Rivalitäten und Streitereien zwischen den Ratsmitgliedern kommen, sodass sich informelle Gruppen bilden und Außenseiter benachteiligt werden.
- Es besteht die Gefahr, dass unproduktive Arbeitsgruppen nicht gefördert werden.

dd. Gruppenbezogener Führungsstil

Dieser Führungsstil richtet sich nach den einzelnen Gruppenmitgliedern bzw. nach den Persönlichkeiten in der ganzen Gruppe.[93] Jedes Ratsmitglied wird anders behandelt, entsprechend seinem Verhalten und Benehmen und seinem Ansehen in der Gruppe. Jede Gruppe ist als Gesamtheit je nach ihrer Gruppenart unterschiedlich zu führen. Es sind folgende gruppenorientierte Leitungsstile zu unterscheiden:

- Integration der Neuen und Außenseiter, z. B. durch geschicktes Heranführen an die Gruppe und durch Anbieten von Hilfe.
- Anspornen von Drückebergern, Faulen und Leistungsschwachen, z. B. durch gezieltes Aktivieren ihrer Leistungsreserven und klar definierte Ziele. Dies gilt auch für leistungsschwache Gruppen als Ganzes.
- Fördern der Leistungsstarken und Gruppenstars, z. B. durch Übertragung von Kompetenzen und Verantwortung. Auch leistungsstarke Gruppen benötigen angemessene Anreize, beispielsweise Gruppenlob bei hervortretenden Gruppenleistungen.
- Wertschätzung ist auch bei Frohnaturen, ausgleichenden und geselligen Gruppenmitgliedern angebracht, z. B. durch Anerkennung ihrer Gruppenbeiträge bzw. durch Würdigung ihrer Gruppenerhaltungsrollen.
- Bremsen der Frechen, Rädelsführer*innen, Ehrgeizlinge, Intriganten und Gruppenclowns. Sehr unruhige Gruppen sind z. B. durch den Ruf nach der Einhaltung von Vereinbarungen auf die Leistungsziele hinzuführen.
- Ermutigen der schüchternen und problembeladenen Ratsmitglieder, z. B. durch Ermunterung, Verständnis, Anteilnahme und positive Haltung. Stille Gruppen sind als Ganzes ebenfalls ermutigend zu führen, um ihr Selbstbewusstsein zu stärken.

---

93 Ebenda, Seite 17 ff.

ee. Situativer Führungsstil

Dieser Leitungsstil ist abhängig von einer aktuellen Leitungssituation zwischen den unterschiedlichen Rollen als Vorsitz oder als Ratsmitglied und der jeweiligen Situation. Je nach Notwendigkeit wird die situative Leitung ihre jeweilige Leistungssituation mit einem unterschiedlichen Leitungsverhalten mit unterschiedlichen Werkzeugen und Möglichkeiten der bekannten Führungsstile anwenden.
Dieser Leitungsstil ist neueren Datums. In Führungskräftecoachings erfreut sich diese Technik einer zunehmenden Beliebtheit.

> **Hinweis:**
> Innerhalb einer Arbeitsbeziehung zwischen »Gleichen unter Gleichen« MUSS dieser Leitungsstil möglichst einstimmig beschlossen sein, damit alle Anwesenden Freude an dieser Vereinbarung haben.

d. Ausblick

Sie müssen im Rat besprechen, welcher Leitungsstil wann und wo angemessen ist. Da der gesamte Rat demokratisch gewählt wurde, muss abgesprochen sein, wie eine Gruppe moderiert werden möchte. Leitungsarbeiten kann man in Gruppen gut verteilen. **Für die Teamarbeit favorisiere ich den Gruppenleitungsstil. Im Umgang mit der Unternehmensleitung bietet sich der situative Führungsstil an.**

Sie bleiben damit flexibel und sind weniger vorhersehbar und berechenbar. In Hamburg würden wir sagen, dass Sie dann aalglatt sind. Das ist nicht immer ärgerlich.

Wenn es für Sie schwierig ist, unterschiedliche Stile zu praktizieren, dann teilen Sie sich die Arbeit mit jemand anderem, dann haben Sie es gar nicht nötig, alles allein zu bewältigen. Hierin findet sich der Unterschied zwischen einer Unternehmensleitung und einem Betriebsrat. Betriebsräte kommunizieren Kollektiventscheide. Das Praktizieren von unterschiedlichen Leitungsstilen kann unterstützt werden, wenn die Moderation auf unterschiedliche Menschen verteilt wird. Manchmal muss man dann zu zweit anwesend sein oder gar ganz als Gruppe.[94]

Die Moderation der Leitung kann per Geschäftsverteilungsplan zugeordnet werden. Damit könnte wenigstens dem Anliegen nach einem unterschiedlichen Leitungsstil im »Innen- und Außenverhältnis« Genüge getan werden. Teams tun sich keinen Gefallen damit, wenn sie die Moderation von Leitungsmomenten nicht aufteilen. Es kann sehr konfliktträchtig zugehen, wenn solch ein Bedürfnis nicht abgesprochen ist.

4. Zeitplanung

Für ganz neue Räte ist es überraschend, dass sie wirklich lernen müssen, ihre Zeit selbst zu moderieren. Man trifft sich nicht von Mal zu Mal, von Anlass zu Anlass. Die gesamten Arbeitsprozesse sind auf überbetrieblicher Ebene miteinander zu verbinden. Alle Räte brauchen konkrete Zeitpläne und auch Zeitleisten, die aufeinander abgestimmt sind. Regeln die Räte dies nicht, dann werden sie auch nichts wirklich Gehaltvolles auf die Reihe bekommen. Hier ist wenig Platz für Sponti-Technik.

Um erfolgreich zu arbeiten, brauchen die Räte kontinuierlich gemeinsame Zeit.

Im gesamten Rat haben Sie ihre Zeit miteinander abzustimmen und sich zu vereinbaren, wann Sie welche Termine brauchen, damit Sie ihre Ziele erreichen. Hier ist eine **Jahresplanung** für alle wichtigen Anliegen üblich. Versuchen Sie in ihrer Terminierung, wiederkehrende Termine immer auf den gleichen Wochentag zu legen. So könnte z. B. Ihre örtliche Betriebsratssitzung immer auf einem Dienstag liegen, während der GBR oder KBR immer mittwochs und/oder donnerstags tagt. Das prägt sich besser ein.

---

94 Es ist üblich, dass niemand allein mit dem Arbeitgeber/der Arbeitgeberin spricht!

Sichern Sie sich die Freistellung für diese Termine. Vor Ort produzieren Sie weniger Störungen, wenn Sie örtlich Bescheid sagen können, wann Sie im kommenden Jahr abwesend sind. Es hilft z. B., ab Oktober die Termine für das kommende Jahr vorzulegen.
Planen Sie

- Zeit für regelmäßige jährliche Sitzungen.
- Zeiten für Ausschüsse.
- Zeiten für Versammlungen.
- Zeit zum Bearbeiten der Themen und Teilziele.
- Zeiten für gemeinsame Qualifizierungen.
- ?!

Beachten Sie die persönliche Zeitplanung aller Räte und vergessen Sie nicht Ihre dringenden privaten Jahrestermine (Hochzeiten, Geburten, Urlaub, Geburtstage ...). Das ist wichtig für Ihren Energiehaushalt! Hier geht es um Ihre persönliche Work-Life-Balance. Wer sich keinen privaten Ausgleich zum Beruf gönnt, hat es sehr schwer, die nötige Energie auf Dauer aufzubringen. Sicherlich kennen Sie den Satz: Erst Feuer und Flamme, dann lichterloh!

a. Arbeiten mit Zeitleisten

Das Arbeiten mit Zeitleisten fördert die Übersicht. Legen Sie sich im Computerprogramm Jahresübersichten zu. Diese Jahresübersichten sind so zu führen, dass alles Wichtige in einem Kalender oder Programm für alle Räte zugänglich ist. Entweder haben Sie für diese Aufgabe ein Sekretariat oder Sie müssen sich eines leicht erlernbaren Systems bedienen, damit alle Räte auf alle wichtigen Termine blicken können. Die Bearbeitung sollte nur eine Person und Stellvertretung übernehmen. Alle anderen haben Leserechte. Es kommt sonst zu Fehlbuchungen und Mehrarbeit.

	Jan.	Feb.	März	April	Mai	Juni	Juli	Aug.	Sept.	Okt.	Nov.	Dez.
1.												
2.												
3.												
4.												
5.												
6.												
7.												
8.												
9.												
10.												
11.												
12.												
13.												
14.												
15.												
16.												
17.												
18.												
19.												
20.												
21.												
22.												
23.												
24.												
25.												
26.												
27.												
28.												
29.												
30.												
31.												

aa. Grundsätzliches im Umgang mit betriebsrätlicher Zeit

Grundsätzlich ist die Betriebsratsarbeit nach § 37 Absatz 2 BetrVG für jedes Betriebsratsmitglied Arbeitszeit! Die Ehrenamtsklausel aus § 37 Absatz 1 BetrVG stellt klar, dass die Betriebsräte für ihre gemeinwohlorientierte und soziale Arbeit im Betrieb zu achten und zu ehren sind! Betriebsräte dürfen nicht für ihre Betriebsratsarbeit besonders bezahlt werden. Niemand hat das Recht, sein Gehalt durch die Tätigkeit als Betriebsrat zu verbessern,[95] ganz im Gegenteil, die Betriebsräte stehen dann im Verdacht korrupt zu sein! Dies ist nach § 119 Absatz 1 Nr. 3 BetrVG eine Straftat, die mit Geldstrafe oder Gefängnis bestraft werden kann.

Im betriebsrätlichen Alltag ist es für alle nicht ständig nach § 38 BetrVG freigestellten Betriebsratsmitglieder ungemein schwer, die originäre betriebliche Tätigkeit mit dem betrieblichen Ehrenamt zu vereinbaren. In

95 D/K/W, § 37 RZ 3f.

der Regel halten die betrieblichen Verantwortlichen nicht genügend Personal vorrätig, damit das Kollegium die Abwesenheit der Betriebsräte an ihrem Arbeitsplatz ausgleicht.
Dies hat für viele Betriebsräte zur Folge, dass sie enormen Kränkungen im Betrieb ausgesetzt sind. Natürlich wollen die Beschäftigten, dass die Betriebsräte für sie bessere Arbeitsbedingungen und bessere Lebensbedingungen schaffen. Was sie nicht wollen, dass die Betriebsräte für die Herstellung dieser Verbesserung am Arbeitsplatz fehlen.
Diese Ambivalenz müssen aktive Betriebsräte aushalten. Hier hilft möglicherweise ein Bericht auf einer Betriebsversammlung. Betriebsräte sollten das Kollegium in Kenntnis setzen, dass sie am Arbeitsplatz fehlen, weil sie für alle Beschäftigten bessere Arbeitsbedingungen erschaffen. Eine Betriebsversammlung ist ein guter Ort, um die Betriebsleitung aufzufordern, mehr Personal einzustellen, damit die Kolleg*innen nicht belastet werden oder überlastet werden, nur weil sie ihren gesetzlichen Pflichten nachkommen.
Die Betriebsleitung hat es in der Hand, wieviel Zeit die einzelnen Betriebsräte für ihre Arbeit benötigen. Wenn sie sich wahrhaftig verhalten würden und ihre Informationspolitik so gestalten, dass die Betriebsräte verstehen können, welche Absichten und Ziele – kurzfristig, mittelfristig und langfristig – die Leitung verfolgt, dann könnte die betriebsrätliche Zeit effizienter eingesetzt werden. Oft sind es betriebliche Machtspielchen, die einer professionellen Betriebsratsarbeit im Wege stehen.
Leider herrscht in vielen Betrieben ein Angstklima. Die Beschäftigten sind so unter Druck gestellt, dass sie sich vor Racheakten ihrer unmittelbaren Vorgesetzten fürchten, wenn sie Kritik äußern. Da ist es leicht, aus der eigenen Angst und Feigheit heraus einzelne Betriebsräte unter Druck zu setzen, als sich bei der Stelle zu beschweren und um Abhilfe zu bitten, die verantwortlich für die Personalpolitik ist.
Als Betriebsratsmitglied muss sich ein dickes Fell zugelegt werden. Es ist oft vertane Zeit, mit den bedürftigen und schwachen Kolleg*innen zu diskutieren. Sie wollen einfach nur Frust ablassen und der Betriebsrat ist für sie ein gutes Ventil. Der Betriebsrat muss auf oberster Betriebsebene für Abhilfe sorgen. Hilfsweise müssen Betriebsräte ihre Vorgesetzten nach § 23 Absatz 3 BetrVG, unter Androhung von 10 000,00 € Ordnungswidrigkeitsgeld, verurteilen lassen, damit die Beschimpfung der aktiv demokratisch legitimierten Betriebsräte unterbleibt. Niemand kann auf Dauer ein Ehrenamt mit Freude erfüllen, wenn sie oder er dafür ständig unter unberechtigtem Beschuss steht.

bb. Freistellung nach § 37 Absatz 2 und § 38 BetrVG/Beschlussfassung

Die gesetzliche Freistellung der Betriebsratsmitglieder für ihre professionelle Betriebsratstätigkeit ist gesetzlich in zwei unterschiedlichen Paragrafen geregelt.

Ständige Freistellung nach § 38 BetrVG

Die ständige Freistellung der Betriebsräte nach § 38 BetrVG hängt von der Anzahl der Beschäftigten ab, die in der Wählerliste zur Betriebsratswahl aufgeführt worden sind. Es handelt sich bei der Berechnung um eine Mindestfreistellung der Betriebsratsmitglieder. Der Gesetzgeber unterstellt an dieser Stelle, dass eine professionelle und damit ordentliche Betriebsratstätigkeit ab einer bestimmten Größe nicht ohne ständige Freistellung zu gewährleisten ist. Selbstverständlich kann die Betriebsleitung auch mehr als die gesetzliche Mindestfreistellung gewähren. Betriebsräte können nach § 38 Absatz 1 Satz 1 BetrVG auch eine höhere Anzahl an freizustellenden Betriebsratsmitgliedern verhandeln. Allerdings unterliegt die Bewilligung der zusätzlichen Freistellung der freiwilligen Zustimmung der Arbeitgeber*in.

Betriebsräte können selbst entscheiden, welches Mitglied in die ständige Freistellung geht. Die freizustellende Person wird in einer Betriebsratssitzung gewählt. Niemand hat einen automatischen Anspruch auf die Freistellung! Ich kenne genügend Betriebsratsvorsitzende, die nicht ständig freigestellt sind.

Die Betriebsräte beschließen (§ 33 BetrVG), wer von ihnen freigestellt werden soll. Die Freistellung ist mit der Arbeitgeber*in zu beraten (§ 38 Absatz 2 Satz 1 BetrVG). Dies bedeutet, dass die Arbeitgeber*in Empfehlungen oder Anregungen aussprechen darf. Der Betriebsrat entscheidet autonom in seiner Betriebsratssitzung per Beschluss, welche Person nun freizustellen ist. Ist die Arbeitgeber*in nicht einverstanden mit der freizustellenden Person, kann sie innerhalb von 14 Tagen nach dem Beschluss des Betriebsrats die Einigungsstelle einberufen (§ 38 Absatz 2 Satz 3 BetrVG). Versäumt die Arbeitgeber*in die Anrufung der Einigungsstelle, gilt die Zustimmung zur Freistellung der Person als genehmigt! Siehe dazu § 38 Absatz 2 Satz 7 BetrVG. Der Gesetzgeber hat sich für diese Regelung entschieden, damit die Betriebsräte schnellstmöglich Bescheid wissen und mit ihrer professionellen ehrenamtlichen Tätigkeit beginnen können.

Die ständig freigestellten Betriebsräte haben nicht die Funktion, die komplette Betriebsratsarbeit zu bearbeiten, sodass sich das Gremium damit begnügen darf, auf den jeweiligen Betriebsratssitzungen wohl portioniert zu konsumieren, was die freigestellten Betriebsratsmitglieder erarbeitet haben. Ständig freigestellte Betriebsräte brauchen ihre Zeit

- für die gesamte Büroorganisation.
- für die Organisation von Sprechzeiten.
- für die Kommunikation mit der Betriebsleitung.
- für die Vorbereitung/Nachbereitungen von Sitzungen.
- für das Lesen der E-Mails und Recherchearbeiten.
- für die täglichen Kummergespräche mit Kolleg*innen.
- für die Mitarbeit an personellen Einzelmaßnahmen.
- für die Anwesenheit in Projektgruppen.
- für das Vorbereiten und Nachbereiten von standardisierten Aufgaben.
- für die Motivationsarbeit der nicht freigestellten Betriebsratsmitglieder, damit diese sich verlässlich in Projektgruppen oder Ausschüssen nach § 27, § 28 und § 28a BetrVG einbringen.

Wie schon erwähnt: Der Gesetzgeber kann es sich ab einer bestimmten Betriebsratsgröße nicht vorstellen, dass ein Betriebsrat professionell arbeiten kann, wenn er sich ewig Zeit für die Realisierung seiner Aufgaben erkämpfen muss.

Praxistipp:
In der Praxis ist es nicht unbedingt üblich, dass eine Person die gesamte Freistellungszeit erhält. Je nach betrieblicher Erforderlichkeit und der Be-

reitschaft der Betriebsratsmitglieder teilen sich unterschiedliche Betriebsratsmitglieder die Freistellung. Wenn vier Personen sich eine 40 Std.-Woche teilen, dann hat jede*r 10 Stunden in der Woche Zeit für die Betriebsratsarbeit. Hier empfiehlt es sich auch Teilzeitkräfte mit zu bedenken, da diese in der Regel angewiesen sind auf feststehende Zeiten.

cc. Betriebsratsarbeit in Teilzeit

Eine der größten betrieblichen Herausforderungen stellt das betriebsrätliche Engagement in Teilzeit dar. Es gibt zahlreiche unterschiedliche Gründe, warum Menschen in Teilzeit arbeiten müssen oder wollen.
In der Ausgangslage haben die Arbeitgeber*innen privatrechtlich einen Vertrag vereinbart, der besagt, dass die Beschäftigten nur für eine sehr geringe Zeit betrieblich zu funktionieren und einsetzbar sind. In der betriebsrätlichen Arbeit erfahre ich mehrheitlich, dass Arbeitgeber*innen sich nicht an diese Vereinbarung in der Alltagsanwendung halten wollen oder mögen.
Wie ist die Rechtslage?
Zunächst dürfen Teilzeitbeschäftigte nach **§ 1**[96] **und § 4**[97] **und § 5**[98] **Teilzeit- und Befristungsgesetz** nicht benachteiligt werden. Jede Schlechter-

96 § 1 TzBfG: »Ziel des Gesetzes ist, Teilzeitarbeit zu fördern, die Voraussetzungen für die Zulässigkeit befristeter Arbeitsverträge festzulegen und die Diskriminierung von teilzeitbeschäftigten und befristet beschäftigten Arbeitnehmern zu verhindern.«

97 § 4 TzBfG: »(1) Ein teilzeitbeschäftigter Arbeitnehmer darf wegen der Teilzeitarbeit nicht schlechter behandelt werden als ein vergleichbarer vollzeitbeschäftigter Arbeitnehmer, es sei denn, dass sachliche Gründe eine unterschiedliche Behandlung rechtfertigen. Einem teilzeitbeschäftigten Arbeitnehmer ist Arbeitsentgelt oder eine andere teilbare geldwerte Leistung mindestens in dem Umfang zu gewähren, der dem Anteil seiner Arbeitszeit an der Arbeitszeit eines vergleichbaren vollzeitbeschäftigten Arbeitnehmers entspricht.
(2) Ein befristet beschäftigter Arbeitnehmer darf wegen der Befristung des Arbeitsvertrages nicht schlechter behandelt werden als ein vergleichbarer unbefristet beschäftigter Arbeitnehmer, es sei denn, dass sachliche Gründe eine unterschiedliche seiner Behandlung rechtfertigen. Einem befristet beschäftigten Arbeitnehmer ist Arbeitsentgelt oder eine andere teilbare geldwerte Leistung, die für einen bestimmten Bemessungszeitraum gewährt wird, mindestens in dem Umfang zu gewähren, der dem Anteil Beschäftigungsdauer am Bemessungszeitraum entspricht. Sind bestimmte Beschäftigungsbedingungen von der Dauer des Bestehens des Arbeitsverhältnisses in demselben Betrieb oder Unternehmen abhängig, so sind für befristet beschäftigte Arbeitnehmer dieselben Zeiten zu berücksichtigen wie für unbefristet beschäftigte Arbeitnehmer, es sei denn, dass eine unterschiedliche Berücksichtigung aus sachlichen Gründen gerechtfertigt ist.«

98 § 5 TzBfG: »Der Arbeitgeber darf einen Arbeitnehmer nicht wegen der Inanspruchnahme von Rechten nach diesem Gesetz benachteiligen.«

stellung der Teilzeitkräfte im Vergleich zu Vollzeitkräften stellt eine verbotene Diskriminierung dar!
Eine in der Praxis oft unbekannte Norm stammt aus dem BGB. Nach § 612a BGB[99] darf ein*e Arbeitgeber*in ihre Arbeitnehmer*innen nicht benachteiligen, weil diese in zulässiger Weise ihr Recht nutzt.
Das bedeutet, dass alle Arbeitgeber*innen alles daransetzen müssen, dass ihre Teilzeitbeschäftigten eine professionelle Betriebsratsarbeit ebenbürtig zu den Vollzeitkräften bewältigen können! Sie dürfen nicht benachteiligt werden!

Praxistipp:
Als Betriebsratsmitglied sollten Sie im ersten Schritt deutlich machen, wie Ihr privates Zeitbedürfnis zu gestalten ist. Der Betriebsrat sollte in einem Gespräch mit der Arbeitgeber*in verhandeln, wie dieses Bedürfnis nach einer betriebsratstauglichen Zeit aussehen kann. Taktisch ist es unklug, der Arbeitgeber*in ein Konzept vorzulegen und im Anschluss um Zustimmung zu bitten. Konfrontieren Sie Ihre Arbeitgeber*in mit der Gesetzeslage und lassen Sie im ersten Schritt, die Arbeitgeber*in formulieren, wie aus ihrer Sicht eine gesetzeskonforme Gestaltung der Betriebsratsarbeit aussehen kann! Argumentieren Sie, dass Betriebsratsarbeit ein Baustein der bundesdeutschen Demokratie ist. Erinnern Sie Ihre Arbeitgeber*in daran, dass auch sie die demokratischen Spielregeln in der BRD zu achten hat. Es ist unlauter, sich einen Wettbewerbsvorteil zu verschaffen, indem antidemokratische Verhältnisse zu Grunde gelegt werden. Genießen Sie den Moment, Ihre Arbeitgeber*in beim Denken zu beobachten. Sie erfahren aus dieser Reihenfolge sehr viel über die Haltung der Arbeitgeber*in in Bezug auf ihr demokratisches Verständnis!

Erst im zweiten Schritt sollte der Betriebsrat einen betriebsrätlichen Beschluss nach § 33 in Verbindung mit § 37 Absatz 2 BetrVG fassen, damit die Teilzeitkräfte nicht in ihrem demokratischen Beteiligungseinsatz diskriminiert werden. Nur die Teilzeitkräfte selbst können sagen, wie Bedingungen zu gestalten sind, damit auch sie eine professionelle Betriebsratsarbeit leisten können.
Diesen Weg zu wählen, ist bedeutend einfacher. Es kränkt die Teilzeit-Betriebsräte, wenn sie sich offenbaren und die Arbeitgeber*in reagiert sich mit »Nichtzustimmung« zu jedem Vorschlag ab. Soll doch die Arbeitgeber*in formulieren, wie sie die Einhaltung der gesetzlichen Vorgaben

99 § 612a BGB: »Der Arbeitgeber darf einen Arbeitnehmer bei einer Vereinbarung oder einer Maßnahme nicht benachteiligen, weil der Arbeitnehmer in zulässiger Weise seine Rechte ausübt.«

umsetzen möchte. Für den Fall, dass Arbeitgeber*innen sich weigern diskriminierungsfreie Bedingungen zu schaffen, müsste der Betriebsrat das Arbeitsgericht zur Unterstützung seiner berechtigten Anliegen hinzuziehen. Spätestens im Arbeitsgericht wird die Arbeitsrichter*in eine Antwort von ihrer Arbeitgeber*in abfordern. Vor dem Arbeitsgericht endet »das Sandkistenspiel«.
Ich kann verstehen, wenn Sie jetzt sehr viele konzeptionelle Ideen von mir erwarten, wie die Betriebsratsarbeit in Teilzeit gelingen kann. Da ich nicht in Ihrer Haut stecke und ich nicht in Ihren regionalen und betrieblichen Strukturen stehe, ist es mir nicht möglich, diesem Bedürfnis zu genügen. Ich biete Ihnen eine Gesetzesdeutung. Die Rückschlüsse müssen Sie selbst bestimmen.
Grundsätzlich besagt **§ 37 Absatz 1 BetrVG**, dass alle Teilzeitbeschäftigten ihr demokratisches Mandat unentgeltlich als Ehrenamt ausführen. Alle betrieblichen Angehörigen haben ihre Betriebsräte für ihren betrieblichen Einsatz zu wertschätzen und zu respektieren. Dies tut man am besten, indem es den Betriebsräten ermöglicht wird, das demokratische Mandat gesetzeskonform umzusetzen.
§ 37 Absatz 2 BetrVG besagt, dass Betriebsräte von ihrer originären betrieblichen Arbeit freizustellen sind, soweit dies zur ordnungsgemäßen Durchführung ihrer Aufgaben nach dem BetrVG erforderlich ist. Wir merken uns, dass Teilzeitkräfte eine geringere Anwesenheitspflicht im Betrieb haben als Vollzeitkräfte. Das bedeutet, dass die Arbeitgeber*innen alles in ihrer Macht Stehende tun müssen, damit die Teilzeitkräfte ihr demokratisches Ehrenamt grundsätzlich in ihrer vertraglich vereinbarten Arbeitsvertragspflicht bewältigen kann. Es gilt das Diskriminierungsverbot aus dem Teilzeit- und Befristungsgesetz und BGB zu beachten.
Dies kann natürlich nicht immer im 24/7/365 betrieblichen Rhythmus gelingen. Dies war auch der Bundesregierung bewusst, als sie das BetrVG beschlossen hatten. Deshalb hat die Bundesregierung in das BetrVG geschrieben, dass aus betrieblichen Gründen ein Freizeitausgleich **innerhalb eines Monats** zu erfolgen hat, wenn die Betriebsratsarbeit betriebsbedingt nicht in der arbeitsvertraglich vereinbarten Zeit zu bewältigen ist. Siehe dazu **§ 37 Absatz 3 BetrVG**.
Für die Betriebsratsschulung sieht **§ 37 Absatz 6 BetrVG** vor, dass Betriebsräte ohne Minderung ihres Einkommens für die erforderlichen und beschlossenen (§ 33 BetrVG) Schulungen von ihrer Arbeit freizustellen sind. Für Teilzeitkräfte gilt, dass sie einen maximalen Zeitanteil in Höhe der Vollzeitkräfte, pro Tag, geltend machen können. Die angefallene Mehrarbeit muss ebenfalls innerhalb eines Monats in Freizeit ausgeglichen werden!

Praxistipp:
Teilzeitkräfte sollten ihre Mehrarbeit wirklich zeitnah ausgleichen. Arbeitszeitguthaben sind nicht grundsätzlich insolvenzgeschützt. Wertguthaben »insolvenzsicher«[100] zu gestalten, ist ein sehr schwieriges Unterfangen. Natürlich verstehe ich es gut, wenn Betriebsräte über vier Jahre »Mehrarbeit und Überstunden« sammeln, um diese dann zusammenhängend in Freizeit auszugleichen. Diese Idee wird von vielen Betriebsräten gern genutzt. Während der Wirtschaftskrise ab 2007 mussten viele Betriebsräte erleben, dass ihre gesammelte Arbeitszeit plötzlich nichts mehr wert waren! Diese Erfahrung ist sehr schmerzlich. Sie gehen als »Arbeitszeitsammler*in« ein hohes Risiko ein. Das Bundesarbeitsgericht hat am 23.06.2010 – 7ABR 103/08[101] den erfreulichen Beschluss gefasst, dass ein Arbeitgeber*in einer in Teilzeit beschäftigten Betriebsrätin, die Aufwendungen für die Kinderbetreuung zu erstatten hat, die tatsächlich entstanden sind, weil die klagende Betriebsrätin betriebsbedingt außerhalb ihrer Arbeitszeit im Einsatz war. Dies ist eine wegbahnende Entscheidung! Betriebsräte sollten in der Gesetzesanwendung Vorbilder sein. Der § 80 BetrVG und auch § 75 BetrVG enthält kulturbildende Pflichten. Im wertschätzenden Miteinander sollten Betriebsräte nicht nur für die Beschäftigten »das Beste rausholen«. Notwendig ist auch eine eigene gute Selbstsorge. Lassen Sie Ihre teilzeitbeschäftigten Betriebsratsmitglieder nicht im Stich. Als Vollzeitkraft haben Sie die Pflicht, für eine gute Teamarbeit zu sorgen. Dazu gehört auch, dass Sie die Teilzeitkolleg*innen unterstützen, damit auch sie professionelle und gesunde Arbeitsbedingungen haben. Grundsätzlich sollte alle anfallende Betriebsratszeit per Betriebsratsbeschluss zeitnah (§ 33 BetrVG) beschlossen werden! Ohne Betriebsratsbeschluss haben nicht freigestellte Betriebsräte keinen Anspruch auf die Bezahlung und Zeitausgleich der geleisteten Stunden. Diese Regelung kränkt sehr viele Betriebsräte und manchmal ist diese Kränkung ursächlich dafür, dass sie ihr Mandat aufgeben. Das ist wirklich schade. Beschließen Sie auf jeder Sitzung die eingesetzte Zeit, dann ist es möglicherweise einfacher, mit der Arbeitgeber*in über grundsätzliche Freistellungen nach § 37 Absatz 2 BetrVG zu verhandeln. Ich kenne viele Betriebsräte, die eine freiwillige zusätzliche Freistellung nach § 37 Absatz 2 oder § 38 BetrVG für ihre Mitglieder mit ihrer Arbeitgeberin aushandeln konnten. Die Betriebsratsarbeit ist zeitintensiv und sie ist nicht nebenher leistbar! Die Regelungen könnten mit Ihrer Arbeitgeber*in befristet auf die Amtszeit verhandelt werden.

100 Siehe die Regelungen aus § 7eff. SGB IV.
101 Siehe auch Schwartau, Neu im Betriebsrat, 5 Aufl., ab Seite 223.

b. Persönliche Zeitkompetenz

Das Arbeiten von Gruppen unter Zeitbedingungen ist deshalb so erschwert, weil eine gelungene Zusammenarbeit sehr abhängig ist von dem jeweiligen persönlichen Zeitmanagement der einzelnen Akteure.
Hier ist allen Räten zu raten, für sich selbst ein Zeitmanagement zu entwickeln, das sie höchstpersönlich steuern können.

5. Kommunikationsabsprachen

Um erfolgreich zu sein, müssen Sie mit Ihren Räten Kommunikationsabsprachen treffen. Es kann nicht sein, dass alle etwas anderes verstehen oder beabsichtigen, und darüber wird keine Verständigung hergestellt.
Es gilt der alte Satz:
»Gedacht ist nicht gemeint
Gemeint ist nicht gesagt

Gesagt ist nicht verstanden
Verstanden ist nicht einverstanden
Einverstanden ist nicht umgesetzt
Umgesetzt ist nicht beibehalten.«[102]
Sprechen Sie über Ihre wichtigsten Vereinbarungsregelungen. Das erspart Streit.

a. Verbindlichkeiten absprechen

Dass Verbindlichkeiten abgesprochen werden müssen, wird Sie nicht sonderlich überraschen. Nicht selten entstehen Demotivation und Frust, weil neue Räte wie vor einer Betonwand stehen, wenn »die alten Hasen« sagen: »Dies oder jenes geht nicht. Das haben wir schon immer anders gemacht«.
Wenn Sie bis jetzt fleißig gelesen haben, werden Sie wissen, warum dieses Totschlagargument albern ist. Es mag sein, dass sich bestimmte Verfahren oder Themen in der Vergangenheit bewährt haben. Dies ist allerdings keine Garantie für die Zukunft, weil es Absprachen mit ganz anderen Menschen waren. Es ist ein Verfahren, welches nicht mit den Neuen abgesprochen ist. Oft erlebe ich Konflikte, die daraus resultieren, dass »die alten Hasen« vergessen haben, den »Neuen« jemals zu offenbaren, welche Verfahren überhaupt erprobt oder angewandt worden sind. Das ist sehr schade, weil dadurch sehr viel Zeit vergeudet wird. Wenn es alte, kampferprobte Absprachen gibt, dann ist es das Mindeste, diese innerhalb des Rates öffentlich zu machen. Hier geht es auch um die Sicherstellung des Wissenstransfers für die kommenden Betriebsräte.
Machen Sie sich die Mühe, um eine Klarheit über das Verfahren zu streiten. Es lohnt sich! Nur wenn Verbindlichkeiten abgesprochen sind, weiß auch ein jeder oder eine jede, woran sie sich zu halten hat.
Halten Sie sich immer verbindlich an Vereinbarungen.

b. Holschuld und Bringschuld

Diese Begrifflichkeit stammt aus dem Zivilrecht, und sie sorgt im ungeregelten Zustand für jede Menge **Konflikte, und manches Team kann sie entzweien!** Sie beantwortet die Frage, wer was zu bringen hat und wer wann was holen muss.

> **Schlechtes Beispiel:**
> Mustermann hat sich bereit erklärt, den Ausschuss zum Thema »Vereinbarkeit von Familie und Beruf« zu koordinieren, zu leiten und für die Ergebnissi-

102 Abwandlung Lorenz.

cherung Sorge zu tragen. Wenn nicht klar ist, dass die Informationen, die erforderlich sind, zu Mustermann gebracht werden müssen, dann wird unser Mustermann die meiste Zeit seiner Ausschusstätigkeit den Informationen hinterherlaufen; und über kurz oder lang ist dieser arme Mensch frustriert und wütend! Wenn die Räte wegen der fehlenden Informationen unserem Mustermann auch noch Vorwürfe machen, dann kann es sein, dass unser Mustermann sein Mandat niederlegt oder einen riesigen Konflikt vom Zaune bricht, sodass andere Kernthemen unerledigt bleiben.

Gutes Beispiel:
Musterfrau hat sich bereit erklärt, ebenfalls einen Ausschuss organisatorisch und fachlich zu leiten. In einer Sitzung wird vereinbart, welche Informationen wer bis wann bei ihr abzuliefern hat. Da alle Räte sich an die Vereinbarung halten, präsentiert sie zum vereinbarten Zeitpunkt die Zwischenergebnisse oder Endergebnisse.

Bringschuld =	lag bei den Räten in Bezug auf die Information
Bringschuld =	lag bei Musterfrau in Bezug auf Zwischenergebnis oder Endergebnis
Holschuld =	Die Holschuld liegt bei den Räten darin, dass sie sich die Informationen von anderen als Musterfrau beschaffen.
Holschuld =	Die Holschuld bei Musterfrau findet sich darin, dass sie möglicherweise nachfragt, ob die Informationsbeschaffung zum vereinbarten Termin erfolgt ist oder was es braucht, damit die Informationen rechtzeitig vorliegen. Dann wird Musterfrau in kluger Weise jemanden finden, die oder der erneut in Bringschuld geht. Ansonsten wird das Projekt oder Thema zum Scheitern erklärt.

c. Terminkoordination über die EDV

Alle Termine sollten mit allen Mitgliedern abgestimmt sein. Inzwischen hat es sich weitestgehend etabliert, dass Betriebsräte über ein eigenes geschütztes und verschlüsseltes Laufwerk der Firmen-EDV verfügen. Lassen Sie sich von Ihrer/Ihrem EDV Administrator*in einen gemeinsamen Abwesenheitskalender einrichten. Dieser muss unbedingt gepflegt werden. Nur wenn alle Betriebsräte ihre Abwesenheit eintragen, ist dieses Instrument hilfreich. Es könnte auch hilfreich sein, diesen Abwesenheitskalender über Büropersonal nach § 40 BetrVG pflegen zu lassen.

VII. Öffentlichkeitsarbeit

Öffentlichkeitsarbeit ist dann von besonderem Nutzen, wenn Sie Nachrichten senden, die etwas mit der beruflichen Realität ihrer Empfänger*innen zu tun haben.
Aktivitäten, die daran erinnern, dass ein mittelalterlicher Bote durch das Land zieht, um neue Nachrichten zu verkünden, sind dann von Interesse, wenn es keine eigenen Gelegenheiten gibt, sich Nachrichten zu verschaffen.
Im Zeitalter von Multimedia dürfen Sie darauf vertrauen, dass Ihre Kolleg*innen sich weitläufig umfangreiche Möglichkeiten gesucht haben, um an Informationen zu gelangen, die für das Unternehmen oder den Konzern von Bedeutung sind. Es geht schließlich immer wieder um die Frage, wie sicher der eigene Arbeitsplatz ist. Fast alle Menschen informieren sich fast täglich über das Internet und irgendwelche Apps.

> **Hinweis:**
> Der Betriebsrat darf aus datenschutzrechtlichen Gründen und wegen des Gebots der Geheimhaltungspflicht nach § 79 BetrVG auf diese Module nicht zurückgreifen und sie zur Informationsverbreitung nutzen! Im betriebsinternen Intranet können Sie sich beteiligen. Außerhalb der Betriebe, Unternehmen und Konzerne dürfen Sie nicht über Ihre Betriebsratsarbeit kommunizieren!

Dies müssen Sie in der Belegschaft kommunizieren. Sie arbeiten in der Rolle der Betriebsräte entweder »offline«, wenn Ihre Betriebe die Möglichkeit zum Multimedia-Einsatz nicht vorrätig hält. Oder Sie kommunizieren im Rahmen der betrieblichen Möglichkeiten. Sie haben als Betriebsrat keinen Anspruch auf die Multimedia-Kommunikation, wenn dies von ihr*er Arbeitgeber*in nicht gewollt ist. Sie haben die Pflicht Betriebsgeheimnisse zu bewahren!
Achten Sie in Ihrer Öffentlichkeitsarbeit darauf, dass Sie ihre Kolleg*innen mit den Informationen versorgen, die für sie den höchsten Nutzen und die höchste Relevanz haben. Fragen Sie sich aus der Perspektive Ihrer Kolleg*innen, an welchen Informationen sie wohl interessiert sein könnten. Öffentlichkeitsarbeit hat auch etwas mit Selbstmarketing zu tun. Hier können Sie ihre Arbeit vermarkten und für eine betriebliche/überbetriebliche Akzeptanz Ihrer Arbeit werben. **Hier wirkt der Präsenzfaktor!**
Das Verbreiten der Informationen durch **Betriebszeitungen**, in denen sich die Berichte des BR/GBR/KBR/EBR oder gar Weltbetriebsrat befin-

den, macht Sinn, wenn sich darüber ein sozialer Dialog herstellen lässt. Dieser Dialog könnte z. B. auf **Betriebsversammlungen** hergestellt werden. In immer mehr Unternehmen gibt es heutzutage die Gelegenheit, über ein betriebliches **Intranet** zu kommunizieren. Immer beliebter wird ein betriebliches Wiki oder die Möglichkeit, Podcasts des Betriebsrats über das betriebsinterne Intranet abzuspielen. Wenn der soziale Dialog mit Ihren Kolleg*innen gelingt, dann ist eine entscheidende Voraussetzung für die Umsetzung Ihrer Ziele gesetzt. Sie werden unterstützt, weil es ein Interesse an Ihrer Arbeit gibt.

1. Persönlicher Nutzen der Information

Vergessen Sie nie, dass Sie den Kontakt zu den Menschen, für die Sie tätig sind, nicht verlieren dürfen. Sie wurden von diesen Menschen gewählt. Ihre Arbeit gewinnt an Sinnhaftigkeit und Wert, wenn Sie für die Wähler*innen einen Nutzen haben.

Von existenzieller Bedeutung sind für Ihre Kolleg*innen alle Fragen um

- den Erhalt des eigenen Arbeitsplatzes und der eigenen Arbeitskraft. Dies gilt insbesondere für jede Form der Digitalisierung. Der Bestandsschutz ist hier von besonderer Bedeutung sowie die dafür erforderliche Qualifizierung.
- das Einkommen.
- die Gesundheit.
- die Vereinbarkeit des Privatlebens mit dem Beruf.

Vergessen Sie nie, in einer betrieblichen Krise Ihre Kolleg*innen vor Ort zu informieren. Sie brauchen rechtzeitige Informationen, um ihren eigenen Status zu sichern. Hier geht es um Informationen, die entscheidend sind für

- den Kontostand. Sie selbst sollten ihn nie aus den Augen verlieren.
- die Frage, ob rechtzeitig ein pfändungsfreies Konto eröffnet werden muss, damit ihr pfändungsfreies Einkommen gesichert werden kann. Rechtzeitige Änderung der Bankverbindung für alle lebenswichtigen Geldtransaktionen.
- Kaufvorhaben, die rechtzeitig gestoppt werden könnten oder besser verschoben werden.
- die rechtzeitige Änderung von Ratenzahlungen oder ggf. die Vereinbarung von Stundungen.
- die Notwendigkeit einer Schuldenberatung, um die eigene Privatinsolvenz zu organisieren.

Solange wir in einer Gesellschaft leben, in der Geld von existenzieller Bedeutung ist, sind die Menschen davon abhängig, welches zu haben. Das

Haben oder Nichthaben von Geld entscheidet über den eigenen privaten Status. Jeder Mensch braucht einen optimalen Status für sich und seine Familie.

2. Nutzen von Social Media für die eigene Präsenz in der Rolle des Betriebsratsmitgliedes?

Es gibt vermutlich nur noch wenige Menschen, die das Internet nur sehr reduziert nutzen. Diese erreicht man vielleicht über eine E-Mail oder über einen Newsletter. Manchmal auch über ein Flugblatt oder die alte Betriebszeitung des Betriebsrats.
Andere kommunizieren fast ausschließlich über digitale-Netzwerke.
Aus datenschutzrechtlichen Gründen und auch aus dem Verbot »Betriebsgeheimnisse öffentlich« zu machen, dürfen Betriebsräte diese Medien nicht ohne Genehmigung durch die Arbeitgeber*innen für eigene Zwecke nutzen![103] Als Betriebsrat verpflichtet Sie auch § 79 BetrVG zur Geheimhaltungspflicht über Betriebsgeheimnisse. Als Betriebsrat und als Betriebsratsmitglied müssen Sie selbst ein Vorbild für Datenschutzbeteiligte sein, und weil § 80 Absatz 1 Nr. 1 BetrVG dem Betriebsrat die Überwachungspflicht zum Datenschutz auferlegt.
Für den Fall, dass Ihr*e Arbeitgeber*in dem Betriebsrat ein eigenes firmeninternes EDV-Laufwerk zur Verfügung stellt, können Sie dort natürlich Beschäftigten relevante betriebsinterne Informationen mit Leserechten zur Verfügung stellen. Aber Vorsicht! Auf diese Seiten gehören keine personenbezogenen Informationen (EU-Datenschutzgrundverordnung und BDSG).
Diese bieten die Möglichkeit, auf einer betriebsinternen Internetplattform Informationen anzubieten (Online-Portal). In dem betrieblichen Forum könnten Sie folgende Informationen hinterlegen:

- Sachberichte; z. B. Zuständigkeiten und Geschäftsverteilungspläne des BR.
- Informationsblätter.
- Dokumentationen wie z. B. alle Betriebsvereinbarungen, Tarifverträge und dergleichen.
- Meinungsumfragen und ihre Ergebnisse veröffentlichen.
- Weiterbildungsmöglichkeiten und dergleichen können aufzeigt werden.

Wegen der Datenschutzvorschriften brauchen Sie inzwischen die Erlaubnis ihrer Kolleg*innen, um Beileidsbekundungen, Hochzeitsglückwün-

103 D/K/W, § 87 RZ 67 und RZ 201.

sche und etc. öffentlich zu machen. Diese personenbezogenen Daten sind gesetzlich zu schützen, das bedeutet, dass nur die Person, die es betrifft, erlauben oder verbieten darf, welche Informationen über ihre/seine Person in den Umlauf gebracht werden dürfen.

Praxistipp:
Machen Sie eine Abfrage bei den Kolleg*innen, ob sie damit einverstanden sind, dass der Betriebsrat sie persönlich würdigen darf. In kleineren Betrieben besteht oft eine familiäre Kultur und es könnte als Kränkung erlebt werden, wenn der Betriebsrat keine Genesungskarten versendet. Andere Betriebe arbeiten mit deutlich größerer Distanz. Und auch in diese Kultur lohnt es sich nachzufragen. Fertigen Sie Listen an.

Vielleicht kann die betriebliche und überbetriebliche Interessenvertretung auch einen gemeinsamen »Online-Auftritt« mit dem Unternehmen organisieren und auf diesem Wege den Arbeitsplatz im Unternehmen attraktiver machen.

Praxistipp für die Verbreitung von unternehmensinternen-Online-Informationen:
- Eine regelmäßige Information, jeweils zum gleichen Zeitpunkt, ist genug. Sie verankern sich automatisch über die regelmäßige Versendung im Kopf der Empfänger*innen, wenn sie z.B. immer zum 15. eines Monats erscheinen. Verschaffen Sie sich Präsenz.
- Nützlich ist eine sparsame Verwendung dieses Mediums, weil die Versendung von digitalen Informationen in der heutigen Zeit schnell zur Informationsflut verkommt. Verlieren Sie nicht aus dem Blick, wie viele digitale Informationen insgesamt unterwegs sind, damit die Informationen nicht im Spam-Ordner der Empfänger*innen landen.
- Informationen müssen zu aktuellen Themen passen.
- Informationen müssen so kurz wie möglich gehalten werden.
- Motivieren Sie zur Netzwerkarbeit. Betriebsinterne Blogs können zur Diskussion anregen. Einschätzungen und Bewertungen zu einem Thema der Kolleg*innen werden sichtbar und die darüber entstehende Transparenz führt zu einer Erweiterung der Akzeptanz Ihrer Arbeit.
- Hinterlassen Sie Kontaktdaten. Dann ist der Kontakt zu Ihnen leichter.

3. Das virtuelle schwarze Brett

Meine Beobachtung ist, dass die technischen Voraussetzungen zur Nutzung der digitalen Kommunikationswege – auch in Unternehmen – rasant zugenommen haben. In Firmen wird es immer üblicher, eigene

kreative »Blogs = Blogging[104]« zu installieren. Sie funktionieren nach den Vorbildern sozialer Netzwerke.
In diesen firmeneigenen sozialen Foren können Informationen an sogenannte digitale Pinnwände geheftet werden. Jede erdenkliche Informationsweitergabe ist heutzutage technisch kein großer Aufwand mehr. Ganz leise haben die Zeit und die Technik die Art und Weise verändert, wie Menschen miteinander kommunizieren.
Die Räte könnten kleine virtuelle Sprechstunden anbieten. Wissen und Lösungen können in Ordnern abgelegt werden, damit die Informationsbeschaffung für Ihre Kolleg*innen erleichtert wird. Dies entlastet auch die Kollektivorgane. Auf die örtliche Betriebsratssprechstunde nach § 39 BetrVG müssen und dürfen Sie nicht verzichten! Menschen lieben es immer noch mehrheitlich gemeinsam in einem vertraulichen Gespräch miteinander zu kommunizieren.
An einem virtuellen schwarzen Brett könnten die wichtigsten Informationen an die Belegschaft hinterlegt werden. In Chaträumen könnten Beschäftigte sich virtuell in Gruppenarbeit zusammenfinden.
Der Nutzen dieser Technik könnte sich darin finden, dass z. B. Außendienstler*innen oder auch beurlaubte Kolleg*innen am Gesamtgeschehen im Unternehmen beteiligt bleiben, weil sie von jedem Ort auf dieser Welt einen Einfluss auf das Geschehen im Unternehmen haben könnten. Sie können beteiligt sein an der Auseinandersetzung um ein Anliegen und somit teilhaben am Leben im Unternehmen. Das motiviert und fördert das Interesse an einer Zugehörigkeit zum Unternehmen, weil eine Beziehungskultur zum Unternehmen hergestellt wird und/oder erhalten bleibt. Es schafft Bindung und Teilhabe an den sozialen Auseinandersetzungen im Unternehmen. Dies erhöht die Zufriedenheit der Beschäftigten im Unternehmen und den »Glücksfaktor« in der Arbeit der Beschäftigten, weil sie Teilnehmende sein dürfen.
Vielleicht gewinnt die Interessenvertretung mit diesem Medium junge Menschen für eine aktive und verantwortungsbereite Unterstützung und Nachfolge.
Nutzen Sie diese Chance. Sprechen Sie mit Ihrer betrieblichen IT-Abteilung, was möglich ist. Fassen Sie dann einen Betriebsratsbeschluss für diese Nutzung. Dann beantragen Sie die Medien mit der Arbeitgeber*in.

---

104 Wikipedia: Ein **Blog** oder auch **Web-Log**, engl., Wortkreuzung aus engl. *World Wide Web* und *Log* für Logbuch, ist ein auf einer Website geführtes und damit – meist öffentlich – einsehbares Tagebuch oder Journal, in dem mindestens eine Person, der **Web-Logger**, kurz **Blogger**, Aufzeichnungen führt, Sachverhalte protokolliert oder Gedanken niederschreibt. Stand: 28.07.2025.

4. Netzwerkaktivitäten

Netzwerkkompetenz bedeutet, mit Beziehungsintelligenz zu arbeiten. Die Voraussetzung jeglicher Netzwerkaktivitäten besteht darin, dass alle Beteiligten die Bereitschaft mitbringen, von anderen unterstützt zu werden und andere zu unterstützen.
Netzwerkaktivität braucht die Bereitschaft zum kontinuierlichen »Geben und Nehmen«, ohne dass balanciert werden muss, wie hoch der Nutzen in der aktuellen Situation ist. Es gilt, sich eine Vorratsmöglichkeit zu erschaffen, die im Bedarfsfall abgerufen werden kann. Formulieren Sie für sich Netzwerkziele und arbeiten Sie an einer tragfähigen Netzwerkstrategie.[105] Sie dürfen sich bei der Benutzung von institutionellen oder beruflichen Netzwerken dazu bekennen, dass Sie aktiv sind, weil Sie mit diesem Netzwerk ein strategisches Ziel verfolgen. Dafür brauchen Sie andere Menschen und andere Menschen »gebrauchen«[106] Sie.
In der nationalen Interessenvertretungsstruktur bringen die unterschiedlichen Gremien die Netzwerkaktiven hervor. Sie können auf überbetrieblicher Ebene nicht ohne Netzwerkkompetenz und ohne Netzwerke arbeiten.

Beispiel:
- Der deutsche Wirtschaftsausschuss erfährt, dass der Konzern überlegt, den griechischen Standort und den italienischen Standort nach Deutschland zu verlegen. Dies wird den griechischen und italienischen EBR-Mitgliedern mitgeteilt und gemeinsam überlegen sie, wie sie strategisch mit diesen Informationen arbeiten werden.
- Auf nationaler Ebene im Unternehmen oder Konzern müssen alle Mitglieder vernetzt arbeiten, anders geht es nicht.

Um Kontakt zu anderen aufzunehmen, müssen Sie nicht bekannt mit einander sein. Sie sind bereits mit Ihren Kolleg*innen »in Kontakt«. Dieser Kontakt muss belebt werden. Überwinden Sie Ihre Schüchternheit oder Ihre Vorbehalte. Beginnen Sie einen Kontakt damit, dass Sie sich bekannt machen. Sagen Sie, wer Sie sind und was Sie brauchen oder sich erhoffen. Kommunizieren Sie miteinander. Vorübergehend kann man auch inaktiv in die Netzwerkliste aufgenommen sein. Ein Dauerzustand darf dies nicht werden. Ihre Arbeit funktioniert sonst nicht.

---

105 Scheler, Seite 96ff.
106 Ebenda, Seite 97.

Netzwerke funktionieren nicht wie Vereine. Es gibt keine Vorsitzenden oder dergleichen. Es gibt nur Menschen, die im wahrsten Sinne des Wortes das Beste geben und nehmen und sich gegenseitig unterstützen, ohne dass irgendwer sie dazu verpflichtet oder antreibt.
Wenn Sie Kinder haben, dann suchen Sie den Kontakt zu Menschen, die ebenfalls Kinder haben oder Kinder mögen. Vielleicht ist es erforderlich, dass Sie die Kinderbetreuung irgendwann vernetzt bewältigen müssen, oder sagen wir, besser vernetzt bewältigen dürfen. Wenn Sie sich weiterbilden als überbetriebliche Interessenvertretungen, dann treffen Sie in den Qualifizierungsmaßnahmen andere Interessenvertretungen und diese anderen sind wichtig für den Aufbau von Fachkompetenznetzwerken.
Achten Sie darauf, dass vereinbart ist, wie die Netzwerkaktivitäten genutzt werden sollen.

Praxistipp Netzwerkvoraussetzungen:

- Wenn kein fachliches oder soziales Netzwerk vorhanden ist, dann muss es aufgebaut werden.
- Wenn ein Netzwerk besteht, machen Sie sich damit vertraut. Machen Sie sich bekannt mit anderen Netzwerkmitgliedern und nutzen Sie dieses Netzwerk.
- Netzwerke brauchen eine Begründung, welchen Nutzen die Teilnehmenden haben. Es geht nicht darum, möglichst viele Kontakte zu haben. Es geht darum zu erkennen, welchen Nutzen dieser Kontakt hat oder haben könnte.
- Netzwerke funktionieren am besten, wenn eine persönliche Beziehung zu anderen Netzwerkmitgliedern herstellt werden kann. Machen Sie sich bekannt, indem Sie um Unterstützung werben. Noch wichtiger ist es allerdings, andere Netzwerkmitglieder zu versorgen.
- Achten Sie darauf, dass Ihre Kontaktdaten im Netz aktuell sind.

Es ist verlorene Zeit, die damit verbracht wird, Kontaktdaten zu ermitteln. Wenn Sie das Glück haben, in bestehenden Strukturen arbeiten zu dürfen, dann vernetzen Sie sich mit den Kontakten Ihrer Kolleg*innen. Wenn die Vorsitzenden kurz vor dem **Ruhestand** stehen, dann sollte der Rat sich frühestmöglich mit den vorhandenen Netzwerkpartnerschaften vertraut machen. Auch in dieser Frage muss eine Amtsübergabe stattfinden. Es ist kein Ausnutzen, wenn Sie Ihr Netzwerk für Ihre Absichten nutzen, solange Sie bereit sind, andere ebenfalls bestmöglich zu unterstützen.

Praxistipp Selbstverpflichtung im Umgang mit Netzwerken:[107]

- Verhalten Sie sich im Umgang mit Netzwerkern immer höflich und wertschätzend.
- Seien Sie aufmerksam und zugewandt gegenüber den Menschen.
- Machen Sie sich attraktiv, indem Sie aktive und wohlwollende Unterstützung geben. Geben ist mehr wert.
- Reden Sie nicht schlecht über andere. Die EU-DSGVO verbietet dies.
- Vermitteln Sie Kontakte. Behalten Sie im Auge, was Ihre Netzwerkpartnerschaften benötigen. Empfehlen Sie Kontakte.
- Bedanken Sie sich auch für Unterstützung, die Sie noch nicht unmittelbar verwerten können oder die unaufgefordert auf Sie zukommt.[108]
- Netzwerke funktionieren auf einem Gegenseitigkeitsprinzip von Hilfe, Rat und Unterstützung. Bitten Sie andere offen um Ihre Unterstützung.
- Respektieren Sie die natürliche Grenze von Dienstleistern. Menschen, die vom Verkauf ihrer Informationen und Expertenwissen leben, geben in der Regel gerne Unterstützung. Sie können jedoch nicht erwarten, dass diese Menschen in Netzwerken alle Informationen kostenfrei herausgeben und zur Verfügung stellen.[109]
- Pflegen Sie Ihr Netzwerk. Geben Sie positive Bestätigung. Gratulieren Sie zum Geburtstag oder schreiben Sie Ostergrüße, soweit diese Informationen öffentlich bekannt sind. Achten Sie darauf, dass Sie den Menschen wahrnehmen und fahren Sie nicht zu sehr auf seine oder ihre Funktion ab.

Praxistipp Netzwerkkooperativen:

- Gewerkschaften und Berufsverbände
- Kammern, Verbände, Kassen, Verbraucherschutz & Co.
- Internet – Fachforen. Als Beispiel: Das Demographie Netz e.V., wenn Ihr*e Arbeitgeber*in Mitglied in diesem Verein ist
- Kirchen und Selbsthilfegruppen
- Branchenspezifische Netzwerke
- Seminare und Veranstaltungen
- Messen
- Landes- und Bundesministerien. Das Bundesministerium für Arbeit hat auch viele Foren.
- Parteien und Bürgerinitiativen

Die Themen der Digitalisierung der Arbeit oder auch das Thema des demographischen Wandels werden wesentlich über Foren und Netzwer-

107 In Anlehnung: Scheler, Seite 268ff.
108 Ausnahme gilt für Massenmails.
109 In eigener Sache ist mir dieser Aspekt wichtig.

ke bearbeitet. Das Wesentliche ist, dass irgendwann begonnen wird, zu »netzwerken«. Sie wissen doch: »Kontakte schaden nur dem, der keine hat«.

5. Pressearbeit

Es ist durchaus möglich, dass Ihre Betriebsratsarbeit von hohem Interesse für die Presse ist. Sie könnten z. B. den Betriebsrätepreis gewonnen haben oder andere Preise und Auszeichnungen. Dann ist es gut, eine eigene Pressearbeit zu gestalten.
Es ist hilfreich, mit der Presse in Kontakt zu sein. Die Presse kann Ihnen dabei behilflich sein, eine allgemeine Akzeptanz für Ihr Handeln oder Ihre Absichten in Ihrer Umgebung herzustellen. Denken Sie daran, dass die Mehrzahl der Journalisten freiberuflich arbeitet. Sie sind dankbar für Informationen, um die sie sich nicht selbst kümmern müssen. Wichtig ist, dass Ihr*e Arbeitgeber*in die Veröffentlichung erlaubt. Nicht erlaubt ist das sogenannte Whistleblowing über betriebsinterne Geschäftsgeheimnisse nach dem § 2 Nr. 1c Geschäftsgeheimnisgesetz. Seit 2019 gibt es für diese Angelegenheiten das Hinweisgeberschutzgesetz (HinSchG), welches vorsieht, dass es eine betriebsinterne Hinweisgeberstelle geben muss. Siehe § 7 ff. HinSchG.

Praxistipp im Umgang mit der Presse:
- Lassen Sie sich nie unvorbereitet auf Pressegespräche ein.
- Ein Interview muss autorisiert sein. Das bedeutet, dass Sie es sich vorlegen lassen, bevor es freigegeben wird.
- Steuern Sie Ihre Informationsweitergabe, indem Sie Pressemappen anfertigen.
- Seien Sie nicht enttäuscht, wenn Ihre Meldungen nicht gedruckt werden. Die Pressemitarbeiter*innen erinnern sich an Sie, wenn es darum geht, schnell eine interessante Berichterstattung zu ergattern. Hier bildet sich mit der Zeit der sogenannte Erinnerungseffekt und Sie bleiben der Redaktion als Informationsquelle in Erinnerung.
- Bauen Sie sich einen Presseverteiler auf; damit gehen Sie sicher, dass die bedeutendsten Medienstimmen Ihrer Wahl informiert sind.
- Machen Sie eine gemeinsame Pressearbeit mit Ihrer Unternehmenspresseabteilung.

a. Die Pressemappe

Die Mappe für die Presse enthält alle wichtigen Informationen, die dem Rat wichtig sind.

In der Pressemappe werden die wichtigsten Informationen zuerst genannt. Erklärende Erläuterungen kommen an das Ende. Die Redaktion will sich schnell einen Überblick verschaffen, um zu entscheiden, ob diese Meldung interessant genug für einen Artikel ist.
Schreiben Sie auf maximal einer Din A4 Seite, **Wer Was Wo Wann Wie und Warum** macht. Hinterlegen Sie Ihre Informationen mit Bildmaterial. Das Bildmaterial muss von Ihnen sein, damit Sie nicht gegen Urheberrechte verstoßen. Hilfsweise beschaffen Sie sich eine schriftliche Erlaubnis, dass sie das fremde Bildmaterial verwenden dürfen. Vergessen Sie nicht aufzuschreiben, wer die Kontaktperson zur Presse ist.

b. Die Pressekonferenz

Es kann sein, dass die Presse Kontakt zu Ihnen haben möchte. Es kann sein, dass Sie die Presse einladen, weil der Betriebsrat den Betriebsrätepreis des Bundesministeriums für Arbeit oder von anderen Stellen gewonnen hat.
Vor einer Pressekonferenz gibt man niemals Pressemappen heraus, weil die Schreibenden sich sonst den Weg zu Ihnen ersparen. Die Pressemappe wird auf der Pressekonferenz verteilt. Wenn die Pressemitteilung zu einem bestimmten Termin erscheinen soll, dann versieht man die Pressemappe mit einem Erscheinungsdatum.
»Diese Mitteilung darf am Freitag, den 13.08.20XX, ab 12:00 veröffentlicht werden.«
Folgendes gilt es vorzubereiten:

- Räumlichkeit. Alle geladenen Gäste sollten ausreichende Sicht auf die Sprechenden haben. Sitzgelegenheiten sind optimal anzuordnen.
- Am Eingang sollte eine Anwesenheitsliste ausliegen. Dies erweitert Ihren Presseverteiler.
- Die Sprechenden sollten hinreichend kenntlich gemacht sein (Namensschilder, Berufsbekleidung, Funktion).
- Eine Kontaktperson zur Presse sollte festgelegt sein.
- Berichten Sie einheitlich und streiten Sie **niemals** vor der Presse. Die Presse liebt Streitereien, da die Meldung dann noch spektakulärer sein könnte.
- Bereiten Sie Ihre Redebeiträge vor.
- Halten Sie die Veranstaltung kurz und gehen Sie, wenn Sie alles gesagt haben.
- Bieten Sie nicht zu viel Fragezeit. Ihre nicht vorbereiteten Antworten könnten seltsame Berichte in der Presse zur Folge haben und Sie können sich nie sicher sein, ob die Presse Sie für irgendetwas benutzt, was nicht in Ihrem Sinne ist.

6. Ein Flugblatt schreiben

Das Flugblatt ist noch immer **der Klassiker** unter den Kommunikationsmedien. Es sollte nicht nur in der Kantine oder auf anderen gut zugänglichen Plätzen ausliegen.
Das Flugblatt muss auch verteilt werden. Über die Flugblattverteilung kann sich immer ein Dialog mit den Kolleg*innen ergeben. Diese Chance sollten Betriebsräte sich nicht entgehen lassen.
Ein Blatt Papier ist im Zeitalter von Multimedia schon fast eine kleine Sensation!
Flugblätter sollten zu besonderen Anlässen geschrieben und verteilt werden. Ein Flugblatt behandelt grundsätzlich nur ein Thema. **Sinnvoll ist eine vorderseitige und rückseitige Verwendung.**

Vorderseite:
- große Schriftzüge.
- eine große und auffällige Überschrift, die den Kern der Information trifft.
- ein kurzer Text, der das Thema verständlich erörtert.
- Zeit und Ortsangaben, falls es erforderlich ist.
- ein Bild oder eine Grafik zur Auflockerung.
- das Impressum.

Rückseite:
Auf der Rückseite können entweder detaillierte Informationen verfasst sein oder zusätzliche Aspekte und Zusammenhänge benannt werden.
Eine leere Rückseite ist eine verschwendete Rückseite.
Die Rückseite kann auch für folgende Informationen verwendet werden:
- Kontakt und Sprechzeiten des Betriebsrats.
- Foto und Kontakt des Betriebsrats.
- Hinweise für Kommunikationswege im Betrieb.
- Wichtige Paragrafen könnten die Seite schmücken. So z. B. § 612a BGB oder § 75 BetrVG. Artikel 1 Grundgesetz »Die Würde des Menschen ist unantastbar« eignet sich auch.

Technik für die Verfassung eines Flugblattes:
- Thema und Anliegen müssen beschlossen sein.
- Thema untergliedern (Anlass, Auswirkungen, Folgen …).
- Informationssammlung über Brainstorming (»Was wollen wir mitteilen?!«).
- Informationen recherchieren.

- **Z**ahlen **D**aten **F**akten (ZDF) recherchieren und auswerten. Möglichst viele Quellen heranziehen. Nur ver.di Informationen werden nicht überall als sachtauglich empfunden. Eine Internetrecherche kann die Recherche sehr erleichtern.
- Mit dem ZDF-Material eine sinnvolle Informationsreihung vornehmen.
- 1/3 der Seite sollte unbeschrieben sein.
- Gestaltung überlegen. Comics, Bilder, Grafiken einfügen.
- Einfach im ersten Versuch darauf losschreiben und Korrektur lesen.
- Feedback einholen und den Text inhaltlich überarbeiten, bis er sich schön liest.
- Textgröße gestalten. Das Blatt muss ohne Brille zu lesen sein.

7. Ein Schwarzes Brett im Betrieb gestalten

Das Informationsbrett des Betriebsrats ist noch immer ein Klassiker und eine Referenz für den Betriebsrat. Am schwarzen Brett können Ihre Kolleg*innen verweilen, sich ausruhen oder sich mit anderen Kolleg*innen über die Inhalte des Brettes austauschen.

Das schwarze Brett

- muss nicht schwarz sein.
- muss an einem Ort hängen, wo die Kolleg*innen täglich vorbei gehen.
- muss einen »Blickfänger« haben, der alle paar Tage verändert wird.
- darf nicht »überladen« werden.

- muss so gestaltet sein, dass die Neugier geweckt wird.
- sollte sich nicht nur mit innerbetrieblichen Vorgängen befassen.
- muss Angebote machen.
- sollte Platz bieten für Fragen und Anmerkungen.
- sollte mit Zeitungsausschnitten, Witzen, Fotos, Kuriosem und Empörendem für einen Blickfang werben.
- kann in verschiedene Bereiche unterteilt sein.
- sollte den unterschiedlichen Interessengruppen im Betrieb gerecht werden.
- Platz für Anregungen bieten.

8. Die beteiligungsorientierte Betriebsratsarbeit

Die Beschäftigten einbeziehen!
»Stell dir vor, es gibt ein wichtiges Thema im Betrieb und alle wollen mitreden und mitgestalten!«
Sehr viele Menschen in Macht- oder Leitungsfunktionen hören nicht zu, um zu verstehen, was andere Menschen zu sagen haben. Sie hören kurz zu, um dann schnell selbst zu reden. Diese Erkenntnis lässt sich auch auf das Verhältnis zwischen dem Betriebsrat, einzelnen Betriebsratsmitgliedern und der Belegschaft übertragen. **Interessenvertretung ist eine Sache von Mensch zu Mensch.** Nur mit qualitativen und professionellen Kommunikationsstrukturen, die interaktiv bis zum entferntesten Beschäftigten funktionieren, kann Interessenvertretungsarbeit nachhaltig gelingen, weil nur so die Dienstleister*innen (Betriebsrat) dienen können. Wer sich nicht erkundigt, was das Anliegen und Interesse der Belegschaft ist, kann keine Arbeit leisten, die an der Basis gebraucht wird.
Das BetrVG bietet eine hohe Anzahl von rechtlichen Gestaltungsfreiräumen, die der Betriebsrat nur zielführend einsetzen muss, damit seine Arbeit einen hohen Nutzen für die Belegschaft hat.
Im Zeitalter von Multimedia ist es für die Mehrheit der Bevölkerung selbstverständlich geworden, sich meinungsbildend zu beteiligen. Für Betriebsräte ändert sich damit zwangsläufig ihr Beziehungsmanagement. Ein*e Arbeitgeber*in, die/der anlässlich eines Mitbestimmungsprojektes eine Online-Umfrage startet oder eine Projektgruppe von Mitarbeiter*innen bildet, ist einem Betriebsrat um Längen voraus, wenn der Betriebsrat diese Gelegenheit nicht für die eigene Arbeit nutzt!

a. Beteiligung sachkundiger Arbeitnehmer*innen

Der Betriebsrat muss nicht jede Angelegenheit für sich alleine austüfteln. Es gilt, zur eigenen Entlastung die Talente im Betrieb und das »Gold in den Köpfen der Kolleg*innen« mit in die eigene Betriebsratsarbeit einzubeziehen. Damit dies gelingen kann, muss der Betriebsrat auch bereit sein, Aufgaben zu delegieren. So kann er sachkundige Kolleg*innen zur themenbezogenen Mitarbeit in Arbeitsgruppen oder in die Projektarbeit hinzuziehen.
Hierfür bieten folgende Rechtsvorschriften eine Möglichkeit:

- **§ 80 Absatz 2 Satz 4 BetrVG »Einbeziehung sachkundiger Arbeitnehmer*innen«**
- § 80 Abs. 2 Satz 4 BetrVG gibt dem Betriebsrat seit 2001 die Chance, dass er zur Erfüllung seiner ordnungsgemäßen Aufgabe das Recht hat, **internen Sachverstand der Arbeitnehmer*in einzusetzen** und bei der Suche nach Problemlösungen einzubeziehen. Als die besten Experten im Betrieb erweisen sich häufig die Beschäftigten selbst.
- Entweder wird ein*e Arbeitnehmer*in im Einzelfall hinzugezogen oder einer oder mehrere sachkundige Arbeitnehmer*innen bilden zusammen mit oder ohne Betriebsratsmitglieder **Arbeitskreise,** um zu wichtigen komplexen Themen, wie z. B. der Qualifizierung, Beschäftigungssicherung oder zum Gesundheitsschutz im Betrieb, eigene fundierte Vorschläge zu erarbeiten.
- Die Arbeitgeber*in muss die Vorschläge des Betriebsrats bei der Benennung der sachkundigen Arbeitnehmer*innen berücksichtigen, soweit betriebliche Notwendigkeiten dem nicht entgegenstehen. An das Vorliegen betrieblicher Notwendigkeiten sind strenge Anforderungen zu stellen.
- **§ 28a BetrVG eröffnet die Möglichkeit, dass der Betriebsrat betriebliche Arbeitsgruppen bilden kann.**
- In Betrieben mit mehr als 100 Beschäftigten (ab 101 Beschäftigte) kann der Betriebsrat Arbeitsgruppen mit interessierten, betroffenen oder fachlich geeigneten Kolleg*innen einrichten. Damit soll der Möglichkeit nach mehr Beteiligung der Arbeitnehmer*innen Rechnung getragen werden. Dies entlastet die Betriebsräte, weil sie nicht alles alleine machen müssen und es eröffnet die Chance für die Kolleg*innen, ihre Themen aktiv mitzugestalten.

Der Betriebsrat kann beschließen (33 BetrVG), bestimmte Aufgaben auf Arbeitsgruppen zu übertragen. Grundlage für die Übertragung ist eine zwischen Arbeitgeber und Betriebsrat geschlossene Rahmenvereinbarung. Die Rahmenvereinbarung ist eine freiwillige Betriebsvereinbarung im Sinne von § 88 BetrVG und sie ist nicht erzwingbar über die Einigungsstelle, da diese als Rechtsfolgeregelung nicht im Paragrafen (§ 28a BetrVG) genannt ist. Die Vereinbarung soll vor allem festlegen, welchen Arbeitsgruppen in welchem Umfang, Aufgaben übertragen werden sollen. Wenn die/der Arbeitgeber*in sich nicht auf diese Vereinbarung einlässt, geht das Thema zurück an den Betriebsrat und das Gremium verhandelt dann den Gegenstand selbst. Hier ist die Beteiligung von sachkundigen Arbeitnehmern nach § 80 Absatz 2 BetrVG möglich, sogenannte Auskunftspersonen.
Die delegierten Aufgaben des Betriebsrats in eine Arbeitsgruppe müssen in einem inneren Zusammenhang mit den von der Arbeitsgruppe zu erledigenden Tätigkeiten stehen. Dies ist beispielsweise bei der Übertragung von Regelungsbefugnissen im Zusammenhang mit Arbeitszeitfragen, Pausenregelungen, Urlaubsplanung, Arbeitsgestaltung und ähnlichen tätigkeits- oder aufgabenbezogenen Sachverhalten der Fall.
Wurden Aufgaben vom Betriebsrat delegiert, hat die Arbeitsgruppe etliche Möglichkeiten, ihre Arbeit eigenverantwortlich zu gestalten. Sie kann mit der Mehrheit aller Gruppenmitglieder (nicht nur der anwesenden!) Gruppenvereinbarungen abschließen. Die Arbeitsgruppe kann jedoch keine bestehende Betriebsvereinbarung außer Kraft setzen. Wird sich eine Arbeitsgruppe mit der/dem Arbeitgeber*in nicht über eine Regelung einig, tritt der Betriebsrat mit all seinen formellen Rechten in den Mit-

bestimmungsprozess ein. Dies gilt auch, wenn der Betriebsrat den Einsatz der Arbeitsgruppe nach § 28 Absatz 1 Satz 4 BetrVG widerruft.
Bei Nichteinhaltung der Gruppenvereinbarung oder Verstößen gegen die Gruppenvereinbarung ist allein der Betriebsrat zuständig. Eine abgeschlossene Betriebsvereinbarung aufgrund übertragener Aufgaben kann der Betriebsrat kündigen und wieder neuverhandeln.

Fazit:
- Sachkundige Kolleg*innen kann der BR jederzeit über § 80 BetrVG hinzuziehen.
- Ab 101 Mitarbeiter*innen kann der BR über § 28a BetrVG »Arbeitsgruppen« bilden. Diese können ihr Thema eigenständig bearbeiten. Bei einer Einigung mit der Arbeitgeber*in wird hier eine freiwillige Betriebsvereinbarung begründet (systematische Gesetzesbegründung). Bei einer Nichteinigung der Arbeitsgruppe mit dem Arbeitgeber kann der Betriebsrat das Thema nach § 28a Absatz1 Satz 4 BetrVG systematisch wieder zurückholen und selbst verhandeln. Die Mitglieder der Arbeitskreise haben keinen besonderen Kündigungsschutz wie die Betriebsräte. Eine Behinderung der Arbeitskreis-Mitglieder ist allerdings analog eine Behinderung des Betriebsrats, so dass die Arbeitgeber*in sich nach § 119 Absatz 2 BetrVG strafbar macht, wenn sie die Mitglieder der Arbeitskreise behindert. Für die Mitarbeiter besteht ein Schutz nach § 612a BGB.

aa. Mitbestimmung am Arbeitsplatz auch für einzelne Bedürfnisse

Individuelle Beteiligung oder das Recht des Einzelnen.
Auch einzelne Mitarbeiter*innen haben das Recht, ihre persönlichen Bedürfnisse über den Betriebsrat zu regeln.
§ 86a BetrVG sieht vor, dass die Arbeitnehmer*innen einen eigenen Rechtsanspruch gegenüber dem Betriebsrat haben, dass ihr Thema durch den Betriebsrat behandelt wird. Wenn 5 % von 100 % aller Arbeitnehmer*innen ein Anliegen unterstützen, muss der Betriebsrat dieses Thema in seiner Sitzung behandeln und beschließen.
Dies ist eine sehr sinnvolle Regelung, weil immer auch die Gefahr besteht, dass der Betriebsrat über die Köpfe der Belegschaft hinweg Regelungen herbeiführt, die für das Kollegium oder einzelne überhaupt keinen Nutzen haben.

Beispiel: Vereinbarkeit Familie und Beruf, Arbeitszeit
Ohne dass der Betriebsrat jemals eine Bestandsaufnahme erstellt hat, um den tatsächlichen Bedarf innerhalb der Belegschaft zu ermitteln, hat er sich mit einer Beratungsfirma ein Konzept zum Thema Vereinbarkeit von Familie und Beruf erarbeitet. Dieses Konzept sieht viele Detailregelungen für Eltern mit Kleinkindern vor. Stolz präsentiert er sich auf einer Betriebsversammlung. Der Krach ist vorprogrammiert!
Tatsächlich gibt es eine nicht unerhebliche Gruppe von Kolleg*innen, die keine kleinen Kinder mehr haben! Viele haben pubertierende Kinder und ganz viele haben pflegebedürftige Eltern oder Ehepartner*innen!

Diesen Umstand hat der Betriebsrat überhaupt nicht berücksichtigt. So kommt es, dass der Betriebsrat eine Betriebsvereinbarung abschließt, die nur in sehr begrenztem Umfang die Bedürfnisse der Kolleg*innen berücksichtigt.
Hier findet sich ein sehr gutes Beispiel dafür, warum die einzelnen Kolleg*innen unbedingt einen Einfluss auf ihre Betriebsräte haben müssen.

bb. Recht auf Einzelfallbetrachtung/Persönlichkeitsrechte

Auch der Betriebsrat hat nach § 80 in Verbindung mit § 75 BetrVG die Pflicht, die Persönlichkeit von einzelnen Menschen oder schutzbedürftigen Gruppen zu schützen.

§ 75 Absatz 2 BetrVG: Schutz und Förderung der freien Entfaltung der Persönlichkeit

Der Betriebsrat und die Arbeitgeber*in haben die Pflicht, einzelne Kolleg*innen in ihrer Persönlichkeit zu schützen und fördern. Sie haben die Eigenständigkeit der Menschen im Betrieb zu fördern.

Beschwerderecht der Arbeitnehmer*innen nach § 84 BetrVG

Die Mitarbeiter*innen haben das Recht, sich bei der Arbeitgeber*in nach § 84 BetrVG zu beschweren. Nach § 85 BetrVG haben sie das Recht, sich beim Betriebsrat zu beschweren.
Die Beschwerden aus der Belegschaft sollten unbedingt beachtet werden.

Unterrichtungspflicht der Arbeitgeber*in gegenüber der Arbeitnehmer*in § 81 BetrVG

§ 81 BetrVG verpflichtet die Arbeitgeber*innen, von sich aus, die einzelnen Arbeitnehmer*innen zu unterrichten in Bezug auf

- die Rahmenbedingungen der Arbeit. Hier ist auch das Nachweisgesetz (NachwG) von besonderer Bedeutung.
- die Unfall- und Gesundheitsgefahren.
- die Veränderungen im Arbeitsbereich.
- die Unterrichtung und Erörterung bei der Planung von Maßnahmen und deren Auswirkung auf Arbeitsplätze, Arbeitsumgebung und Tätigkeiten.

Die Kolleg*innen brauchen Sicherheit und Planbarkeit ihres Privatlebens. Die Information über den Bestand oder Nichtbestand der Arbeitsplatzsicherheit ist von existenzieller Natur. Beschäftigte müssen rechtzeitig wissen, ob sie Investitionen tätigen wollen oder ob es sinnvoll ist, sich schnell woanders zu bewerben. Diese Unterrichtungspflicht ergibt sich für den/die einzelne/n Arbeitgeber*in auch aus seiner/ihrer arbeitsvertraglichen Nebenpflicht aus § 241 BGB. Gemäß der allgemeinen schuldrechtlichen Bestimmung des § 241 Abs. 2 BGB ist der Arbeitgeber*in verpflichtet, ihre Rechte aus dem Arbeitsverhältnis nur unter Berücksichtigung der Rechte, Rechtsgüter und Interessen der Arbeitnehmer*in auszuüben.

Recht auf Anhörung des Einzelnen, § 82 BetrVG

§ 82 BetrVG gibt jeder Arbeitnehmer*in einen Rechtsanspruch darauf, von der zuständigen Stelle im Unternehmen gehört zu werden.
Dies gilt insbesondere in Bezug auf

- Arbeitsentgelte,
- Gestaltung von Arbeitsplatz und Arbeitsabläufen,
- berufliche Entwicklungsmöglichkeiten,
- Beurteilung ihrer Arbeitsleistung.

Die Kolleg*innen haben ein Recht darauf, einen Betriebsrat zu diesem Gespräch hinzuzuziehen (§ 82 Absatz 2 BetrVG). Diesen Anspruch können die Kolleg*innen gerichtlich geltend machen.

Einsicht in die Personalakte, § 83 BetrVG

Arbeitnehmer*innen haben das Recht, Einblick in ihre Personalakten zu nehmen. Sie dürfen sie lesen und sich Notizen machen. Einen Anspruch auf Kopie haben sie nicht. Ich habe mir seinerzeit als Arbeitnehmerin die Zeit genommen, meine Personalakte abzuschreiben. Darüber war mein Chef so genervt, dass er mir das Kopieren erlaubt hat.
Der Betriebsrat hat von sich aus kein Recht darauf, die Personalakte einzusehen. Hier greifen das Datenschutzgesetz und insbesondere die EU-DSGVO zu Gunsten der einzelnen Menschen. Er braucht dafür die Erlaubnis der Kolleg*innen. Eine Vollmacht an den Betriebsrat genügt (Arbeitsgericht Reutlingen vom 08.05.1981, in BB 81,1092).
Die Kolleg*innen können Erläuterungen, Unterlagen und Gegendarstellungen zur Personalakte abgeben.
Im Falle von unzulässigen Abmahnungen hat das BAG sehr frühzeitig entschieden, dass die Arbeitnehmer*innen ein Recht darauf haben, dass diese aus der Personalakte entfernt werden (BAG vom 25.04.1972 in AP Nr. 9 zu § 611 BGB).

§ 86 BetrVG

§ 86 BetrVG eröffnet die Möglichkeit durch Tarifvertrag oder Betriebsvereinbarung andere Einzelheiten zum Beschwerdeverfahren zu vereinbaren.

> **Fazit:**
> Das BetrVG eröffnet ausdrücklich die Möglichkeit, dass der Mensch entsprechend seinem Bedarf und seiner Interessenlage eine Gelegenheit erhält, sich in die betriebliche Mitbestimmung einzubringen. Die eigenen Aktivitäten, ohne einen Beschluss durch den Betriebsrat, sind begrenzt.

cc. Beteiligung in Sprechstunden oder auf Versammlungen

Eine schöne Gelegenheit zur beteiligungsorientierten Arbeitsweise des Betriebsrats, bieten die geschützten »Rederäume«, die der Betriebsrat zur Verfügung stellen muss. Zu nennen ist hier die Sprechstunde nach § 39 BetrVG und die Vorschriften zur Betriebsversammlung nach § 42ff. BetrVG. Das gesprochene Wort im geschützten Raum ist auch von § 612a BGB »Maßregelungsverbot« geschützt. Es gehört zum Menschsein dazu, sich äußern zu dürfen, gehört zu werden und sich mit anderen Menschen zu beraten. Natürlich dürfen keine Unwahrheiten verbreitet werden. Es darf auch nicht bösartig beleidigt werden. Es gehört aber zum Menschsein dazu, dass sich Menschen irren können. Entschuldigen Sie sich, wenn Sie dabei »überführt« wurden, dass sie anderen Menschen geschadet haben. Der Schaden muss messbar sein; für die Gefühle anderer Menschen sind Sie nicht verantwortlich, weil die Gefühlswelt eines jeden Menschen in seiner eigenen Biographie begründet ist. Sie müssen sich deshalb ja nicht dementieren und wiederrufen.
Beispiel: »Es war nicht meine Absicht, dich zu kränken. Ich habe »dies und das« gesagt oder getan, weil ich wollte ...... Aus meiner Wahrnehmung und aus meinem Bedürfnis heraus konnte ich es nicht anders berichten.«

aaa. Sprechstunde für Einzelne

Innerhalb seiner Sprechstunde nach § 39 BetrVG kann der Betriebsrat mit einzelnen Kolleg*innen während der Arbeitszeit sprechen. Hier kann der Betriebsrat beraten, Auskünfte erteilen oder sich informieren lassen. Die Teilnahme an einer Betriebsrats-Sprechstunde ist für die Kolleg*innen immer bezahlte Arbeitszeit. § 39 Absatz 3 BetrVG regelt eindeutig, dass die Teilnahme nicht zur Minderung der Arbeitsentgelte führen kann. Der Betriebsrat muss gemäß § 39 Absatz 1 BetrVG mit dem Arbeitgeber vereinbaren, wann (Zeit) und wo (Ort) die Sprechstunde stattfindet. Kann sich der Betriebsrat nicht mit der Arbeitgeber*in einigen, entscheidet die Einigungsstelle nach § 76f. BetrVG. Das bedeutet, dass die Arbeitgeber*in nicht einseitig verhindern kann, dass eine Sprechstunde nicht stattfindet. Das Gesetz möchte dem Anspruch genügen, dass die Arbeitgeber*in die Arbeitsprozesse planen und gestalten kann. Es ist nicht so gedacht, dass die Arbeitgeber*in die Sprechstunde erlauben oder verbieten darf. Betriebliche Notwendigkeiten müssen ihre Berücksichtigung finden, mehr nicht.

bbb. Kollektive Sprechstunde

§ 39 BetrVG beschränkt die Sprechstunde nicht auf ein Einzelgespräch. Viel zu selten wird die Gelegenheit genutzt, eine kollektive Sprechstunde einzurichten.

Die kollektive Sprechstunde hat den Vorteil, dass der Betriebsrat Kolleg*innen namentlich zu einem Thema einladen kann. Dies kann sich z. B. dann als besonders günstig erweisen, wenn die Kolleg*innen und oder der Betriebsrat sicher gehen wollen, dass nur bestimmte Personen anwesend sind. Hier empfehle ich eine Einladung zur kollektiven Sprechstunde zu verfassen und auf dieser Einladung alle Kolleg*innen zu benennen, die ebenfalls zu dieser kollektiven Sprechstunde eingeladen wurden. Diese betriebliche Transparenz führt zur Bereitschaft an diesen Sprechstunden teilzunehmen. Der Inhalt dieser Sprechstunde gehört zu den Geschäftsgeheimnissen des Betriebsrats. Der Betriebsrat kann über den Inhalt der Sprechstunde mit der Arbeitgeber*in beraten, ohne die Person preisgeben zu müssen, die diese Information an den Betriebsrat herangetragen hat. »Wir haben in unserer Sprechstunde am .... erfahren, dies und jenes ...« Mich erschreckt es auch nach 30-jähriger Arbeit mit den Betriebsräten, wie hoch die Angst der Beschäftigten ist, ihre Anliegen betriebsöffentlich zu machen. Sie haben Angst davor, dass sie sanktioniert und schikaniert werden, wenn betriebsöffentlich Missstände bekannt werden. Ein Moment, der einer demokratischen Beteiligungsstruktur unwürdig ist! Die kollektive Sprechstunde bietet einen geschützten Raum und diese wird betrieblich aus der Perspektive der Beschäftigten, leider noch immer viel zu oft, dringend gebraucht.

b. Kollektive Beteiligungsmöglichkeiten

Innerhalb der kollektiven Beteiligungsmöglichkeit sind die Pflichten zur Durchführung der Betriebsversammlungen von Bedeutung. Sie sind der passende Raum, um sich ein qualitativ hochwertiges Feedback von der Belegschaft geben zu lassen. Hier können alle betrieblichen Themen betriebsöffentlich besprochen werden. Für die Kolleg*innen können sie eine interessante Abwechslung zur Arbeit sein. Auf den Betriebsversammlungen kann es gerne auch mal etwas schwungvoller zu gehen. Nutzen Sie diese Gelegenheit. Bringen Sie ein wenig Abwechslung in die Versammlungen. Arbeiten Sie mit dem Element des Humors. Es ist schön, wenn die Belegschaft sich gesehen fühlt und wenn das Kollegium auch etwas zu lachen, zu schmunzeln oder zu staunen hat. Auf den Betriebsversammlungen mit dem Element des Humors zu arbeiten und darüber Impulse bei der Belegschaft zu wecken, damit sie mit dem Betriebsrat in den Dialog treten mögen, ist ein lohnender Erfolg einer gelungenen Betriebsversammlung.

aa. Rechtlicher Rahmen für die Betriebsversammlungen/ Örtliche Ebene

Der Betriebsrat hat einmal in jedem Kalendervierteljahr eine Betriebsversammlung einzuberufen und in ihr einen Tätigkeitsbericht zu erstatten« (§ 43 Abs. 1 Satz 1 BetrVG).

Betriebsversammlung	Teilversammlung	Abteilungsversammlung
(Definition § 42 Abs. 1 Satz 1 BetrVG= der **Normalfall**)	(Definition § 42 Abs. 1 Satz 3 BetrVG= **Sonderfall**)	(Definition § 42 Abs. 2 BetrVG= **Sonderfall**)

Betriebsversammlung	Teilversammlung	Abteilungsversammlung
Alle AN zur gleichen Zeit am gleichen Ort zu den gleichen Themen	Die AN in Teilen (z. B. in Schichten), verschiedene Versammlungen mit gleichen Themen	Die AN nach Abteilungen; Mehrere Versammlungen, verschiedene Themen

Der Betriebsrat kann in jedem Kalenderhalbjahr eine weitere Betriebsversammlung oder … einmal weitere Abteilungsversammlungen durchführen, wenn dies aus besonderen Gründen zweckmäßig erscheint« (§ 43 Absatz 1 Satz 4 BetrVG).
Darüber hinaus müssen Betriebsversammlungen einberufen werden:

- auf Antrag eines Viertels der Arbeitnehmer*innen (§ 43 Absatz 3 BetrVG).
- auf Antrag der Arbeitgeber*innen (§ 43 Absatz 3 BetrVG).
- auf Antrag einer im Betrieb vertretenen Gewerkschaft, wenn im vorigen Kalenderhalbjahr keine Betriebsversammlung stattgefunden hat (§ 43 Absatz 4 BetrVG).
- (wenn noch kein Betriebsrat besteht:) zur Wahl des Wahlvorstandes (§ 17 Absatz 2 und 3 BetrVG).

Teilnehmer*innen:	Die Kosten …
• Alle Arbeitnehmer*innen des Betriebs ohne leitende Angestellte.	• der Arbeitszeit der Arbeitnehmer*innen.
• Die Arbeitgeber*in (mit Rederecht) (§ 43 Absatz 2 BetrVG).	• der Wegezeiten.
• Gewerkschaftsbeauftragte (mit Rederecht) (§ 46 BetrVG).	• der evtl. anfallenden Anfahrtskosten.
• Beauftragter des Arbeitgeberverbandes (ohne Rederecht) (§ 46 BetrVG).	• der sachlichen Kosten.
Betriebsversammlungen sind **nicht öffentlich**! (§ 42 Absatz 1 Satz 2 BetrVG)	
… trägt die Arbeitgeber*in (§ 44 Absatz 1 BetrVG), einschließlich:	

bb. Gesamtbetriebsräteversammlung

Etwas ungewöhnlicher als im örtlichen Betriebsrat ist die Durchführung der Betriebsräteversammlung auf der Ebene des GBR. Die Gesamtbetriebsräteversammlung ist so etwas wie ein Parlament aller Betriebsräte des Unternehmens.[110] Es fördert den Dialog aller örtlichen Betriebsräte mit dem Gesamtbetriebsrat. Die örtlichen Betriebsratsmitglieder können auf dieser Versammlung Anträge stellen und darüber beschließen.[111] Allerdings ist der GBR nicht an diese Anträge gebunden.[112] Der Gesamtbetriebsrat hat jedoch Stellung zu nehmen zu den Anträgen und auch

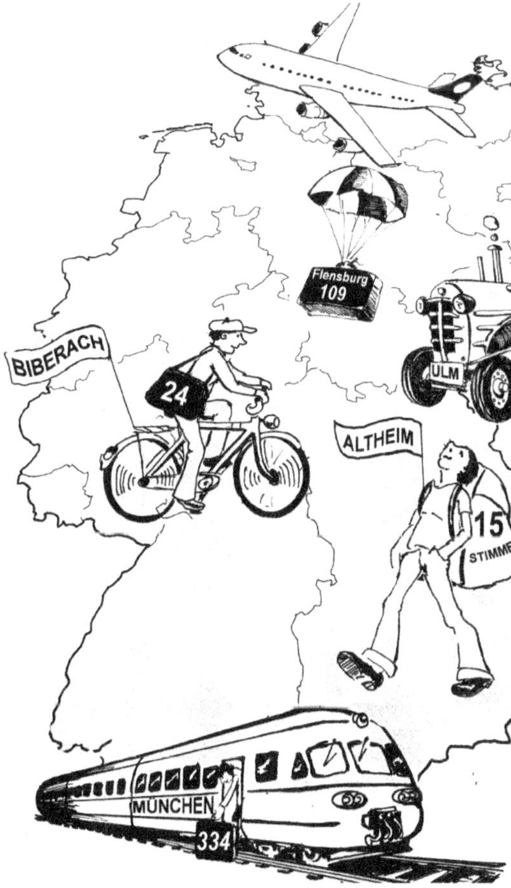

110 Richardi, § 53 RZ 1.
111 Richardi, § 53 RZ 39.
112 Ebenda.

Anliegen der örtlichen Betriebsräte (§ 53 Absatz 3 Satz 2 in Verbindung mit § 45 Satz 2 BetrVG).

Die Gesamtbetriebsräteversammlung muss nach § 53 Absatz 1 BetrVG einmal im Kalenderjahr stattfinden.

Der örtliche Betriebsrat kann selbständig entscheiden, welche Betriebsratsmitglieder an der Versammlung teilnehmen dürfen.[113] Der örtliche Betriebsrat darf seine Anzahl an Entsendungsmitglieder nicht überschreiten. Das bedeutet:

- Hat der öBR einen Anspruch auf ein Entsendemitglied, dann darf er auch nur ein Mitglied entsenden.
- Entsendet der öBR in der Regel zwei Mitglieder, dann darf er auch zwei Menschen in die Gesamtbetriebsratsversammlung entsenden.

cc. Konzernbetriebsräteversammlung?

Es gibt keine gesetzliche Grundlage für eine Konzernbetriebsräteversammlung. Hier trifft man sich in einer KBR-Sitzung.

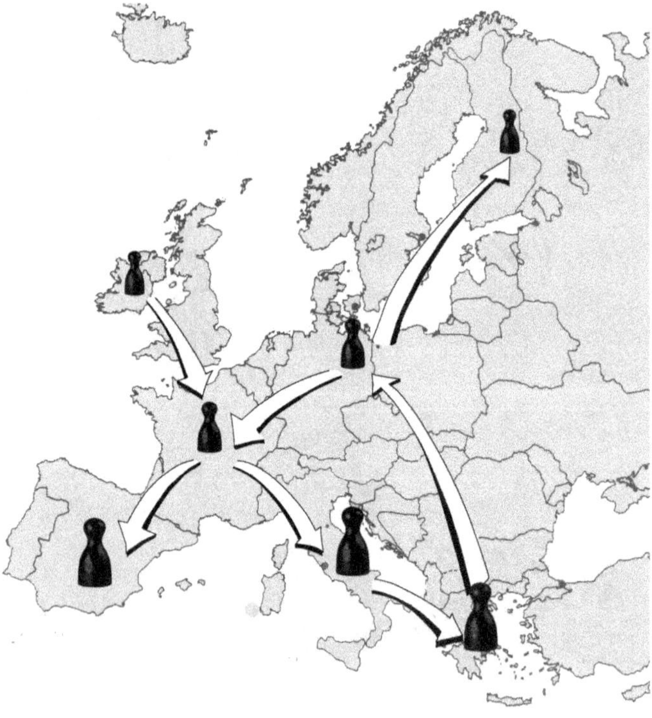

113 Richardi, § 53 RZ 8; D/K/W, § 53 RZ 7.

c. Gestaltungselemente für eine humorvolle Betriebskultur

Im Folgenden stelle ich eine kleine Auswahl an Elementen vor, die in der Informationspolitik der betriebsrätlichen Öffentlichkeitsarbeit für ein wenig Spaß sorgen können. Menschen mögen es, wenn sie unterhalten werden. Trockene und spröde Vorträge können schnell zur Ermüdung führen. Außerdem gilt in der Kommunikationspsychologie, dass die Menschen nur zu 20 % durch das gesprochene Wort informiert werden. 80 % der Kommunikationserfassung werden über andere Sinne erfasst. So kommt es, dass das gesprochene Wort die Quelle aller Missverständnisse ist. Mediatoren können dies bestätigen. Auch in der Konfliktarbeit gilt dieser Grundsatz. In der Mediation klären wir mehrheitlich Missverständnisse.

aa. Sendung-mit-der-Maus-Bericht

Ein Bericht, der sich der »Maustechnik« bedient, endet mit dem Satz *»Is' es aber nicht« oder »Is' es auch«.*

Beispiel zum Thema Tarifarbeit aus dem öffentlichen Dienst:
»Liebe Kollegin und lieber Kollege, das ist der Herr Mustermann. **Sieht eigentlich ganz nett aus, is' er aber nicht.** Is'n populistischer Gewerkschaftshasser. Muss er auch sein, er ist nämlich bei der XXX-Partei.
Uns nicht zu geben, was wir brauchen, macht er nicht selbst. Das machen auch nicht die wichtigen Herren und Damen aus der XXX-Partei, sie schicken einen ihrer Finanzminister aus einem ihrer Bundesländer. Den Herrn Musterkind (Finanzminister in xx) eben. Und der macht aus dem geplanten Abbau von 250 000 Stellen im öffentlichen Dienst und der Nichtübernahme der Auszubildenden mal eben 18 Minuten Mehrarbeit für alle anderen am Tag. **Hört sich doch viel schöner und einfacher an, auch für die Medien. Is' es aber nicht.**
Die wichtigen Herren in der XXX-Partei, der Herr XY, der Herr XU oder die Frau ABC, sind nämlich Ministerpräsident*innen in einem Bundesland, davon hat Deutschland 16 Stück. Und die haben für ihre Beamten die Arbeitszeit per Diktat einfach schon mal verlängert. Die Beamten dürfen da nämlich selbst nicht mitreden und sind jetzt viel länger im Büro und viel weniger bei ihren Lieben zu Hause. **Hört sich ganz schön gemein an, is' es auch.**
Und weil die Beamten jetzt viel länger arbeiten müssen als alle anderen im öffentlichen Dienst, sollen diese anderen jetzt auch länger arbeiten dürfen. Das nennen die dann Solidarität unter den Arbeitnehmer*innen. **Hört sich ja erst mal logisch an, is' es aber nicht,** ist eigentlich 'ne ziemliche Sauerei. Und durch eine Sauerei darf man keine andere Sauerei erklären.
Die anderen Beschäftigten im öffentlichen Dienst haben aber einen Tarifvertrag und dürfen über die Gewerkschaften dabei mitbestimmen. Das

stört die Herren und Frau Ministerpräsident*innen aber mächtig. Deshalb wollten die auch vor der letzten Bundestagswahl die Tarifautonomie abschaffen. Haben die dann aber betriebliche Bündnisse für Arbeit genannt, hört sich wieder viel schöner an, auch für die Medien. Das haben die Damen und Herren aber letztendlich nicht geschafft, weil die nicht genug Leute gewählt haben. Doof gelaufen.
Daher versuchen die Damen und Herren das jetzt im öffentlichen Dienst durchzusetzen. Da ist das nämlich am leichtesten. Die öffentlichen Kassen sind durch Politiker wie den Herrn Mustermann nämlich leer gemacht worden. Die nehmen z. B. den Alten, den Arbeitslosen oder den Arbeiter*innen das Geld mit Steuern und Abgaben weg, um das dann den Reichen und den internationalen Unternehmen zu schenken. **Hört sich doof an, is' aber so.** Aber das verstehen viele in Deutschland nicht, da müsste man nämlich mal nachdenken. Und in der Bildzeitung steht das nämlich auch nicht.
Diese Unternehmen sollen damit dann neue Arbeitsplätze in Deutschland schaffen, davon haben wir nämlich viel zu wenige. Deshalb macht das ja auch gar keinen Sinn, noch mal 250 000 Stellen im öffentlichen Dienst zu vernichten. **Hört sich doch logisch an, is' es eigentlich auch.** Die Unternehmer*innen haben aber mit dem Geld noch nie Arbeitsplätze geschaffen. Das macht dem Herrn Mustermann und den Ministerpräsident*innen aber nichts. Die werden nämlich von diesen Leuten gut bezahlt, das nennen die dann Aufsichtsratsmandate. Und wenn die mal nicht mehr in der Politik arbeiten, weil die Bürger*innen die zum Beispiel abgewählt haben oder die beim Lügen erwischt wurden, dann arbeiten die einfach für diese Unternehmen für viel Geld im Monat weiter. Nur der Herr XY nicht, der bleibt einfach in der Politik. **Hört sich unfair an, is' aber so.**
Und wie das mit dem Herrn Mustermann und den Damen und Herren Ministerpräsident*innen so weitergeht, das erfahrt ihr dann beim nächsten Mal. Der Herr ABC zum Beispiel, Ministerpräsident in Bayern, von der XXX-Partei, dem geht der Herr Mustermann nämlich auch schon ziemlich auf den Keks. Der Herr ABC will nämlich die Tage wieder gewählt werden. Schlau dieser Herr ABC.
So liebe Kinder, viele Grüße und seid nicht böse, wenn der Kindergarten mal zu ist oder der Müll vorm Haus vor sich hin stinkt. Den Beschäftigten im öffentlichen Dienst stinkt das alles nämlich schon lange und deshalb machen die jetzt auch Rabatz und streiken. Jetzt wisst ihr ja warum!!!
P.S. Ach ja, die XXX-Partei hat auch 'ne wichtige Frau. Das ist die Frau XXX. Die ist aber immer im Ausland. Das macht aber nix, die ganzen schlechten Nachrichten verkaufen uns so lange die Politiker von der XXX-Partei. So ist das eben in dieser großen Koalition. **Klingt doof, aber selber schuld.**«

bb. Timeline/Reisen mit einer Zeitmaschine

Timeline ist ein US-amerikanischer Science-Fiction-Film von Regisseur Richard Donner aus dem Jahr 2003. Er ist eine Verfilmung des Romans

Timeline von Michael Crichton aus dem Jahr 1999. Wie in der Verfilmung kann man über Jahreszahlen bestimmte Ereignisse oder Veränderungen präsentieren.

Beispiel aus einem betrieblichen Veränderungsprozess:
Diese Technik ist gut für eine etwas größere Fläche geeignet. Hier könnten Stühle nebeneinander gestellt werden. Ein Plakat stellt Jahreszahlen da. Die sprechende Person setzt sich während des Erzählens immer einen Stuhlplatz weiter.

1983 Ich bin 17 Jahre und heute habe ich meinen ersten Ausbildungstag hier in der Firma. Erlebnisse beschreiben, erzählen und ausschmücken, was man erlebt und gesehen hat. Wie wurde kommuniziert? Wie wurde das Unternehmen geleitet? Unter welchen Bedingungen wurde produziert?

1986 Glücklich, weil ich übernommen wurde. Wünsche beschreiben, Ziele, Hoffnungen erzählen. Beschreiben, wie in der Firma gearbeitet wird.

1989 Wiedervereinigung einbauen. Historische Ereignisse benennen, damit die Zuschauer*innen eigene Bilder im Kopf produzieren. Wichtige Veränderungen in der Firma benennen.

1999 … Jahreszahlen und betriebliche Kultur, Ereignisse oder Veränderungen ansprechen, ausschmücken.

2006 Das Jahr, bevor die Weltwirtschaftskrise ungehemmt dafür benutzt wird, ganze Unternehmen umzustrukturieren. Was wurde angekündigt? Was passiert?

2009 Was ist übrig geblieben von der Firma? Wie wirkt sich dies auf die Menschen aus?

2011 Jeden Morgen die erste Meldung WIRTSCHAFTKRISE und die letzte Meldung WIRTSCHAFTSKRISE. Wovon werden künftige Generationen träumen? Beschreiben, ausschmücken etc.

2013 Neue Wirtschaftskrise. Der Euro ist gefährdet. Welche Auswirkung hat dies auf den Betrieb? Die Beschäftigten? Beschreiben, schmücken, spielen …

2020 Der demographische Wandel lässt sich nicht mehr leugnen. Wie sieht die Arbeit der Zukunft aus? Arbeiten bis zum 80. Lebensjahr? Beschreiben, ausschmücken und etc. Was macht die Jugend? Bekommen junge Menschen Gebärprämien? In welcher Höhe? Mit welchen Sachleistungen werden sie gelockt? Beschreiben, ausschmücken. Wie hat sich die Arbeit während der Corona-Pandemie gestaltet? Wurde mit Corona-Infektion gearbeitet? Durfte es bekannt werden, wenn ich infiziert war? Oder gab es ein Verbot den Kolleg*innen die Erkrankung mitzuteilen, damit sich nicht weitere testen lassen? Ab wann galt der Gesundheitsschutz? Usw.

2023 **Seit dem 7. April ist die Corona Pandemie für beendet erklärt worden. Was waren die Themen, die bei der Belegschaft vordergründig waren? Gab es eine Corona-Prämie? Für alle oder nur für bestimmte?**

2025 **Wie gestaltet die Arbeit sich heute? Was ist anders und was wurde beibehalten? Gibt es noch immer Auswirkungen der neuen Arbeitsweise?**

2030 **Wie stellt sich die Arbeit im Jahre 2030 da?**

In dem Sketch »Zeitmaschine«, kann es einen Erzähler geben und das Gremium spielt die dazu gehörenden Sequenzen.

cc. Sketch mit der Playback-Technik

Das Playbackspiel ist eine Form der szenischen Arbeit. Es handelt sich hierbei um eine Technik; die auch im Improvisationstheater verwendet wird. Die Betriebsräte spielen eine Sequenz aus ihrer Arbeit oder aus einem Bericht aus dem Publikum nach. Im Playback inszeniert eine Gruppe Szenen aus dem Leben der Erzähler*innen nach dessen Vorgaben.
Technisch braucht man zum Schutz der Erzähler*innen eine Bühne, die wie folgt aufgebaut ist:
Auf dieser Bühne sitzen mit dem Gesicht zum Publikum die Spieler*innen. Auf der Bühne rechts zwei Stühle. Auf einem der Stühle sitzt die »Moderator*in«, die ein Interview führt. Auf dem anderen Stuhl wird jemand aus dem Publikum sitzen oder ein Betriebsratsmitglied, welches etwas zu berichten hat.
Anlass könnte z. B. sein, dass der Betriebsrat vor der **nächsten Betriebsratswahl** steht und dringend **Nachfolger*innen sucht**. Dabei wird z. B. die langjährige Vorsitzende darüber interviewt:

- Wie bist du erstmalig auf die Idee gekommen zu kandidieren?
- Was hast du im Betriebsrat erlebt?
- Was war gut? Was klemmt? Was war wirklich nicht schön?
- Was braucht man dringend in dieser Funktion?
- Was wünschst du dir jetzt von den Kolleg*innen?

Eine Gruppe spielt die Ereignisse und Aussagen nach. Der Erzähler*in (Protagonist*in) kann die spielende Darstellung jederzeit, z. B. mit einem Glöckchen unterbrechen und korrigieren, wenn sie falsch wiedergegeben wurde. Die Gruppe hält sich dabei an die Anweisung der Erzähler*in und dichtet nichts Eigenes hinzu. Der Erzähler*in kann jederzeit das Spiel »einfrieren«. Das bedeutet, dass gestoppt und eine Korrektur eingeleitet wird. Dies kann der Erzähler*in über Worte tun oder die Szene eigenständig spielen. Das Playback ist eine wunderbare Methode, um Emo-

tionen zu kommunizieren oder um Humor einzubauen. Das Playback ermöglicht eine Teilnahme auf einem anderen Sinnesorgan und damit einen anderen Zugang zum Thema. Es darf übertrieben oder untertrieben werden.
Nach einem Playback können Diskussion oder Arbeitsgruppen durchgeführt werden:

- Flüstergruppen bilden. Hier setzen sich zwei oder drei zusammen und bereden sich. Im Plenum kann dann berichtet werden, zu welchem Ergebnis die Flüstergruppe gekommen sind.
- Arbeitsgruppen zusammenstellen.
- eine offene Debatte führen.

dd. Das Stegreifspiel

Im Stegreifspiel wird **eine Szene vorgeben**.

Beispiele:

- In der Kantine.
- Das letzte Monatsgespräch mit dem Arbeitgeber, vom XX.XX.20XX.
- In der Abteilung XY.
- In der Umkleidekabine zum Schichtbeginn oder Schichtende.

Die Szene wird sowohl inhaltlich belegt als auch durch Rollen inhaltlich bestimmt. Dies ist für ungeübte Gruppen wichtig, weil sonst alles durcheinandergeraten kann.

Beispiel:
Anlass Arbeitszeitverlängerung
Was bedeutet dies für

- den Chef?
- den alleinerziehenden Vater?
- die Witwe?
- den Single, der heute Abend ein wichtiges Date hat?
- einen Kollegen, der dringend Geld braucht?
- den Personalplaner (Arbeitszeitgesetz einhalten; Schichtpläne kommen wegen der Pausen- und Ruheregelungen durcheinander).
- den Betriebsrat. Was hat er damit zu tun?
- die erkrankten Kolleg*innen?
- unser Inklusionsvorhaben?

Die Bestimmung der Rollen hat dabei die Funktion, dass die Spielenden den Anlass nicht vergessen. Innerhalb ihrer Rollen dürfen die Spieler frei improvisieren.
Es ist auch erlaubt, die Rolle als Anti-Rolle oder Ideal-Rolle zu spielen. Wichtig ist, dass alle aus Ihren Rollen sprechen. Als Kollege, der dringend Geld braucht, könnte ich aussprechen, warum ich dieses Geld brauche. Wieso ich überhaupt in Geldnot bin. In den Großstädten lohnt sich ein Bezug zu den wahnsinnigen Mieten! »Wenn ich jetzt auch noch meine Überstundenzuschläge verliere, dann kann ich meine Wohnung nicht mehr bezahlen und eine neue kann ich hier in München in keinem Fall mehr anmieten. Dann muss ich … auweia … usw.«
Im Anschluss ist das Stegreifspiel im Idealfall diskussionsanregend. Der Betriebsrat kann sein Thema leichter mit der Belegschaft diskutieren, weil das Stegreifspiel ein gemeinsames Erleben im Ereignis hat, auf welches sich das Publikum beziehen kann. Sie können dann z. B. sagen: »Ja, bei mir ist es auch so wie bei … das ist gut dargestellt. Bei mir ist es so …«
Wichtig ist bei dieser Anwendung, dass die Spieler*innen nach dem Spiel wieder sehr sorgfältig in die Gegenwart und in ihre echte Person zurückgeführt werden. Sonst kann es zu Kränkungen und Streit kommen! Es ist schlimm, wenn jemand die A-Rolle hatte und ständig in dieser Rolle, die sie oder er ja nur gespielt hat, angesprochen wird.

ee. Die Positivbühne | Surplus = Die Zukunftsprojektion

Die Positivbühne ist dem Stegreifspiel sehr ähnlich. Hierbei geht es jedoch darum, dass die Szene, der Anlass und die Spieler*innen eine in der Zukunft spielende Szene spielen. Die Positivbühne muss positiv gespielt werden, weil es davon handelt, dass Perspektiven auf ein künftiges Ereignis entworfen werden können.
Negative Erwartungen können im anschließenden Gespräch mit der Belegschaft besprochen werden. So kann das Publikum seine Ängste oder Befürchtungen leichter kommunizieren, indem es sich auf eine Darstellung im Spiel bezieht. Es ist leichter ihre Befürchtungen zu äußern, wenn sie sich darauf beziehen können, dass dies oder jenes eben nicht so rosig zu erwarten ist, wie die Rolle XY dies gespielt hat. Sie haben die Chance über ein gemeinsames gesehenes Schauspiel zu sprechen. Dies erspart Ihnen die Beispiele aus Ihrem eigenem Leben.

Beispiel:
Altersgerecht arbeiten. Wie arbeitet ein Mensch mit
- 20
- 30
- 40
- 50
- 60
- 70
- 80

Es werden Berufe aus dem Betrieb nachgespielt. Personen können erfunden sein oder mit ihrer Erlaubnis die Beschäftigten selbst. Die Beschäftigten können sich auch selbst spielen. Das macht besonders viel Spaß.
Weitere Themen könnten sein:
- Vereinbarkeit Familie und Beruf.
- Mindestlohn und/oder bedingungsloses Grundeinkommen.
- Digitalisierung.
- Wir wollen einen Tarifvertrag!
- Leistung ohne Lob: Wertschätzungskompetenz könnte nachgespielt werden, damit die Belegschaft ein Bild davon bekommt, was sie braucht, um ein Plus an Respekt und Wertschätzung zu erleben.

Die Zukunftsbühne oder auch Positivbühne kann als Arrangement dienen, wichtige Informationen für eine künftige Themenbearbeitung zu geben oder zu ermöglichen.
Wichtig ist bei dieser Anwendung, dass die Spieler*innen nach dem Spiel wieder sehr sorgfältig in die Gegenwart und in ihre echte Person zurückgeführt werden. Sonst kann es zu Kränkungen und Streit kommen!

d. Tipps für das Sprechen und Verhalten vor Publikum

Sprechtempo	Zügig und deutlich sprechen. Es hilft in der Betonung auf den letzten Buchstaben im Satz hin zu sprechen.
Verhaspeln	Den Satz einfach erneut beginnen. Sich entschuldigen und jede Kommentierung wirkt unsicher.
Souverän sein	Lächeln, offener Blick, ruhige Hände

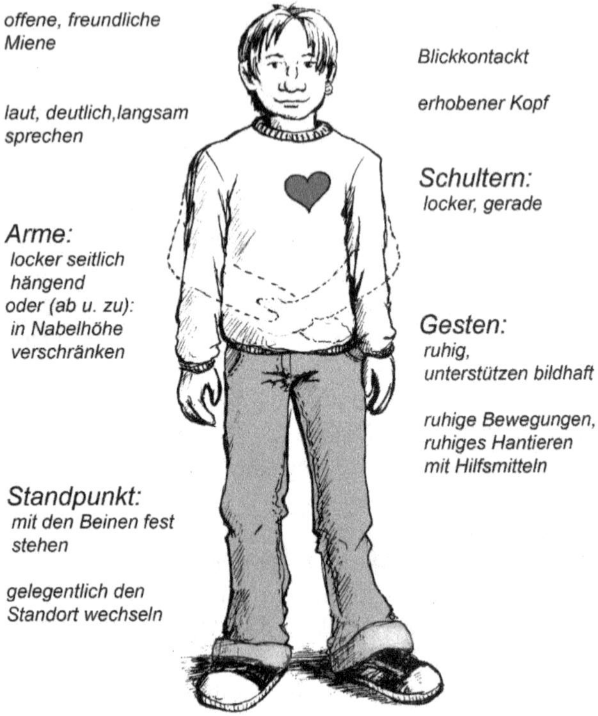

Applaus	Weiter sprechen, wenn man keinen Applaus braucht, weil man z. B. kurz vor der Pointe steht. Wenn der Applaus abebbt, wieder anfangen zu sprechen, bevor er ganz verstummt ist. Bei abebbendem Applaus einfach anfangen weiter zu sprechen.
Schlussapplaus	Sich zum Publikum wenden. Auf der Bühne stehen bleiben. Sich verneigen und sich freuen.

e. Podcast-Produktion

Ein Podcast eignet sich z. B. für die Bekanntmachung von Gesetzesänderungen und er kann genutzt werden, um auf eine Veranstaltung oder eine Betriebsversammlung hinzuweisen. Das Thema Whistleblowing und das Hinweisgeberschutzgesetz wäre z. B. gut geeignet, um die betriebliche Meldestelle bekannt zu machen und um ihre Arbeitsweise zu erklären.
Es gibt inzwischen Betriebsratsschulungen und auch gewerkschaftliche Schulungen, die Anleitungen und Übungsräume bieten.

Ganz wichtig ist, dass die innerbetriebliche IT-Abteilung und die Arbeitgeber*in in diese Arbeit einbezogen ist. IT-Arbeit ist betriebsverfassungsrechtlich nicht ausdrücklich erlaubt. Allerdings einigen sich Betriebsräte und auch Arbeitgeber*innen immer öfter auf die innerbetriebliche Informationsweitergabe über Podcast.

9. Imagepflege

Achten Sie darauf, dass Sie als Räte auch von Ihrem Image leben.
Das Image ist das Selbstbild des Betriebsrats in der betrieblichen Öffentlichkeit. Das Image entscheidet darüber, wie der Betriebsrat in der betrieblichen Öffentlichkeit wahrgenommen wird. Nicht einzelne Akteure stehen für ein Image. Es geht immer um das gesamte Team mit seiner betriebsrätlichen Arbeit. Eine gezielte Imagepflege setzt voraus, dass der Betriebsrat strategisch über seine Arbeitsziele vereint ist. Es geht darum, ein bewusstes Bild über das Team Betriebsrat in der betrieblichen Öffentlichkeit zugunsten der Beschäftigten zu beschließen.
Ihre Verfehlungen[114] werden von der Belegschaft sehr genau beobachtet. Das passende Image haben Sie, wenn die Arbeit des Rats selbst zu einer Marke wird. Das klingt etwas seltsam. Schauen Sie sich an, wie Werbung wirkt und funktioniert.
Wenn die Arbeit der Räte selbst als Marke steht, ist es für alle einfacher. Räte, die einheitlich handeln, verschaffen sich Respekt und Anerkennung. Lassen Sie sich in Bezug auf die Zielerreichung rechtlich oder gewerkschaftlich beraten!
Zur persönlichen Markenbildung empfehle ich:
Es braucht ein Ziel in Bezug auf das Image des Betriebsrats. Sind wir: kämpferisch? Seelsorgerisch? Kümmerer? Seriös? Vertrauenswürdig wem gegenüber?

- Bleiben Sie allen Menschen gegenüber freundlich und authentisch (echt).[115]
- Beteiligen Sie sich nicht an Intrigen.
- Kommunizieren Sie direkt und nicht über Dritte (Lästern Sie nicht).
- Fördern Sie das Team/den Rat.

114 Ein Ratsmitglied (oder der gesamte Rat) entpuppt sich z. B. als Mobber, diskriminierender Mensch, organisiert sich einen persönlichen Vorteil, welcher keinen Nutzen für die Belegschaft hat, ist gegenüber Kolleg*innen arrogant, selbstgerecht und unfreundlich. An den Nöten der Belegschaft ist er nicht interessiert.

115 Sie dürfen gerne streiten und für Ihre Positionen kämpfen. Sie dürfen dabei jedoch nicht anderen Ihre Positionen in Abrede stellen.

Setzen Sie sich im Rat glaubhafte Werte. Es geht nicht darum, alles Mögliche zu versprechen. Es müssen auch Erfolge erzielt werden.
Ehrlichkeit und Authentizität sind zentral.
Keine leeren Versprechen oder Widersprüche zwischen Worten und Taten zulassen.
Es muss eine einheitliche und regelmäßige Kommunikation aus dem Betriebsrat zur Belegschaft sichergestellt werden. Der Betriebsrat ist kein Geheimrat.

C. Selbstmanagement und Sozialtechniken

Selbstmanagement bedeutet, dass der Betriebsrat sich selbst organisiert ohne die Steuerung von außen.

Unter **Selbstmanagement**[116] wird allgemein verstanden,

- Aufgaben bestmöglich zu organisieren und zu erledigen.
- effektiv zu handeln. »Handele so, dass Ergebnisse geschaffen werden können«.
- effizient zu handeln. »Richte deine Handlungen so aus, dass das Ergebnis wirkungsvoll erreicht wird. Mache keine halben Sachen!«.
- Kontakte systematisch zu nutzen. »Du musst nicht alles wissen, du musst wissen, wer etwas weiß, kann oder hat«.
- Markensetzung. »Verkaufe dich gut und vermarkte dich«.
- Mentor-Angebote zu nutzen. »Nutze den klugen Rat der anderen, inspiriere dich durch Ratschläge«.
- NEIN sagen zu können – STOPPS setzen zu können.
- Netzwerke aufzubauen. »Jeder Kontakt hat zu seiner Zeit eine wichtige Funktion«.
- Optimierung der eigenen Fertigkeiten. »Organisiere dich bestmöglich, dann hast du mehr Zeit«.
- Ordnungssysteme zu erschaffen. »Ordnung ist die halbe Miete«.
- Planung der anstehenden Aufgaben.
- Termintreue. »Halte dich an die vereinbarten Zeitabsprachen«.
- Zeitmanagement.
- Ziele zu setzen. »Wer kein Ziel hat, kann auch keines erreichen«.[117]
- Zieleinhaltung regelmäßig zu überprüfen.

Sich selbst zu managen bedeutet, darauf abzuzielen, sich bestmöglich zu organisieren, um die damit zur Verfügung stehende Zeit so zu nutzen,

116 Alphabetische Reihenfolge. Die Aufzählung stellt keine Periodisierung dar.
117 Mark Twain.

sodass Sie möglichst viel schaffen, wenn Sie in Ihrer Funktion und Rolle tätig sind.

Praxistipp: Tabuspielchen

- Andere warten lassen. Sitzungsbeginn ist 9:00. Und bis 9:30 kleckern nach und nach die Räte herein. Es beschädigt die Kolleg*innen die pünktlich sind.
- Sich nicht an Absprachen halten.
- Sich nicht an Termine halten. Priorität A = Termintreue.
- Vereinbarungen brechen.
- Sich keine Hilfe organisieren.
- Keine Eigenverantwortung übernehmen.
- Unvorbereitet in die Sitzungen gehen.
- So tun, als ob man etwas verstanden hat, obwohl man nichts verstanden hat.
- Immer Besserwisser*in zu sein.
- Machtspielchen spielen.
- Sich aufwerten durch Abwerten anderer »Ich bin okay und ihr seid alle doof«.
- Eitel sein.
- Illoyal dem Betriebsrat und der Belegschaft gegenüber sein.
- Das Amt missbrauchen für einen persönlichen Vorteil.

Als sozial kompetent gilt, wer sein Handeln darauf ausrichten kann, dass die Welt oder das System, in dem sie oder er lebt und agiert, zum Wohle aller Beteiligten gestaltet ist.

Soziale Kompetenz oder auch Intelligenz[118] bezeichnet das persönliche Vermögen eines Menschen, persönliche Fähigkeiten und Einstellungen zu besitzen, die dazu beitragen, das eigene Verhalten und Handeln von seiner eigenen individuellen Handlungsorientierung auf ein gemeinschaftliches Handlungskonzept hin auszurichten. »Sozial kompetentes« Verhalten verknüpft die individuellen Handlungsziele von Personen mit den Einstellungen und Werten von Gruppen oder Anderen. Mit Konformität oder Uniformität hat dies nichts zu tun. Wer sich anpasst, nicht anecken mag, sich versteckt hinter einer Maske, ist nicht sozial kompetent. Vielmehr führt dies dazu, dass notwendige Entwicklungsprozesse nicht in Gang gesetzt werden, weil niemand ein Profil hat.

118 Götzfried, »Emotionale Intelligenz für Führungskräfte & Teams«: Hier finden sich viele Teamübungen.

Die fachliche Kompetenz wird durch das Erwerben einer sozialen Kompetenz, die für das Ausüben eines Berufes nötig und förderlich ist, erweitert.

In der Rolle und Funktion als gesetzliche Interessenvertretungen müssen Sie Ihrer eigenen Identität wegen und um sich nicht zu verbiegen, lernen, das zu sagen, was Sie zu sagen haben und das zu tun, was Ihnen wirklich wichtig und richtig erscheint. Das bedeutet auch bei der eigenen Meinung oder dem eigenen Wert zu bleiben und sich nicht anzupassen. Auch wenn dies schwer ist, gewinnen immer Sie als einzelne Person am Ende. Die Welt weiß, wer Sie sind und Ihr Umfeld lernt irgendwann mit Ihnen zu arbeiten. Sie müssen sich natürlich auch um die anderen bemühen und sich kontrolliert verhalten.

Es ist sinnlos, sich stromlinienförmig anzupassen! Sie haben alles Recht der Welt, die Anliegen in Ihrer ganz eigenen Art zu bewältigen. Und vergessen Sie es nicht! Sie sind gewählt worden und nicht angestellt oder im Praktikantenstatus.

Betriebsräte sind in ihrer Rolle und Funktion gut aufgestellt, wenn sie

- strukturiert handeln können.
- teamfähig sind.
- konfliktfähig sind.
- kommunikative Kompetenzen haben.
- Kritikfähigkeit besitzen.
- selbstbeherrscht sind oder Selbstdisziplin haben.
- selbstbewusst sind. »Ich weiß, wer ich bin und ich weiß, was ich kann«.
- mit ihrer Zeit klug umgehen.
- selbständig arbeiten können und nicht auf Anweisungen warten.
- Verantwortung und Eigeninitiative übernehmen.
- vertrauenswürdig sind und Verlässlichkeit bieten.
- anderen Feedback geben können.
- andere loben und motivieren mögen.
- über Empathie und Einfühlungsvermögen verfügen.
- gut zuhören können.

Alles, was die Ratsmitglieder noch nicht können, können sie erlernen oder durch Hilfeleistungen erhalten. Sie müssen nur zu ihren Defiziten und ihren Schwächen stehen. Niemand ist perfekt geboren. Alle müssen erst lernen, wie das geht mit der Betriebsratsarbeit.

I. Qualifizierungspflicht

In der Praxis stellen Betriebsräte immer die Frage, wieviel Qualifizierung ihnen zusteht? Was sie tun können, damit sie an Bildungsmaßnahmen teilnehmen dürfen. Relativ schnell, stellen sie fest, dass sie innerhalb dieser Rolle und Funktion über ein breites Repertoire an Fachwissen verfügen müssen, welches sie nicht haben.

1. Bildungsanspruch des örtlichen Betriebsrats nach § 37 Absatz 6 BetrVG

Nach § 37 Absatz 6 BetrVG hat der Betriebsrat einen unbegrenzten Anspruch auf Qualifizierungsmaßnahmen, die erforderlich sind für seine professionelle Arbeit im Betriebsrat. Das Bundesarbeitsgericht[119] hat bereits 1972, also nach der ersten Novellierung des BetrVG im Jahre 1972, in einem Grundsatzurteil bestätigt, dass die Teilnahme an erforderlichen Bildungsmaßnahmen zu den sogenannten Amtsobliegenheiten eines jeden Betriebsrats gehört. Es ist also keine Frage, ob der Betriebsrat ein Recht auf Bildung hat. Der Bildungsanspruch wird deutlicher, wenn er aus der Schadensperspektive betrachtet wird, der entsteht, wenn Betriebsräte sich nicht qualifizieren lassen.

> **Beispiel:**
> Nachdem die neue EU-Datenschutzgrundverordnung im Mai 2018 in Kraft getreten ist, werden Datenschutzverletzungen mit personenbezogenen Daten mit sehr hohen Ordnungswidrigkeitsgeldern belegt. Der Betriebsrat hat nach § 80 Absatz 1 Nummer 1 BetrVG die Überwachungspflicht zur Einhaltung von Gesetzen, die zugunsten der Beschäftigten gelten. Wie soll der Betriebsrat diese Anforderung bewältigen, wenn er abgeschnitten ist von dem Wissen, was der Datenschutz bedeutet, welche Aufgaben aus diesem Gesetz auf ihn zu kommen und ob dieses Datenschutzgesetz auch für die Arbeit im Gremium zur Anwendung kommt?

In ständiger Rechtsprechung[120] ist bereits seit den 70er Jahren anerkannt, dass Grundkenntnisse zum BetrVG und Arbeitsrecht, für die Betriebsratsarbeit unabdingbar sind. Die Arbeitsgerichte gehen davon aus, dass dieses Spezialwissen »Arbeitsrecht und BetrVG« nicht zur Allgemeinbildung eines in der BRD lebenden Menschen gehört. Sie gehen davon

119 Ständige Rechtsprechung, Übersicht bei D/K/W, § 37 RZ 108 ff.
120 Übersicht bei D/K/W, § 37 RZ 112.

aus, dass Personen diese Gesetzesmaterie nicht eigenständig erlernen können! Aus der Perspektive der Jurist*innen ist diese Ansicht sicherlich auch daraus zu erklären, dass sie selbst Jahre in ein Studium investiert haben, um die Gesetzeskompetenz zu erlernen! In den 80er Jahren stritten Betriebsräte mit ihren Arbeitgeber*innen darüber, ob es nicht ausreicht, wenn ein Betriebsratsmitglied zur Schulung geht, um dieses Wissen dann kostengünstig an das Kollegialorgan weiterzugeben?
Dieser Annahme ist kein Gericht gefolgt. Auch die Vermittlung von Wissen unterliegt einer eigenen Profession. In der Regel können dies Lehrer*innen, Bildungsreferent*innen und Pädagogen aller Art. Das BAG[121] hat zuletzt 2008 bestätigt, dass es einem Betriebsrat auch nach vier Jahren Amtszeit zusteht, die Grundqualifizierungen im BetrVG und Arbeitsrecht zu erwerben. Niemand kann es sich selbst beibringen.

a. Anspruch auf Qualifizierung nach § 36 Absatz 6 BetrVG

Es steht bereits im Wortlaut des Gesetzes, dass der Betriebsrat einen Anspruch auf erforderliche Qualifizierung hat.

aa. Grundqualifizierung[122]

In ständiger Rechtsprechung ist geklärt, dass es zu den Pflichten einer ordnungsgemäßen Betriebsratsarbeit gehört, sich in allen Grundthemen des Arbeitsrechtes und des BetrVG zu qualifizieren.
Alle Betriebsräte müssen sich schulen lassen. Der Betriebsrat beschließt in seiner Sitzung (§ § 30, 33 BetrVG), wer welchen Bildungsbedarf hat und dann ist die Arbeitgeber*in zu informieren. Die Arbeitgeber*innen haben nicht das Recht, Ihnen die Qualifizierung abzulehnen. Sie können lediglich einwenden, dass betriebliche Notwendigkeiten einer Teilnahme zu diesem Zeitpunkt nicht günstig seien. Es wirkt wie eine Bitte, nicht wie ein Befehl. Die Arbeitgeber*in hat keinen Rechtsanspruch darauf, die Bildung zu verhindern. Möchte sie nicht, dass der Betriebsrat zu einem bestimmten Zeitpunkt an der Qualifizierung teilnimmt, dann kann die Arbeitgeber*in, die Einigungsstelle anrufen (§ 37 Absatz 6 Satz 5 und 6 BetrVG).
Um die Konfliktlinie niedrig zu halten, empfehle ich eine Bildungsplanung für den Betriebsrat. Machen Sie doch im laufenden Herbst/Winter eine Bildungsplanung für das kommende Jahr; dann hat der Betrieb ausreichend Zeit, Ihre Abwesenheit betrieblich zu ordnen.

---

121 BAG v. 19.03.2008 – 7 ABR 2/07.
122 D/K/W, § 37 RZ 112.

bb. Spezialschulungen[123]

Bei den Spezialschulungen muss der Betriebsrat näher betrieblich begründen, warum er es für erforderlich hält, sich in einem bestimmten Seminar anzumelden. Der Betriebsrat muss einen betrieblichen Bezug zur Bildungsmaßnahme herstellen.

> **Beispiel:**
> Wir haben im Beschwerdeverfahren nach § 85 BetrVG vermehrt Konflikte in der Belegschaft zu moderieren. Deshalb wollen wir an einer Weiterbildung zur Konfliktmoderation teilnehmen oder auch: Der Krankenstand in unserem Betrieb ist sehr hoch, deshalb wollen wir an der Schulung »Gesund im Betrieb bis zur Rente« teilnehmen.

cc. Schulungsanspruch für Ersatzmitglieder[124]

Der Anspruch auf Qualifizierung gilt nach § 37 Absatz 6 BetrVG nur für Betriebsräte. Das Ersatzmitglied ist nicht als Betriebsrat gewählt und es hat deshalb von selbst keinen Anspruch auf die Teilnehme an Schulungen. Hier muss der Betriebsrat ähnlich wie bei den Spezialschulungen begründen, warum das Ersatzmitglied an der Schulung teilnehmen muss.

> **Beispiel:**
> Das Ersatzmitglied vertritt ständig ordentliche Mitglieder im Betriebsrat. Den Betriebsrat nervt es, dass das Ersatzmitglied die Sitzungen ständig damit aufhält, dass es Wissensfragen aus dem Arbeitsrecht und BetrVG stellt. Dieses Nachfragen verlängert die Sitzungszeit unnötig. Es ist daher geboten, dass das Ersatzmitglied Name und Nachname an der Schulung XY teilnimmt.

Das BAG[125] hat zuletzt 2001 entschieden, dass auch Ersatzmitglieder an Schulungen teilnehmen können, wenn dies zur Gewährleistung des Betriebsrats erforderlich ist. Es kommt hier auf die Begründung an.

b. Schulung von GBR und KBR

So richtig eindeutig ist ein Qualifizierungsanspruch für die überbetriebliche Interessenvertretung nicht. In § 51 Absatz 1 BetrVG (GBR) und § 59 Absatz 1 BetrVG (KBR) ist ein Bezug zu § 37 Absatz 6 BetrVG (Schulungsanspruch für die örtlichen Betriebsräte) nicht aufgezählt.

---

123 D/K/W, § 37 RZ 117ff.
124 D/K/W, § 37 RZ 145.
125 BAG 19.09.2001 – 7 ABR 32/00, in D/K/W, § 25 RZ 41.

Nun könnte man natürlich denken, dass überbetriebliche Betriebsräte keinen Schulungsanspruch haben. Ist das realistisch? Wohl kaum. Überbetriebliche Betriebsräte arbeiten in hochkomplexen Strukturen und Themen. Ihnen gegenüber steht ein Management, das bestens für alle Leitungs- und Entscheidungsfunktionen ausgebildet ist. Interessant ist, dass der Schulungsanspruch für überbetriebliche Interessenvertretungen in der Rechtsprechung keine Rolle spielt, weil es scheinbar keine Klagen von überbetrieblichen Interessenvertretungen gibt, die diesen Anspruch gerichtlich einklagen müssen.

Auf dieser Ebene hat ein Unternehmen einen sehr hohen Nutzen, wenn es mit qualifizierten und kompetenten Interessenvertretungen zusammenarbeiten darf. Die Wirtschaftsprozesse sind in der heutigen Zeit viel zu schnelllebig, als dass ein Zeitverlust über lästige Arbeitsgerichtsverfahren billigend in Kauf genommen werden sollte. Außerdem muss immer bedacht werden, dass im Arbeitsgericht Menschen am Werk sind. Und Menschen sind bekanntlich sehr unterschiedlich.

Erstmalig und scheinbar zuletzt, hatte eine Gesamtjugendausbildungsvertretung[126] einen Schulungsanspruch im Jahre 1975 nach § 37 Absatz 6 BetrVG geltend gemacht und diesen auch vor dem Bundesarbeitsgericht gewonnen. Das BAG hatte nicht zu entscheiden, ob die überbetrieblichen Interessenvertretungen ihren Qualifizierungsanspruch aus ihren Spezialvorschriften (§ § 51 Absatz 1 und 59 Absatz 1 BetrVG) ableiten könnten. Das Bundesarbeitsgericht hat entschieden, dass eine überbetriebliche Interessenvertretung aus einer gewählten örtlichen Interessenvertretung hervorgegangen ist und als solche nicht getrennt voneinander gedacht werden darf.

In der juristischen Fachliteratur[127] wird diese Entscheidung gelobt und ein Qualifizierungsanspruch wird nicht in Abrede gestellt. Diesem stimme ich ausdrücklich zu. Die überbetriebliche Interessenvertretung ist Bestandteil und Ausfluss der örtlichen Betriebsratsarbeit und insofern besteht nicht nur ein Recht auf Qualifizierung, es besteht auch eine Qualifizierungspflicht.[128]

- Es gilt der Grundsatz, dass die Qualifizierung erforderlich sein muss für die Geschäftsführung und Themenbearbeitung der Gremienarbeit.
- Die Räte müssen den Nutzen für ihre Arbeit benennen. Es genügt, wenn sie zugeben, dass sie überfordert sind und nicht befähigt, den Anforderungen gerecht zu werden.

---

126 BAG v. 10.06.1975, AP BetrVG 1972, Nr. 1.
127 Richardi, § 51 RZ 48ff.; D/K/W, § 51 RZ 50.
128 Siehe weiter bei Schwartau, Neu im Betriebsrat, 5. Auflage, Seite 132.

- Das Gremium muss seinen Weiterbildungsbedarf kommunizieren. Dafür ist es erforderlich, dass die Räte offen damit umgehen, wenn sie ein Wissensdefizit haben. Setzen Sie sich nicht dem Stress aus, so zu tun, als wüssten und könnten Sie alles. Gehen Sie offen damit um, dass Sie Qualifizierungsbedarf haben.

Auf Unternehmensebene (mindestens zwei Betriebe in einem Unternehmen) oder Konzernebene (mindestens zwei Unternehmen in einem Konzern) ist die Erforderlichkeit ganz sicher nicht strittig.

c. Kostenübernahme

Die Kosten der Bildungsmaßnahme tragen die Arbeitgeber*innen nach § 40 BetrVG.
Hierzu zählen die Reisekosten[129] und die Seminarkosten, inkl. Verpflegung und Übernachtung.[130] Der AG hat die »verkehrsüblichen = marktüblichen« Kosten zu übernehmen.[131]

2. Bildungsanspruch nach § 37 Absatz 7 BetrVG

Betriebsräte haben nach § 37 Absatz 7 BetrVG einen zusätzlichen gesellschaftlichen Bildungsanspruch. Die Kosten der Bildung müssen die Betriebsräte privat bezahlen.[132] Die Arbeitgeber*innen müssen das Gehalt weiterbezahlen. Mehr nicht.

II. Kosten der Betriebsratsarbeit insgesamt

Die Kosten des örtlichen Betriebsrats tragen die Arbeitgeber*innen nach § 40 BetrVG.
Spannend ist die Frage, wer die Kosten für die GBR/KBR-Arbeit trägt.
Die betriebsverfassungsrechtlichen Regelungen des § 40 BetrVG zur Kostenübernahmeregelung durch Arbeitgeber*innen gelten nach dem Wortlaut der gesetzlichen Regelung für überbetriebliche Interessenver-

129 D/K/W, § 40 RZ 62ff.
130 Ebenda RZ 81ff.
131 Ebenda RZ 85f.
132 Ebenda RZ 84.

tretungen nach § 51 Absatz 1 und § 59 Absatz 1 BetrVG entsprechend.[133] Das bedeutet, dass die Kosten erforderlich sein müssen. Der Wortlaut des § 40 BetrVG spricht von »erforderlichen« Kosten. Mehr Einschränkungen sind im Wortlaut des Gesetzes nicht zu finden.

Das Bundesarbeitsgericht hat in folgenden Fragen entschieden:

- Schulungskostenübernahme für die Gesamtjugendausbildungsvertretung.[134]
- Kinderbetreuungskosten müssen übernommen werden für eine alleinerziehende Gesamtbetriebsratsvorsitzende, während sie auf Gesamtbetriebsratsreise ist.[135]
- Die Kosten eines Konzernbetriebsrats trägt das herrschende Unternehmen.[136]
- Kostenübernahme von Sachverstand.[137]

Das Thema der erforderlichen Kosten wird in der Regel interessenorientiert bewertet. Je nach Einschätzung und Erfahrung der jeweiligen Autorenschaft wird großzügiger[138] oder reduzierter[139] argumentiert. Dies gilt, bis eine Entscheidung des BAG einen Standard setzt. Wenn das BAG einen Sachverhalt entschieden hat, hören sehr viele Menschen auf zu denken. Das ist sehr schade und nicht immer zweckdienlich.

Bleiben Sie in Ihren Fragen bei Ihren Bedürfnissen und begeben Sie sich nicht in die kindliche Opferrolle, die danach Ausschau hält, ob die Eltern in der Stimmung sind, »Süßes oder Saures« zu gewähren. Orientieren Sie sich an Ihren betrieblichen Professionalitätsstandards und verklickern Sie Ihrem Unternehmen, warum Sie eine Anforderung nicht aus eigener Kraft bewältigen können. Seien Sie mutig! Und formulieren Sie eindeutig. Es macht wenig Sinn, sich an alter und niederer Rechtsprechung oder der Literatur zu orientieren, wenn diese Erkenntnisquellen nur reduziert befähigt sind, Ihren Alltag überhaupt einschätzen zu können.

---

133 D/K/W, § 51 RZ 53f und § 59 RZ 29 BetrVG; Richardi, § 51 RZ 59 und § 59 RZ 35: »Hier hat das BAG am 23.08.2006 – 7 ABR 51/05 entschieden, dass das herrschende Unternehmen die Kosten zu tragen hat«.

134 BAG v. 10.06.1975, AP BetrVG 1972, Nr. 1.

135 BAG v. 23.06.2010 – 7 ABR 103/08.

136 BAG v. 23.08.2006 – 7 ABR 51/05.

137 BAG v. 05.11.1981, EzA § 40 BetrVG 1972, Nr. 50.

138 D/K/W eher am konkreten Bildungsstand der Betriebsräte orientiert.

139 Richardi eher an der betrieblichen Belastung orientiert.

Beispiel:
An dieser Stelle möchte ich als mutiges und lebendiges Beispiel eine **alleinerziehende Gesamtbetriebsratsvorsitzende**[140] aus dem Einzelhandel hervorheben. Sie hatte vor dem Landesarbeitsgericht Nürnberg[141] eine realitätsfremde Niederlage einstecken müssen, weil das Landesarbeitsgericht Nürnberg entschieden hat, dass eine alleinerziehende Mutter ihre minderjährigen Kinder ohne gesicherte Kinderbetreuung unbeaufsichtigt lassen sollte oder könnte, damit sie ordnungsgemäß ihrer Pflicht als GBR-Vorsitzende nachkommen kann. Deshalb wurde ihr auf der Ebene des Landesarbeitsgerichts ein Kostenerstattungsanspruch aberkannt.
In einschlägigen Fachkreisen[142] wurde bis zum Urteil des BAG sehr infrage gestellt, ob sie einen Anspruch auf Kostenerstattung hätte. Es wurde ihr wenig Aussicht auf Erfolg gegeben, weil es nicht sein kann, dass Arbeitgeber*innen jetzt auch noch die Verantwortung für alleinstehende Kinder übernehmen sollen.
Diese tapfere Frau ließ sich von dieser schlechten Prognose nicht beeindrucken und ging ihren Weg. Sie klagte vor dem Bundesarbeitsgericht und bekam selbstverständlich ihre Kinderbetreuungskosten zugesprochen. Es wäre spannend, wie das Bundesarbeitsgericht entscheiden würde, wenn Sie die Kosten der pflegebedürftigen Eltern in Rechnung stellen würde. Diese Klage muss erst geführt werden.
Ebenso mutig, haben Teilzeitkräfte vor dem Bundesarbeitsgericht am 5. Dezember 2024 – 8 AZR 370/20 gewonnen, weil sie Überstundenvergütung für jede »Mehrarbeitsstunde« als Anspruch geltend gemacht haben.[143] Es ist durchaus denkbar, dass ein Ende der sozialen Demütigung und damit die Diskriminierung von Teilzeitkräften eingeleitet ist. Ein längst überfälliges Urteil, da es in der großen Überzahl Frauen betrifft. Die Benachteiligung von Teilzeitkräften ist eine sexuelle Diskriminierung von Mütter-Frauen.

Nach dem Urteilsspruch des BAG ist mir nie wieder eine Betriebsrätin oder ein Betriebsrat über den Weg gelaufen, die keine Kostenerstattung für die Kinderbetreuung bekommen haben. So schnell kann sich Wirklichkeit ändern. Dieses Urteil macht Mut, auch die Kosten für die Betreuung der eigenen Eltern geltend zu machen, wenn Sie im Mandat als BR/GBR/KBR unterwegs sind.
Bleiben Sie bei Ihren Bedürfnissen und Erforderlichkeiten und lassen Sie sich nicht von anderen Ihre Bedürfnisse streitig machen. Begründen Sie Ihre Bedürfnisse und bleiben Sie am Ball.

---

140 BAG v. 23.06.2010 – 7 ABR 103/08.
141 Prozessverlauf in Schwartau, Neu im Betriebsrat.
142 Literatur, unter Anwält*innen, Professor*innen und Verbänden.
143 BAG vom 05.12.2024 – 8 AZR 370/20.

III. Mentoren und Sparringspartnerschaften[144]

Wenn Sie erstmalig im Amt sind, werden Sie sich anfänglich sehr überfordert fühlen. Das ist ganz menschlich und normal. Niemand hat Sie vorbereitet auf das, was jetzt erforderlich ist. Sie brauchen z. B. die Fähigkeit, sich schnell wieder zu mobilisieren und aufzurichten nach einer Niederlage.[145]

Es ist hilfreich, sich mit Menschen zu umgeben, die Ihnen dabei behilflich sind, Sie zu stärken in dem, was Sie zu bewältigen haben. Sie brauchen Zuspruch, um mutig zu sein. Es hilft, im Gespräch mit einem anderen Menschen Ihre Wahrnehmung zu reflektieren, sich zu klären und gerade am Anfang Ihrer Tätigkeit ein wenig »Nachhilfe oder Geburtshilfe« zu erhalten in den ganz kleinen alltäglichen Fragen. Ihre Arbeit an sich kann Ihnen niemand abnehmen.

Sie können Partnerschaften mit Kolleg*innen eingehen, um sich gegenseitig zu besprechen. Fahren Sie gemeinsam mit dem Zug, Auto oder Flugzeug. Telefonieren Sie wöchentlich einmal miteinander. Sorgen Sie dafür, dass Sie jemanden Positives um sich haben, mit dem Sie sprechen können. Sie müssen ja nicht in kostenintensiven Coaching-Stunden jemanden dafür bezahlen, dass sie co-reguliert werden. In großen Unternehmen ist es inzwischen üblich, dass ganze Gremien einen Coach haben oder eben nur Vorsitzende und Einzelne. Unternehmen wissen um diesen Vorteil und nicht selten empfehlen sie ihren Räten eine professionelle Unterstützung.

Wenn Sie aus kleinen Unternehmen kommen, mag es schwieriger sein, sich Unterstützung einzukaufen. Dann müssen Sie entweder Langmut aufbringen und einen solchen Anspruch durch die Instanzen klagen oder sich anderweitig organisieren.

Wenn Sie das Glück haben, in bestehende Strukturen einzusteigen, dann bitten Sie die »alten Hasen« um mentale Unterstützung. Die alten Räte sind Ihnen gegenüber sicherlich gern dabei behilflich, sich zurechtzufinden, damit auch Sie gleichberechtigt mitarbeiten können.

Mentoren sagen Ihnen nicht, was Sie zu tun haben. Sie bewerten so wenig wie möglich. Mentoren sind das Geschenk der Liebe und Achtsamkeit. Hier schenkt Ihnen jemand »sein Ohr & Herz«, damit Sie geklärt sind, um stabil zu bleiben. Der Begriff Sparringspartner stammt aus dem Kampfsport und er bedeutet, dass sich Profis finden, an denen sich der Nach-

---

144 Sparringspartner = (Box-)Training mit einem Scheingegner (-partner-/in).

145 Fremdwort: Resilienz-Kompetenz. Gemeint ist die persönliche Widerstandsfähigkeit.

wuchs formen kann. Der Nachwuchs geht z. B. mit seinem Sparringspartner im Training in den echten und ungehemmten Vollkontakt, damit der Nachwuchs sich optimal weiterentwickeln kann. Diese sportliche Technik lässt sich ganz wunderbar auf eine Rätebeziehung übertragen. Die »alten Hasen« haben eine Pflicht, ihr Wissen weiterzugeben und zur Verfügung zu stellen.

Praxistipp: Widerstandskraft stärken

- Vernetzen Sie sich mit belastbaren und tragfähigen Arbeitsbeziehungen. Jeder Kontakt zählt.
- Gehen Sie Probleme aktiv an.
- Verharren Sie nicht in Opferrollen.
- Strukturieren Sie Ihr Denken um, indem Sie Erlebtes positiv umdeuten. In jedem Unglück steckt ein Neubeginn und eine neue Chance zur Veränderung.
- Fügen Sie sich ein und passen Sie sich nicht an.
- Werten Sie sich nicht selbst ab und erkennen Sie externe Abwertung als Versuch, Sie zu manipulieren.
- Umgeben Sie sich mit Menschen, denen Sie vertrauen können und mit denen Sie offen und ehrlich sprechen können.
- Genießen Sie die Momente, in denen andere etwas Gutes über Sie sagen. Sie haben dann eine Ressource, wenn andere Sie wieder abwerten werden. Prüfen Sie immer, warum ein anderer Sie abwertet. Welchen Nutzen hat er oder sie selbst davon?
- Akzeptieren Sie sich selbst, dann tun es auch andere.
- Übernehmen Sie Verantwortung für Ihre Funktion und Rolle.
- Stärken Sie ihre Fähigkeit, positiv in die Zukunft zu denken.
- Wenn Ihnen ein Problem begegnet, verharren Sie nicht im Problem. Suchen Sie nach Lösungen oder Regelungen.
- Lernen Sie, zu improvisieren, und verabschieden Sie sich von Ihren Antreibern, die ganz sicher nichts Gutes für Sie im Sinn haben.
- Wie wäre es mit der Technik, »lustvoll zu scheitern?«.[146]
- Überschreiten Sie nur in Ausnahmefällen Ihre Belastungsgrenze. So bleiben Sie robust und stark.
- Umgeben Sie sich, wann immer es möglich ist, mit freundlichen, positiven und liebevollen Menschen.
- Bleiben Sie authentisch. Bleiben Sie »echt«.

146 Eine Niederlage ist eine Niederlage. Daran ist nichts zu deuten. Es hilft Ihnen nicht, wenn Sie sich wegen dieser Niederlage auch noch selbst martern. Analysieren Sie den Vorgang und werten Sie ihn aus. Nutzen Sie diese Erkenntnis zur kontinuierlichen Verbesserung, und tun Sie dies bitte mit »voller Lust«. Es ist psychohygienischer Unsinn, sich nachträglich runter und fertig zu machen. Das haben die anderen bereits für Sie erledigt.

- Sorgen Sie für Ihre emotionale Stabilität. Hilfreich sind hier Menschen, die Sie spiegeln können und die wirklich emphatisch zuhören können.
- Üben Sie sich im prozesshaften Denken und Handeln.
- Vergegenwärtigen Sie sich Ihre Situationspotentiale und balancieren Sie diese Potentiale strategisch aus.

Praxistipp: Mentorennetzwerke der Gewerkschaften
Die Gewerkschaften haben in der Regel in ihren Reihen sogenannte Seniorberater*innen. In den Seniorengruppen befinden sich viele ehemalige Vorsitzende und andere Räte, die sich für Gespräche sehr gerne zur Verfügung stellen würden, wenn jemand nach ihnen fragt.
Es geht nicht darum, dass diese Menschen Ihnen sagen sollen oder könnten, wie Sie Ihre konkrete Arbeit zu machen haben. Das können sie nicht, weil Sie die aktiv handelnden Menschen sind und niemand ist wie Sie! Die Gespräche mit ihnen können Sie mutiger machen. Sie können helfen, Unsicherheit zu reduzieren und Ihre Wahrnehmung zu schulen. Es entlastet auch, sich alte Geschichten anzuhören. Oft haben die Älteren etwas Witziges und Lustiges zu berichten. Die Senioren haben keinen Grund mehr, sich vor Ihnen wichtig und groß zu machen. Sie sprechen sehr gerne über ihre Niederlagen, was sie falsch gemacht haben, wo sie sich unnötig den Kopf über etwas zerbrochen haben und darüber, wie elend sie sich oft gefühlt haben. Sie können wirklich Mut durch Zuspruch geben, weil sie niemals an Ihrem Scheitern und Misserfolg interessiert sind. In der Regel freuen sie sich, wenn sie noch »gefragt« sind. Diese Kolleg*innen können Ihnen helfen, ein Gefühl für Normalität zu entwickeln. Es geht nicht darum, dass sie Ihre Arbeit zu bewerten haben oder dies gar tun sollten. Es geht ausschließlich um die seelische, psychische und emotionale Entlastung, die Sie sich auf diesem Wege organisieren könnten. Diese Fähigkeit nennt man »Co-Regulierung«.
Fragen Sie bei Ihrer Gewerkschaft nach Seniorberater*innen. Fragen Sie nach Kontaktdaten zur Seniorenabteilung, und vielleicht haben Ihre Gewerkschaftssekretäre noch den einen oder anderen Kontakt für Sie zur Verfügung. Vielleicht wartet Ihre Gewerkschaft auf genau diese Anfrage!

Bitten Sie ganz konkret um die Unterstützung durch die Seniorberatung. In gewerkschaftlichen Zusammenhängen ist es nicht üblich, die eigene Schwäche zu verbergen. Niemand ist dort an Ihrem Misserfolg und Scheitern interessiert. Sie schaden sich, wenn Sie stark tun, wo Sie schwächeln. Denken Sie an Ihre Gesundheit!

1. Kompetenznetzwerke gründen und pflegen

Wenn Sie das Glück haben, ein qualifiziertes und gepflegtes Netzwerk vorzufinden, dann ergänzen und pflegen Sie es bitte. Machen Sie sich unbedingt damit vertraut.
Wenn Sie neu in diesem Tätigkeitsfeld aktiv sind; dann fangen Sie bitte so schnell wie möglich damit an, ein eigenes Netzwerk zu gründen, zu bestücken, zu nutzen und für seine Erfolgskraft Verantwortung zu übernehmen.
Ihnen muss bewusst sein, was Sie können, was Sie brauchen und was Sie zu bieten haben. Das tragfähigste Netz hat, wer am leichtesten fördern und geben mag. Egoisten gewinnen in diesem Format nichts.
Fangen Sie an sich umzuschauen, wer Sie beraten und unterstützen könnte. Beziehen Sie die Belegschaft in Ihre Netzwerke ein.
Netzwerke leben von Menschen, die sich engagieren.

2. Kompetenznetzwerk Gewerkschaft

Von der Gewerkschaft werden Sie nur einen Nutzen haben, wenn Sie selbst Mitglied sind. Ich empfehle inzwischen allen Gewerkschaften nur Mitglieder zu beraten, weil nur diese für diese Leistung der Gewerkschaft bezahlt haben.
Eine Gewerkschaft finanziert sich ausschließlich aus Mitgliedsbeiträgen. Wer keine Beiträge bezahlt, darf auch keine Leistungen in Anspruch nehmen. Dies wäre ungerecht gegenüber denjenigen Mitgliedern, die deshalb auf ein Gespräch warten müssen und sich diese Leistung über ihr Privatvermögen gekauft haben.
Wenn Sie Gewerkschaftsmitglied sind, haben Sie auf dieser Ebene Kontakt zu anderen Betriebsräten Ihrer Branche. Die Gewerkschaftssekretäre beraten nicht nur einzelne Betriebe, in der Regel arbeiten sie strategisch für eine Branche. Dies würde ich mir in Ihrer Rolle nicht entgehen lassen. Sie investieren 1 % von ihrem Brutto-Grundlohn[147] und schon sind Sie dabei.

---

147 Gilt für Gewerkschaften, die Mitglied im DGB sind. Die DGB-Gewerkschaften sind nicht nur die größten Gewerkschaften, sie sind auch am professionellsten organisiert. Sie bieten kraft ihrer Mitgliederanzahl eine Logistik und Dienstleistung, die sich kleine Gewerkschaften nicht leisten können.

3. Rollenbewusstsein für die überbetriebliche Ebene

Überbetriebliche Interessenvertretungen sind den örtlichen Betriebsräten nicht übergeordnet.[148] Sie vertreten ihre Kolleg*innen im Unternehmen selbständig neben den örtlichen Betriebsräten und haben andere Themen und Aufgaben zu bewältigen. Auch hier gilt, dass die Ratsmitglieder Interessenvertreter*in der Belegschaft sind. Sie befinden sich nicht im Status einer besonderen Personalabteilung, die auf übergeordneter Ebene der Unternehmensleitung zuzuarbeiten hat.
Interessenvertretungsmitglieder müssen sich vor Arroganz und Überheblichkeit hüten. Sie dürfen sich nicht so benehmen, als wären sie wertvoller oder bedeutungsvoller als ihre Kolleg*innen. Bleiben Sie immer das, was Sie wirklich sind. Ein Mensch, der zum Wohle aller handelt.
Als Mitglied befinden Sie sich in der Rolle von Anwälten oder wohlgesonnen Berater*innen. Als Vorsitzende*r sind Sie eher Moderator*in und nach der Funktionszuschreibung aus § 26 BetrVG eher ein*e Sprecher*in. Erfahrene Betriebsräte sagen bundesweit den Satz auf: »Ich bin nicht mehr als das Postfach! Sendung empfangen und Sendung versenden. Aufpassen, dass die gesetzlichen Vorgaben eingehalten werden.« Dieser Satz beschreibt die Funktion von Vorsitzenden sehr schön.

IV. Informationsmanagement | Intern

Unter dem Stichwort Informationsmanagement befinden sich bewährte Praxisregeln für den Umgang mit der Informationsflut, die auf Sie zukommt.
Wenn Sie das Glück haben, in bestehenden Strukturen eine gesicherte Ordnungsstruktur vorzufinden, dann können Sie dankbar sein. Lassen Sie sich einweisen in dieses System. Vermutlich hat der Betriebsrat auch eine Assistenzunterstützung im eigenen Sekretariat gem. § 40 Absatz 2 BetrVG.
Als Betriebsratsmitglied müssen Sie sich erst daran gewöhnen, sehr sorgfältig mit den eingehenden Informationen umzugehen und ein System zu entwickeln, mit dem die Prozesse gesteuert werden können. Die einzelnen Mitglieder müssen

148 Unumstritten Richardi, § 50 RZ 1; D/K/W, § 50 RZ 6ff., da sie von einer gesetzlichen eindeutigen Zuständigkeit ausgehen. Nichts ist jedoch so offengehalten, wie die eindeutige Zuständigkeit der GBRs und KBRs. In der Regel agieren sie mit einer Vollmacht von örtlichen Betriebsräten.

- sich Strukturen und Ordnungssysteme geben.
- eine gemeinsame Zeitstruktur und Zeitverbindlichkeit vereinbaren.
- eine gemeinsame Kommunikationsstruktur und ein gemeinsames Kommunikationssystem erschaffen.
- verlässlich sein.
- sich vor- und nachbereiten.
- Ziele und Prioritäten setzen.
- motiviert sein ohne unmittelbare Anerkennung.
- streiten und sich vereinbaren können.
- Öffentlichkeit herstellen, halten und steuern.
- bewusst in ihren Macht- und Ohnmachtsfantasien präsent sein.
- sich schützen können vor Manipulation.

1. Die digitale Betriebsratsarbeit?

Bewertungsstand Juli 2025

Die digitale Betriebsratsarbeit ist heute technisch möglich. In diversen Konzernen werden technische Mittel zur Verfügung gestellt, damit ihre internationale Zusammenarbeit bewältigt werden kann. Technisch ist zwischenzeitlich fast alles möglich. Höchst fraglich ist, inwieweit diese digitalen Möglichkeiten auch innerhalb der Betriebsratsarbeit genutzt werden darf. Dort, wo es firmeneigene Netze und technische Möglichkeiten gibt, können die Betriebsräte sicherlich mit ihrer/ihrem Arbeitgeber*in vereinbaren, inwieweit auch die Betriebsräte diese Technik für ihre Beratungsarbeit nutzen dürfen. Ihr Einsatz spart sehr viel Zeit. Sie brauchen für die Nutzung von digitalen Möglichkeiten das Einverständnis ihrer Arbeitgeber*innen.

a. Die digitale Betriebsratssitzung

Das Betriebsverfassungsgesetz gibt dem Betriebsrat keine Erlaubnis, digital zu arbeiten. Lediglich als Ausnahmefall ist in § 30 Absatz 2 BetrVG geregelt, dass unter drei Bedingungen eine Betriebsratssitzung als Video- und Telefonkonferenz möglich ist. Betriebsräte, die elektronisch an den Sitzungen teilnehmen, gelten nach § 33 Absatz 1 Satz 2 BetrVG als anwesend, so dass ihre Anwesenheit und Abstimmung mitgezählt werden darf. In § 34 Absatz 1 Satz 4 BetrVG ist geregelt, dass Betriebsratsmitglieder, die per Video- oder Telefonkonferenz teilnehmen, ihre Anwesenheit in Textform bei dem Betriebsratsvorsitzenden schriftlich bestätigen müssen und dass diese Textform dem Sitzungsprotokoll beizufügen ist.

b. Die digitale Betriebsräteversammlung

Die digitale Teilnahme an Betriebsräteversammlungen war nach § 129 Absatz 1 BetrVG anlässlich der Covid-19-Pandemie bis zum 7. April 2023 erlaubt. Der Gesetzgeber hat diese Möglichkeit als Anspruch der Betriebsräte aus dem Gesetz herausgenommen.

c. Alltagsbewältigung

Die wenigsten Betriebsräte können auf ein eigenes Büropersonal (§ 40 Absatz 2 BetrVG) zurückgreifen. Sie müssen im Gremium darüber sprechen, wie der Betriebsrat im Kollektiv und auch in der Ausschussarbeit nach § § 27ff. BetrVG, die anfallende Arbeit bewältigen will. Der Betriebsrat muss einen Beschluss nach § 33 BetrVG für die Freistellung der Betriebsratsarbeit nach § 37 Absatz 2 BetrVG beschließen. Sie müssen sich als nicht freigestelltes Betriebsratsmitglied bei **ihrer Leitung für die Betriebsratsarbeit abmelden und wieder anmelden, wenn Sie mit dieser Tätigkeit fertig sind.**[149]Sie brauchen keine Erlaubnis von Ihrem Arbeitgeber, um die erforderliche Betriebsratsarbeit zu erledigen.[150]

aa. Telefonbereitschaft | Erreichbar sein

Vereinbaren Sie mit Ihren Räten Telefoneinsatzzeiten. Geeignet hierfür ist eine Regelung über die Sprechzeiten der Betriebsräte nach § 39 BetrVG.

---

149 D/K/W, § 37 RZ 26ff.; hier insbesondere RZ 44f.

150 Ebenda, RZ 44f.

Diese Zeiten haben oberste Priorität! Seien Sie immer präsent zur vereinbarten Telefonzeit.

bb. E-Mail

Verhalten Sie sich in der E-Mail-Kommunikation stets achtsam.

- Planen Sie Zeit ein, Ihre E-Mails regelmäßig zu sortieren.
- Bemühen Sie sich um eine möglichst zeitnahe Antwort.
- Überlegen Sie sehr genau, ob Sie auf jede Mail antworten müssen.
- Nutzen Sie Mails nicht als »Chatroom«.
- Wenn eine Information nur für einen Absender von Interesse ist, dann muss es vermieden werden, dass die Taste »AN ALLE« aktiviert wird. Sie produzieren mit diesem Verhalten Konflikte und frustrieren möglicherweise Menschen.
- Setzen Sie sich Mailbearbeitungszeiten. Vermeiden Sie, dass das Programm Sie ständig online erreicht. Dies gilt auch für Konferenzen.
- Lassen Sie sich von Ihrem betrieblichen Systemadministrator*innen eigene betriebsrätliche und verschlüsselte E-Mail-Listen einrichten, damit die Kommunikation nicht von unberechtigten Stellen und Personen gelesen werden kann.
- In Ihrer E-Mail-Leiste muss unbedingt ein Hinweis zum Datenschutz angebracht sein.

Legen Sie sich auch für Ihre E-Mails Ordner an. Ein Rezept für die richtige Ordnerwahl und ein dazugehöriges Verfahren gibt es nicht. Für den Beginn könnte es ausreichend sein, nur einen Eingangsordner zu haben.

- Mails bleiben im Posteingang nur so lange, bis sie abgearbeitet sind.
- In Unterordnern können die Eingänge abgelegt werden (Fristen, Themen, Räte usw.). In diesen Unterordnern können Sie weitere Ordner anlegen.
- Löschen Sie regelmäßig, was unwichtig ist. Dies könnte sein:
  - Spams.
  - Es besteht keine Notwendigkeit, eine Information zu behalten, weil sie keine juristische oder organisatorische Beweisfunktion haben.
  - Die Information ist nicht gehaltvoll.
  - Personenbezogene Daten sind nach Abschluss des Falles zu löschen. Geben Sie diese Daten der Kollegin oder dem Kollegen zurück. Ihre Kolleg*innen können sie dann selbst aufbewahren und wieder vorlegen, wenn sie gebraucht werden.

Merken Sie sich gegebenenfalls, wer in Ihrem Netzwerk diese Informationen hat. Dann können Sie diese Information dort abrufen.

Bleiben Sie achtsam im Umgang mit dem E-Mailverkehr. Zu viele E-Mails verhindern, dass Informationen tatsächlich beim Empfänger verstanden werden. In stressigen Zeiten ist es sinnvoller, sich gegenseitig anzurufen, wenn wichtige E-Mails unterwegs sind.

cc. Telefonkonferenzen

Telefonkonferenzen haben sich inzwischen bundesweit etabliert. Telefonkonferenzen ermöglichen, dass unzählige Teilnehmende zeitgleich miteinander telefonieren können. Die preiswerte Variante ist die »anlassbezogene Telefonkonferenz«. Sie wird nur bezahlt, wenn sie wirklich genutzt wird und auch nur für diese Zeit.

Sie können Telefonkonferenzen über Telefonanbieter kaufen. Vergessen Sie nicht, einen Beschluss über die »Telko«[151] zu fassen oder sorgen Sie gleich für ein Telefonkonferenzbudget.

Eine Telefonkonferenz geht so:

- Ihr Unternehmen bezahlt dieses Gespräch.
- Der Mensch, der zur Konferenz einberuft, ist die oder der Moderator*in. Die Moderatoren bekommen eine Telefonnummer genannt (Moderatorentelefonnummer).
- Die Moderatorentelefonnummer wird dann an die anderen Teilnehmenden weitervergeben.
- Alles weitere regeln Nutzungsbedingungen der Anbieter.

---

151 Abkürzung für »Telefonkonferenz«.

- Es ist unabdingbar, dass diese Konferenzen oberste Priorität haben! Man darf nicht zu spät kommen und man muss sehr bewusst zuhören und nacheinander sprechen. Das Gesprächstempo wird dadurch verlangsamt.
- Zu Beginn kann man z. B. »Hallo« sagen und seinen Namen nennen. Die Moderator*innen merken sich, wer anwesend ist. Dann wird gesprochen.
- Für die Konferenzteilnehmenden entstehen keine Kosten. Auch dann nicht, wenn sie sich an einem x-beliebigen Ort der Welt befinden.

Telefonkonferenzen sorgen für hohe Transparenz. Sie sparen Zeit und Reisekosten.

dd. BR-Intranet

Schaffen Sie sich eine Internetverbindung im firmeneigenen Internet, in der die Räte gesichert kommunizieren können. Eine Finanzierung dürfte heute – im Jahre 2025 – überhaupt keinen Konflikt darstellen. Sie können über das Intranet alle Kommunikationsprozesse abspeichern, sortieren, ordnen, vernetzen und verwalten.

Für Menschen, denen der Umgang mit dem PC und seinen Möglichkeiten immer noch neu ist, lohnt es sich, diese Kompetenz zu erwerben. Organisieren Sie sich Qualifizierung. Wenn Sie »online gehen«, dann

sollten die Räte dringend Verhaltensabsprachen treffen und Netzwerkkompetenz erwerben. Dies gilt insbesondere für den »sozialen Online-Umgang« untereinander. Werden Sie Profi und haben Sie Spaß!
Ihrem Arbeitgeber müssen die Räte begründen, worin der Mehrwert an dieser Arbeitstechnik besteht. Ich empfehle die Begründung:
»Die Kommunikation über BR-Foren konzentriert und bündelt Zeit und erspart das Ausdrucken von Informationen auf Papier, um die Arbeitsprozesse effizienter zu gestalten. Die Räte können mit dieser Technik ihre Arbeitsschritte noch fließender und zeitnaher aufeinander abstellen, weil sie ausschließlich als Kollektivorgan handeln«.
Die Räte müssen sich selbst bewusst werden und machen, welchen Nutzen der Einsatz dieser Technik hat.

- So könnte es sein, dass Fragen schneller geklärt werden.
- Sitzungen können an unterschiedlichen Orten vorbereitet werden.
- Ausschussarbeit kann besser koordiniert werden.
- Projektarbeit kann an unterschiedlichen Orten gemeinsam stattfinden.
- usw.

Wichtig ist, dass der Rat die Zugriffsrechte für Löschen, Lesen, Schreiben und das Beantworten von Anfragen klärt. Das Datenschutzgesetz muss auch eingehalten werden. Schaffen Sie ein betriebseigenes digitales Intranet, welches für Ihre Interessenvertretungsarbeit geeignet ist. In der Regel haben Betriebsräte ein eigenes Laufwerk im firmeneigenen Intranet. Zu diesem haben nur sie und die Systemadministrator*innen Zugang.

2. Alte Schule – Betriebsratsarbeit im »Offline-Modus«

a. Verhaltensabsprachen

Die Räte müssen sich zu Beginn ihrer Arbeit die Mühe machen, ihre Arbeitsstrukturen abzusprechen.

- Termine vereinbaren.
- Zeiten vereinbaren.
- Strategien, Themen, Arbeitsschwerpunkte vereinbaren.
- Verteilung von Aufgaben und Rollen.
  - Wer eignet sich für die Arbeit der Vorsitzenden?
  - Wer ist fachlich geeignet für die wirtschaftlichen Anliegen?
  - Wer kann am besten die Formalien im Blick behalten?
  - Wer hat die höchste soziale Kompetenz für die transnationalen Aufgaben?
  - Wer hat eine hohe politische Kompetenz?
  - Wer kann die Gruppenprozesse am besten moderieren?
  - Wer kann was am besten?

- Beachten Sie die unterschiedlichen Persönlichkeiten und ihre entsprechenden Teamqualitäten.

- Klären Sie Ihr Kommunikationsverhalten ab. Wie sehen die verlässlichen Arbeitsstrukturen aus?
- Schaffen Sie demokratische und transparente Vereinbarungen, an die sich alle halten können und werden.
- Lernen Sie Ihre Netzwerkgemeinschaft (Betriebsrat, Gesamtbetriebsrat, Wirtschaftsausschuss, Konzernbetriebsrat, europäische Betriebsräte und ggf. die Akteure der Weltkonzernbetriebsräte) kennen.

b. Bedeutung für die Konfliktarbeit

Die Art und Weise, wie der Betriebsrat seine Kommunikation pflegt und praktiziert, muss im Gremium beschlossen werden (§ 33 BetrVG). Es gibt immer noch zahlreiche Personen, die nicht mit diesen Arbeitstechniken vertraut sind. Sie müssen ganz behutsam in diese Arbeit eingeführt werden. Diese Arbeit muss in jeder Legislaturperiode neu besprochen werden. Es gibt unglaublich oft Streit darüber, wo welche Informationen zu finden sind und wo sie klugerweise aufbewahrt werden. Das Ordnungssystem des Betriebsratsmitglieds A muss nicht unbedingt dem Struktursystem des Betriebsratsmitglieds B entsprechen! Wenn die Konflikte zu hoch sind, muss der Betriebsrat einen Beschluss fassen, dass eine Bürokraft die Moderation übernimmt. Beschluss nach § 33 i. V. m. § 40 Absatz 2 BetrVG.

c. Vorbereitung und Nachbereitung auf Sitzungen & Co

Die Räte müssen vereinbaren, dass sie die Tagesordnung und erforderliche Unterlagen rechtzeitig vor den Sitzungen erhalten.[152] Hier muss abgesprochen sein, wann etwas rechtzeitig ist.

Nach Sitzungen sollten Sie sich Feedback organisieren. Tauschen Sie sich über Ihre Wahrnehmung aus. Dies ist besonders relevant, wenn Sie ein Gespräch mit Ihren Unternehmensleitungen geführt haben. Ganz sicher ist das Gespräch in Ihrem Team sehr unterschiedlich wahrgenommen worden. Wenn dies erkannt ist, lässt sich eine Nachbereitung *nachhaltiger* gestalten.

Sie müssen sich auf Sitzungen und dergleichen immer vorbereiten, wenn Sie ihre Ziele erreichen wollen. Machen Sie sich Ihre eigenen Vorbereitungsvorlagen. Fragen, Berichte, Einwände und Absichten müssen Ihnen vor Sitzungsbeginn präsent sein.

Vorbereitung

Zielformulierungen: Wir machen dies, weil …

Anlass:

Datum ______________________________

Teilnehmer: ______________________________

Ort: ______________________________

---

152 Der Zeitpunkt muss konkret mit allen Räten abgesprochen sein. Planen Sie Ihre Zeit immer gemeinsam. In bestehenden Räten sind oft jahrelang die gleichen Zeiten vereinbart.

Sonstiges:

1. Was müssen wir erreichen (Muss-Ziel)?
2. Was möchten wir erreichen?
3. Was ist unser Hauptziel bei der Besprechung?
4. Was muss mein Gesprächspartner erreichen?
4. a) Was möchte mein Gesprächspartner erreichen?
4. b) Was muss mein Gesprächspartner vermeiden?
4. c) Was möchte mein Gesprächspartner vermeiden?
5. Wo finden sich Gemeinsamkeiten?
6. Wo liegen unsere möglichen Zielkonflikte?
7. a) Was müssen wir vermeiden?
7. b) Was möchte ich erreichen?
7. c) Was muss ich vermeiden?
8. Unser Regelungsvorschlag/Angebot:
9. Zwischenergebnis/Zielformulierung:
9. a) Kann ich auf der Basis der obigen Überlegungen ein Konzept erarbeiten?
9. b) Wenn nein: Welche Informationen fehlen?
   - Mensch, Sache, Organisation?
10. Zwischenergebnisse aus dem Gespräch der Beratung oder einer Verhandlung:

In der Nachbereitung sollte Folgendes präsent sein:

Nachbereitung

Dauer der Sitzung

0. Aus der Erinnerung notieren, welche Wahrnehmungen vorhanden waren
1. Was ist vereinbart worden?
2. Wer hat welche Zusagen gemacht?
3. Was Ist noch zu tun?
   - Zeitleiste – Zeitmanagement –
4. Was muss überprüft werden?
5. Absprachen mit:
   a)
   b)
   c)
   d)
6. Termin und Organisationsabsprachen.

V. Zeitmanagement

Im Zeitmanagement ist nicht nur zu besprechen, wie die unterschiedlichen Persönlichkeiten ihre Zeit gestalten. Der Betriebsrat muss die einzusetzende Arbeitszeit auch nach § 37 Absatz 2 i.V.m. § 33 BetrVG beschließen. Sie müssen sich die Betriebsratsarbeitszeit nicht von Ihrem Arbeitgeber erlauben lassen, wenn sie erforderlich ist.[153] Jedes Betriebsratsmitglied muss sich zum Einsatz der Betriebsratszeit bei der Leitung abmelden, wenn es die Arbeitszeit für die Betriebsratsarbeit benötigt und jedes Betriebsratsmitglied muss sich bei der Leitung wieder anmelden, wenn es die originäre betriebliche Arbeit wieder aufnimmt.[154] Hier geht es nur darum, dass die Arbeitgeber*innen ihre Abwesenheit disponieren können. Dieses Verfahren ist heute ganz besonders wichtig, weil Arbeitgeber*innen inzwischen rechtlich geklärt haben, dass Betriebsräte Arbeitszeitbetrug begehen könnten, wenn sie einfach spontan ihre Arbeit niederlegen, um Betriebsratsarbeit zu machen, ohne sich abzumelden. Es folgen dann fristlose Kündigungsabsichten der Arbeitgeber* innen nach § 626 BGB. Auch wenn diese Kündigungsabsichten durch den Betriebsrat nach § 103 BetrVG mitbestimmt werden müssen, ist nicht zu 100 % gewährleistet, dass die Betriebsräte der Kündigung widersprechen oder dass die Arbeitsgerichte der Kündigung nicht stattgeben. In dieser Frage besteht allerhöchste Vorsicht.

Nur ständig freigestellte Betriebsratsmitglieder nach § 38 BetrVG unterliegen dieser Pflicht nicht. Das Betriebsratsbüro ist jetzt ihr Arbeitsplatz. Die Betriebsräte müssen sich nur einmal mit der Leitung darüber verständigen, wer die freizustellende Person ist.[155]

Es lohnt sich innerhalb der Konfliktarbeit sehr, sich darüber auszutauschen, wer wie mit seine*r Zeit umgeht.

Das persönliche Zeitmanagement beginnt damit, dass Sie sich am besten mal vergegenwärtigen, wie Sie mit Ihrer Zeit umgehen und wieviel Zeit wer hat. Lassen Sie sich treiben? Werden Sie getrieben? Nutzen Sie die gegenwärtige Zeit. Was geschieht mit Ihnen in der Zeit? Sind die Zeitfresser und Zeitdiebe bekannt?

Zunächst muss unterschieden werden zwischen der Zeit, die ich schenke und der Zeit, die mir andere abverlangen oder gar stehlen. Wer nicht pünktlich zur Sitzung erscheint und dann herumkaspert oder sich gar Aufmerksamkeit verschafft, stiehlt anderen die Zeit!

---

153 D/K/W, § 37 RZ 44.

154 Ebenda RZ 45.

155 D/K/W, § 38 RZ 38ff.

Beispiel: Zeitfresser

- Keine Ordnung halten fördert das Problem, Informationen zu finden.
- Ablenkungen jeder Art zulassen (Telefon, PC, Internet, Quatschen).
- Drogenkonsum am Vorabend vor wichtigen Terminen.
- Unvorbereitet sein.
- Kein Ziel und keine Motivation haben.
- Arbeit auf die lange Bank schieben.
- Jeden Besuch begrüßen, anstatt Besuchszeiten zu vereinbaren.
- Fehlende Selbstdisziplin.
- Die Schuld immer bei anderen suchen.
- Keine Verantwortung übernehmen.
- Hilfe und Ratschläge nicht zulassen.
- Keine Prioritäten setzen.
- Fehlende Wachsamkeit/Präsenz.
- Schlechte Zusammenarbeit mit anderen haben.
- Übertriebenes Geltungsbedürfnis haben.
- Nicht Nein sagen können.
- Keine Delegation von Arbeit; alles allein machen wollen.
- Zu viele Termine und den Überblick verlieren.
- Ziele fehlen.
- Suchen nach Informationen und Kontaktdaten.
- Sich für alles interessieren/persönliche Desorientierung.
- Perfektionismus ist **keine** Persönlichkeitsstärke!
- Von allen gemocht zu werden.
- Zeit nicht planen.
- Sich nicht darüber verständigen, wer wieviel Zeit einbringen kann.

Natürlich hat jeder Mensch eine eigene Leistungskurve. Es gibt Menschen, die sind besonders fit in der frühen Stunde, manche wachen nicht vor 10:00 Uhr auf, andere produzieren am besten in den Nachmittagsstunden und viele Menschen könnten besonders produktiv ab 20:00 Uhr sein. Sprechen Sie im Team über Ihre Leistungskurven und bilden Sie Arbeitsgruppen mit ähnlichen Leistungstypen, wann immer es geht. Machen Sie anderen nie einen Vorwurf, weil sie oder er anders tickt als Sie selbst.

1. Prioritäten setzen | ABC-Methode

Planen Sie Ihre Aufgaben und Termine nach Prioritäten. Eine Prioritätenliste kann erstellt werden, indem wie folgt verfahren wird:

Dringlich Dringend bedeutet **dringend oder unaufschiebbar**. Im Extremfall »Jetzt oder nie oder sofort! Und Heute!« Hier verbergen sich Fristen oder Anlässe, die zeitnah erledigt werden müssen, damit andere Projekte nicht gefährdet werden. Dringende Anliegen müssen dringend bearbeitet werden und gegebenenfalls anderen Dingen übergeordnet werden.

Wichtig Wichtige Anliegen, Arbeitsaufträge oder Termine sind von erheblicher Bedeutung, jedoch nicht heute zu bedienen. Sie haben eine Bedeutung im Hinblick auf ein Ziel, welches es zu erreichen gilt.

Delegierbar Als delegierbares Anliegen gilt alles, was von anderen erledigt werden kann! Machen Sie in keinem Fall alles selbst und schauen Sie nicht mit Ihrer Perfektionisten-Brille auf die Arbeitstechniken von anderen.

Unbeachtlich Unbeachtlich ist alles, was keinen Nutzen für Ihre Ziele hat, alles, was in diesem Moment oder für Ihr Thema überhaupt keine Bedeutung hat. Löschen Sie diese Anliegen oder legen Sie die Informationen und Anliegen in ein Ablagesystem. Es macht keinen Sinn, seine Zeit mit leuchtenden Bildungsprogrammen zu verplempern, wenn noch nicht klar ist, welcher Bildungsbedarf überhaupt besteht und in welchem Zeitfenster die Bildungsveranstaltung besucht werden muss.

In der ersten Priorität müssen Sie sich nur um die dringlichen und wichtigen Themen kümmern.

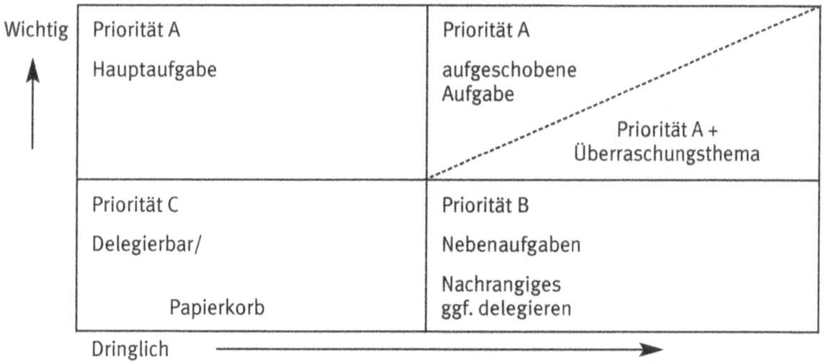

A Priorität Alles, was dringend und wichtig ist, bekommt Ihre präsente Aufmerksamkeit.

A+ Priorität Wenn etwas wichtig ist, aber nicht dringend, erfordert es Ihre Aufmerksamkeit. Diese Anliegen behält man im Blick und engagiert sich kontinuierlich. Sie lassen sich terminieren. Manchmal sind es auch Aufgaben, die unerwartet dringlich sind.

B Priorität Dinge, die wichtig erscheinen, allerdings nicht dringend für die Zielerreichung benötigt werden, können delegiert werden, wann immer es möglich ist.

Achtung! Lassen Sie nicht zu, dass Sie sich zu viel Arbeit von anderen geben lassen. Sagen Sie freundlich: »Oh, dafür habe ich jetzt leider keine Zeit. Würde ich mich dieses Themas annehmen, bleibt mein dringendes Thema auf der Strecke, und das möchte ich euch nicht antun«.

C Priorität Was nicht wichtig und dringend ist, bekommt keine Aufmerksamkeit und Präsenzzeit. Ab in die Ablage oder den Papierkorb damit. Machen Sie sich klar, dass Sie aufgrund Ihrer Funktion mit Informationen und Anliegen überflutet werden. In der Regel sind die meisten Informationen, die Sie erhalten, völlig irrelevant.

U Priorität Jedes Betriebsratsmitglied muss auch lernen, unbeachtliche Informationen nicht zu beachten und diese dann liegen zu lassen.

2. Lerne zu delegieren

Die Kunst zu delegieren muss gelernt werden, weil Sie gerade am Anfang noch nicht so richtig unterscheiden können, welche Priorität ein Anliegen hat. Delegieren bedeutet, dass Sie andere Menschen mit etwas beauftragen, es ihnen anvertrauen oder übergeben.

Beispiele:

- Andere freundlich bitten, diese oder jene Aufgabe zu übernehmen.
- Angebote machen: »Wenn du mir das hier abnimmst, dann mache ich für dich ...«.

- Arbeit teilen, indem Teilarbeiten erledigt werden, die in einer Arbeitsgruppe zusammengetragen werden.
- Kaufen Sie, wann immer es geht, professionelle Hilfe ein (Anwälte, Beratung, Qualifikation, Schreibcenter). Warten Sie nicht, bis Ihnen das »Wasser bis zum Hals steht«.
- Lehnen Sie konsequent Aufträge ab, die Ihnen jemand unberechtigt zuschieben will.
- Sagen Sie, wann Sie überfordert sind.
- Wenn Sie delegieren, dann lohnt sich die Frage nach folgender Regelung:
- Was muss getan werden (Thema, Inhalt)?
- Wer muss es tun (Person)?
- Warum muss er oder sie es tun (Motivation, Ziel, Begabung)?
- Wie muss er oder sie es tun (Umfang, Detail, Kompetenz)?
- Bis wann muss es erledigt sein (Termine setzen)?
- Bin ich die Person, die dieses Anliegen unbedingt erledigen muss?

Wenn alle Antworten bejaht werden und eindeutig von Ihrer Person abhängen, dann lohnt es sich nicht zu delegieren. Delegieren Sie Teilaufgaben und Vollaufgaben. Setzen Sie den Aufwand und das Ziel in ein vernünftiges Verhältnis.

3. Persönliche Unterstützung organisieren

Organisieren Sie sich so viel persönliche Unterstützung wie erforderlich ist. Es ist kein Zeichen von Schwäche, wenn Sie dazu stehen, dass Sie mit einem Anliegen überfordert sind. Es ist professionell, sich Unterstützung zu organisieren. Sie müssen das Anliegen nicht gleich wegdelegieren. Nutzen Sie die Kompetenz und den Sachverstand der anderen Räte. Sie werten mit diesem Verhalten Ihre Kolleg*innen auf. Ganz sicher helfen alle gerne.

4. Alpen-Methode[156] zur Planung der Zeit

Die Alpen-Methode ist die bekannteste und eine bewährte Methode zur Planung von Zeit. Alle Zeitmanager*innen arbeiten seit Urzeiten nach ihr. Sie ist einfach zu merken und verschafft einen detaillierten und geordneten Überblick. Sie ist behilflich beim Abarbeiten der Anliegen und Aufgaben. Nehmen Sie Ihre Aufgaben gezielt in Angriff:

A **A**ufgaben zusammenstellen
L **L**änge der Tätigkeiten schätzen
P **P**ufferzeit für Unvorhergesehenes reservieren
E **E**ntscheidungen über Prioritäten setzen »Dringlich/Wichtig …«
N **N**achkontrolle: War die Planung erfolgreich? Unerledigtes in die neue Planung übertragen

Der Vorzug dieser Technik könnte sich darin finden, dass Sie weniger Gesamtzeit aufwenden, dass Sie produktiver sind. Sie reduzieren Ihren Stress, weil Sie den Überblick haben und/oder behalten.

5. 5-W-Methode

Die 5-W-Methode ist in der Arbeitsmethode von Gruppen besonders bewährt. Hier geht es darum,

- **WER**
- Macht **WAS** (Aufgabe, Arbeitsschritt)
- Bis **WANN** (Terminabsprache!)
- **WIE, WOMIT**, mit **WESSEN** Hilfe (wenn erforderlich: Arbeitsmittel, Schulung, Unterstützung durch interne und externe Beratung und Ressourcen)
- **WARUM** oder **WOZU** (Ziel des Anliegens, Nutzen klären, Chancen klären)
- **WER/WAS/WANN/WIE/WARUM**

Zu wissen, warum man etwas macht und welches Ziel erreicht werden soll, hilft die Motivation zu erhalten.

6. Persönliche Zeitleisten

Natürlich sollten Sie die Aktivitäten und Anliegen in Tages-, Wochen-, Monats-, und Jahresplänen festhalten.

---

156 Wer sie genau erfunden hat, ist nicht eindeutig. Ich staune immer über die vielen unterschiedlichen Erfindernamen, die in der Literatur angegeben werden.

a. Tages- und Wochenplanung

Einen **Tagesplan** machen Sie am besten zu Beginn des Tages. Es empfiehlt sich auch, diesen am Vorabend zu machen, dann könnte es sein, dass Sie besser schlafen, weil Sie sich ganz sicher sind, dass Sie nichts vergessen haben. Ein Beispiel bietet die Anlage IV.

Einen **Wochenplan** fertigen Sie vielleicht am letzten Wochenarbeitstag an, damit Ihr Unterbewusstsein ganz sicher ist, dass Sie jetzt Feierabend haben. Sie könnten diesen Wochenplan dann am ersten Arbeitstag der Woche erneut kontrollieren, um zu schauen, ob Sie etwas vergessen haben. Die Bearbeitung der Themen und Anliegen verteilen Sie dann auf die jeweiligen Tagespläne.

Ein Beispiel findet sich in der Anlage V.

b. Jahresplanung

Ihre persönliche Jahresplanung sollte bis Dezember des Jahres für das kommende Jahr abgeschlossen sein. Verschaffen Sie sich einen Überblick, möglichst mit Hilfe eines Kalenders, der Sie befähigt, alle Aktivitäten auf einen Blick zu erfassen. Sie verschaffen sich damit auch einen Überblick, wie Sie mit ihrer Energie hauszuhalten haben.

Ich empfehle einen Kalender, der Sie befähigt, das gesamte Jahr auf einen Blick zu überfliegen. Lassen Sie ausreichend Zeit zwischen den Terminen, solange Sie dies können. Im Laufe des kommenden Jahres werden genügend unerwartete Termine auf Sie zukommen.

Verschaffen Sie sich Ruhe- oder Pufferzeiten, damit Sie konsequente Auszeiten zur Verfügung haben, um Ihre Batterie aufladen zu können. Pflegen Sie auch Ihr Privatleben, planen Sie das, was Ihnen Spaß macht, in Ihr Leben ein und reservieren Sie für Ihre ganz eigenen Interessen Termine. Verabreden Sie sich mit Ihrer Partnerin oder Ihrem Partner und denken Sie dann bitte nicht an die Arbeit. Spielen Sie mit Ihren Kindern und Enkelkindern. Gönnen Sie sich Langeweile und Müßiggang.

Lassen Sie sich nicht von fremden Vorwürfen jagen. Die anderen befinden sich nicht in Ihrer Haut. Wenn Ihnen das Erntedankfest in ihrer Gemeinde bedeutungsvoll ist, dann ist dies Ihre Sache. Wenn Sie mit einer Jahresplanung arbeiten, dann könnten Sie dieses Anliegen ja rechtzeitig kommunizieren, um zu versuchen, das Team »umzuleiten«.

Ich mache allerdings immer wieder die Erfahrung, dass es nicht die anderen sind, die Einzelne an einem glücklichen Privatleben behindern. Viel wahrscheinlicher ist es, dass Menschen sich selbst ihre Abwesenheit nicht erlauben.

	Jan.	Feb.	März	April	Mai	Juni	Juli	Aug.	Sept.	Okt.	Nov.	Dez.
1.												
2.												
3.												
4.												
5.												
6.												
7.												
8.												
9.												
10.												
11.												
12.												
13.												
14.												
15.												
16.												
17.												
18.												
19.												
20.												
21.												
22.												
23.												
24.												
25.												
26.												
27.												
28.												
29.												
30.												
31.												

7. Persönliche Bilanz ziehen

Um die eigenen Erfolge und Misserfolge besser im Blick zu haben, empfehle ich, dass Sie sich selbst bilanzieren. Natürlich gelingt dies nur, wenn die eigenen Ziele oder die Gesamtziele der Gesamträte bekannt sind. Es ist wie das Führen eines Haushaltsbuches. Erst wenn man die Tages-, Wochen- oder Monatsabrechnung anschaut, zeigen sich sinnlose Verausgabungen und Sie können sich besser steuern.
Benutzen Sie Tabellen, wie sie in der Anlage VII zu finden ist.

8. Motivation durch Selbstmanagement

Da Sie in Ihren Rollen vermutlich keine Arbeitsanweisungen erhalten, an der sich Ihre Leistungen messen lassen und Sie wahrscheinlich nur selten schnelle Erfolge realisieren, müssen Sie sich selbst motivieren, die

zusätzlichen Belastungen zu relativieren, um durchzuhalten. Vermutlich bekommen Sie nur wenig Feedback aus der Belegschaft.
Es hilft, die eigene Idee nie aus den Augen zu verlieren, warum Sie dieses Amt angetreten haben. Die bewusste Präsenz des eigenen Ideals stabilisiert ungemein. Merken Sie sich Ihre Erfolge und verlieren Sie nie Ihr Motiv aus den Augen! In Zeiten von »Elend & Not« verblassen die Ziele oder geraten oftmals sogar in Vergessenheit.
Erinnern Sie sich an Ihre Erfolge. Fühlen Sie noch einmal Ihren Erfolg! Gehen Sie sozusagen rückwärts und vergegenwärtigen Sie sich, was den Erfolg ausgemacht hat und wie der Weg aussah, den Sie gegangen sind.
Was gibt Ihnen Kraft und stärkt Ihre innere Haltung?

- Sie sind religiös und dienen Gott und der Welt? Okay.
- Sie sind politisch und wollen die Welt, samt der Bewohnerschaft, retten? Okay.
- Sie wollen Standards sichern oder herstellen? Okay.
- Sie haben ein Ziel, welches Sie erreichen wollen? Vorsicht! Gehen Sie nie allein. Es gilt der Grundsatz, gehe niemals schneller als Ihre Gruppe.
- Sie haben sich geärgert und nun werden Sie sich rächen? Ein ganz schlechtes Motiv, weil es ungeduldig, reizbar und ungerecht macht.
- Sie wollen einfach nur dabei sein? Ein ganz schlechtes Motiv, da es Sie nicht zur Mitarbeit mobilisiert.
- Sie wollen wichtig sein und Macht haben? Andere beherrschen? Einen besonderen Kündigungsschutz haben? Ganz schlecht. Am besten gehen Sie wieder regulär arbeiten und schaffen sich ein vergnügliches Privatleben. Sie werden keine Kraft haben für das, was auf Sie zukommt.

Was hat Sie bewogen oder bewegt Sie, diese zusätzliche und/oder belastende Arbeit auf sich zu nehmen? Wozu lohnt es sich?
Sie müssen darauf vorbereitet sein, dass die Veränderungen in der Arbeitswelt ganz unmittelbar mit Ihnen in Kontakt kommen werden, und das ist oft sehr schwer und unangenehm. Stabilisieren Sie sich in Ihren Teams und sprechen Sie über das, was Sie belastet. Ich empfehle eher das kollektive Weinen im geschützten Raum als wildes Kampfesgeschrei im Team. Bewahren Sie sich vor Zynismus und Sarkasmus. Sie fressen die Seele auf.
Erwarten Sie nie unmittelbare Dankbarkeit von der Belegschaft. Es ist für sehr viele Menschen leichter, die Räte zu beschimpfen, als die Unternehmerschaft zur Verantwortung zu ziehen.
Aus vielen Berichten habe ich gehört, dass Betriebsräte erfolgreich gekämpft und verhandelt haben und aus der Belegschaft sind kein Kom-

mentar und auch kein Dankeschön gekommen. Dieselben Betriebsräte haben wenig später eine Niederlage erlitten und dieselbe Belegschaft beschimpft mit voller Wut! Es kann sein, dass Ihnen »Unterirdisches« begegnet.

a. Widerstandskraft ausbauen | Resilienz entwickeln

Eine entscheidende Ressource für Ihre Gesundheit ist Ihre eigene Widerstandskraft. In der Psychologie wird sie als Resilienz bezeichnet. Es gehört zum Standard einer jeden Leitungskraft, dass sie ihre Resilienz regelmäßig pflegt und auch trainiert. Als Betriebsrat sind Sie in dieser Rolle einer Führungskraft und damit sehr oft größten Anforderungen ausgesetzt. Sie müssen auch in hohen Arbeitsbelastungen und unter hohen Stresssituationen gesund und fit bleiben! In der freigestellten Betriebsratsrolle und auch in der nicht freigestellten Betriebsratsrolle, müssen Sie inneren und äußeren Druck, sowie das Wechselbad der Gefühle aushalten und tragen können. Dafür brauchen Sie eine innere Widerstandskraft!
Resilienz ist allgemein gehalten, die Fähigkeit, als einzelne Person und im Team, erlebte Rückschläge ohne persönlichen Schaden zu verkraften; sich schnell wieder zu erholen und infolge der durchlebten Krise, gestärkt wieder weiter zu machen und darüber eine persönliche Weiterentwicklung zu erreichen!
Resilienz = Widerstandskraft wirkt auf drei Ebenen auf unsere psychische Gesundheit!

Erste Ebene: Versachlichung statt Emotionsausbruch

Resilienz/Widerstandskraft hat die Fähigkeit, Wichtiges von Unwichtigem zu unterscheiden. Ein widerstandsfähiger Mensch kann flexibel oder gar elastisch auf Alltagsstressoren reagieren. Sie müssen sich nicht in Wut und Rage bringen, weil Ihnen Informationen zugespielt werden, die noch nicht gesichert sind. Wenn zur Abwendung eines Schadens ein Betriebsratsbeschluss nach § 33 BetrVG erforderlich ist, nutzen Sie die Zeit die

Beschlussvorlage anzufertigen, anstatt ein riesen Theater aufzuführen. Beherrschen Sie Ihre Sprechtechnik. Sprechen Sie ganz langsam statt schnell. Widerstandsfähige Menschen verfügen über die Kompetenz, ihre Energien und Reserven wohl portioniert zum Einsatz zu bringen, damit sie genügend Power für die durchzuführende Maßnahme haben. Suchen Sie besser nach Paragrafen oder Urteilen und juristischen Aufsätzen, um sich Macht beizuordnen. Wer Sie nicht verstehen will, versteht Sie nicht. Das war schon immer so.

Zweite Ebene: Selbstmobilisierung

Widerstandsfähige oder resiliente Menschen verfügen über die Fähigkeit, sich während oder nach einer Krise relativ schnell und unbeschadet wieder in die Senkrechte zu stellen. Es ist keine Schande zu verlieren oder gar mal aus den Latschen zu kippen. Sie müssen wieder aufstehen und weitermachen. Das ist fast alles. »Hinfallen, aufstehen und das Krönchen rücken.« Manchmal zielen Menschen direkt auf Ihre persönlichen Schwächen mit der Absicht, Sie zu beschädigen. Wenn mir so etwas passiert, dann reflektiere ich zügig, welchen Nutzen die Person davon hat, wenn ich aufgebe oder mich gar anpasse oder wenn ich mich füge. Denken Sie immer daran, Sie wurden zum Mitglied des Betriebsrats gewählt! Sie sind souverän! Sie müssen Ihren Kolleg*innen gefallen und niemand anderem!

Dritte Ebene: Ungewissheit aushalten

Als Betriebsrat stecken Sie voller hoffnungsvoller Absichten und sicher sind Sie randvoll mit Wünschen, die ein soziales Miteinander ermöglichen. Das BetrVG steckt Ihnen zur Umsetzung dieser Hoffnungen und Wünsche nur drei Mitbestimmungsbereiche zu

- **Soziale Mitbestimmung nach § 87 BetrVG**
- **Mitbestimmung in Qualifizierungsfragen nach § § 96 bis 98 BetrVG**
- **Mitbestimmung bei betrieblicher Veränderung nach § 111 BetrVG**

In diesen Fällen kann die Einigungsstelle nach § 76 BetrVG angerufen werden, wenn sich der Betriebsrat nicht mit der Betriebsleitung einigen kann! Alle anderen Paragrafen geben Ihnen die Kompetenz zu beraten, zu informieren, gehört zu werden, verstanden zu werden! Sie müssen sparsam mit Ihren Energien haushalten und oft einen langen Atem haben, bis die Geschehnisse reif sind für Angelegenheiten aus den oben genannten Mitbestimmungstatbeständen. Im Zweifel ist alles eine Frage der Gesundheit nach § 87 Absatz 1 Nr. 7 BetrVG. In Frage kommt auch immer wieder die Mitbestimmung zur Frage der Ordnung und des Verhaltens nach § 87 Absatz 1 Nr. 1, oder im Zuge der Digitalisierung ist alles eine Frage nach § 87 Absatz 1 Nr. 6 BetrVG.

Als Betriebsrat werden Sie es oft erleben, dass die Ereignisse und Ergebnisse nicht voraussehbar sind. Sie müssen es aushalten, dass ein Sachverhalt in der Regel nicht von »Eben auf Gleich« geregelt werden kann. Unterschreiben Sie nichts, was Ihnen nicht gefällt. Gehen Sie lieber in die Einigungsstelle nach § 76 BetrVG. Wenn Sie dort verloren haben, dann können Sie mit Stolz verkündigen, dass der Betriebsrat gekämpft hat und dass der Betriebsrat in der Einigungsstelle verloren hat. Diese Technik ist alle Male gesünder, als etwas zu unterschreiben, was für falsch gehalten wird. Konzentrieren Sie sich auf Ihre Stärken und Werte. Verlassen Sie sich nicht! Niemals.

Praxistipp:
Kommunikativ ist es oft schwer auszuhalten, dem Gegenüber ihre eigene Wertigkeit aufrecht zu halten. In der Rhetorik gibt es eine gelungene Theatersequenz für diese Situation, damit dieser Moment besser ausgehalten und ertragen werden kann.
Bevor Sie sich hinreißen lassen etwas zu unterschreiben, was Ihnen nicht gemäß ist, ist es klüger mit dem Kontext »Schwierig« und »Nie wieder« zu sprechen. Hören Sie auf zu argumentieren, wenn Ihr Gegenüber nicht zu überzeugen ist. Versuchen Sie mal den Moment auszuhalten und alles, was Sie jetzt noch zu sagen haben, entspricht entweder der Kategorie **»Schwierig« oder »Nie wieder!«**.

AG: »Ich als Arbeitgeber*in kann vom Betriebsrat erwarten ...«
BR: »Schwierig.«
AG: »Was ist schwierig?«
BR: Der Betriebsrat schüttelt den Kopf und spreizt z. B. die Beine: »Ach wissen Sie, das ist jetzt echt schwierig.«

AG: »Was ist schwierig!« Der Ton ist deutlich angespannt.

BR: »Wir können es so, wie danieder geschrieben nicht unterschreiben. Das geht jetzt nicht. Es ist schwierig!«

AG: Argumentiert für ihre oder seine Vorlage.

BR: »Wir unterschreiben jetzt nicht. Es ist schwierig! Wir ziehen uns jetzt mal zurück, um uns zu beraten. Wenn wir uns nicht einigen können, dann rufen wir die Einigungsstelle an. Alles andere ist echt schwierig.« Alle Betriebsräte stehen auf. Alle verabschieden sich freundlich und sie gehen gemeinsam raus. Sollte noch etwas zu sagen sein, dann ist es eben »schwierig«. Und die Verhandlungsbasis bezieht sich auf den Vorschlag des Betriebsrats.

Ganz lustvoll kann es sein, die Übung zu machen in den Kategorie-Themen »Nie wieder!« Nur zu! Es macht wirklich Spaß.

Besonders stärkend in Ihrer Widerstandskraft sind in der Regel die Fähigkeiten

- Eine eigene Wertetabelle zu haben und nach dieser zu handeln.
- Unveränderbare Tatsachen zu akzeptieren. BR-Beschluss nach § 33 BetrVG ist zu Ende!
- Optimismus haben und zuversichtlich sein. Zweifeln Sie nicht an Ihrem Erfolg. Lassen Sie sich überraschen.

b. Reflektiert sein

Machen Sie sich immer bewusst, dass Sie während Ihrer Betriebsratsarbeit in einer Rolle stehen, die anders ausgeführt werden muss, als Sie in Ihrer originären Arbeitnehmer*innen-Rolle stehen. Es ist möglich, dass Ihre Arbeitgeber*in Sie ganz freundlich zur Mitarbeiter*in des Monats bejubelt und Sie umarmen möchte, weil Sie so fleißig sind. Drei Stunden später treffen Sie diese*n Arbeitgeber*in in einer Besprechung und Sie werden knallhart ignoriert und der Lächerlichkeit preisgegeben. Es gibt Arbeitgeber*innen, Betriebsratsmitglieder und auch Kolleg*innen, die wechseln in ihrer »politischen Rhetorik« situativ! Bleiben Sie wachsam. Hier haben Sie es mit Menschen zu tun, die nicht wertschätzend mit Ihnen umgehen können und insbesondere nicht wertschätzend sein wollen. Ihr Ziel ist es, Ihnen zu schaden. Gönnen Sie diesen Menschen ihren Auftritt nicht. Bleiben Sie bei sich und beobachten Sie diese Menschen. Man sieht sich immer zweimal im Leben und der Ball geht zurück. Diese politische Rhetorik ist leider noch immer weit verbreitet. Schauen Sie sich mal den Film von »Michael Sheen und Frank Langella: Frost/Nixon« an. Ein Meisterstück als Kinofilm einer authentischen Story. Die politische Rhetorik hat die Funktion, Sie zu manipulieren. Hier will jemand gewinnen, damit Sie verloren haben, und es ist die volle Absicht, Sie dabei in Ihrer Persönlichkeit zu schädigen. Lesen Sie das oben genannte Kapitel zur Manipulation.

VI. Konfliktkompetenz

1. Höfliche und wertschätzende Umgangsformen

Machen Sie sich bitte immer klar, dass Sie sich nicht in einer Sandkiste oder auf einem Fußballplatz befinden.

Angesichts der kostbaren Zeit ist es angemessen, sich für das zu respektieren, was gegenwärtig vorliegt. Alle Ratsmitglieder*innen geben viel Energie und kostbare Lebenszeit in die Erfüllung von Wünschen und optimalen Hoffnungen.
Es ist absolut angemessen, achtsam und wertschätzend miteinander umzugehen. Bleiben Sie im gegenseitigen Respekt. Sie müssen nicht jede Position oder jedes Interesse von anderen teilen. Sie sind jedoch dafür verantwortlich, dass niemand in Ihrer Gegenwart beschädigt wird.
Ich empfehle ein offenes Gespräch in einer Klausur über die Frage: Wer ist was? Was hält wer für angemessen? Und wie ist unser Verhaltenskodex? Konflikte entstehen in der Regel im Zusammenstoß mit sogenannten »Selbstverständlichkeiten«. Diese »Selbstverständlichkeiten« sollten selbstverständlicher Weise mit allen Beteiligten abgesprochen und besprochen werden.
Bleiben Sie mindestens kollegial, fachlich und freundlich. Respektieren Sie die Andersartigkeit von anderen. Muten Sie Ihren Zorn so selten wie möglich anderen zu. Und wenn es nicht anders geht, dann darf und muss dies eben auch mal sein.

2. Sich »kabbeln« und »mit einer Stimme« präsentieren

Es ist unvermeidbar, dass in dieser Funktion miteinander gerungen und gekämpft wird. Sie werden nie alle Ratsmitglieder gleichermaßen mögen und schätzen. Manchmal variiert es von Thema zu Thema. Vergessen Sie bitte nie, dass Sie als Rat entscheiden. Abgestimmt ist abgestimmt. Nach § 33 BetrVG beschlossen ist beschlossen und ab jetzt die Meinung aller Betriebsratsmitglieder. Es gilt diese Entscheidung kraft Funktion zu kommunizieren. Sprechen Sie mit einer Stimme, wenn Sie den internen Kreis Ihres jeweiligen Rates verlassen. Sie werden sonst nur unter wirklich schwierigen Bedingungen die vereinbarten Ziele erreichen können und dazwischen unendlich viel Energie verbrauchen. Wenn es wirklich heftig wird, dann sind Sie irgendwann ein unglücklicher Mensch. Traurig und wie immer in der Not, mit sich allein.
Es ist nicht zweckdienlich, seine eigenen Wünsche ständig am jeweiligen Standort zu kommunizieren. Sie stiften damit nur Verwirrung. Sie belasten sich unnötig.
Streiten Sie im Rat und sprechen Sie einheitlich, wenn Sie den Kreis der Ratsmitglieder verlassen. Ich empfehle die »Wir-Sprache«.
Das geht so:

»**Wir** haben sehr unterschiedlich miteinander gesprochen, bis **wir** eine Entscheidung getroffen haben. Ich kann heute nur **unser** Ergebnis mitteilen«. Lächeln, schweigen und ausatmen!
Es schadet dem Image der Räte, wenn sie in der Öffentlichkeit uneinheitlich in Erscheinung treten. Oft schämt sich die Belegschaft fremd, wenn sie ihre Räte dabei beobachten muss, wie sie sich in der Öffentlichkeit fetzen und gegenseitig Dinge unterstellen.

Hinweis:
§ 26 BetrVG schreibt die Rolle der Repräsentanz der Betriebsratsmeinungen, Einschätzungen und Vorhaben den Betriebsratsvorsitzenden zu! Wenn vereinbart wird, dass alle sprechen dürfen, dann sollte auch abgestimmt werden, wer was sagen darf.

3. Verletzungsfreie Kommunikation

Um verletzungsfrei zu kommunizieren, empfehle ich, Feedbackregeln anzuwenden und Mut zum Konflikt zu zeigen. Ein verletzungsfreies Pausengespräch oder einen *Smalltalk* gestalten Sie am besten mit Themen, über die man sich wertfrei unterhalten kann.

a. Smalltalk

Der Smalltalk ist eine Sprechkunst, deren Sinn darin liegt, freundliche Unterhaltungen zu führen, die garantiert nicht in Konflikte ausbrechen. Natürlich können Sie gute gemeinsame Fachgespräche mit einem Gegenüber führen, das Sie kennen und schätzen. Um den Frieden zu wahren und um gemeinsam in einem Raum zu sein, ohne dass es gleich zur Sache geht, bedient man sich des Smalltalks. Dies ist der Grund, warum Sie vielleicht auf Ihre Tasche angesprochen werden oder darauf, wie Sie in einem besonders heißen Sommer ihren Rasen retten. Selbst wenn Sie keinen Rasen haben, lohnt sich ein Gespräch über den Rasen und Waldbrand etc. Sprechen Sie über belanglose Dinge, in denen Sie sich ganz gut auskennen.

- Urlaub
- Kunst und Kultur
- Gartenarbeit
- Wetter
- Haustiere
- Familie
- Sport
- Hobby
- Freizeit
- Ihren Heimathafen – positiv natürlich
- Farben

Sprechen Sie bildhaft. Laden Sie Ihr Gegenüber zur Teilnahme ein.

Beim Smalltalk ist es wichtig, darauf zu achten, dass Ihr Gegenüber interessiert ist an dem, was Sie sagen. Wenn Sie kein spannendes Thema bieten können, dann schweigen Sie, bis Ihnen ein Thema angeboten wird.

In der Regel reden Menschen sehr gern. Die Menschen im Raum, wollen in der Regel nicht schweigend nebeneinander sitzen. Sie wollen über irgendetwas sprechen. Wichtig ist, dass Sie nicht anfangen jemanden auszufragen. Versuchen Sie mit der Technik des Smalltalks ein Gespräch am Laufen zu halten, um peinliches Schweigen zu umgehen.

b. Konfliktgespräch

Keine Angst vor Konflikten!
Konflikte sind widerstreitende Interessen, Wünsche oder Werte, die miteinander ausgewogen werden müssen. Man kann sich nur vertragen, wenn man gestritten hat. Nicht jeder Konflikt lässt sich lösen. Es ist leichter, Konflikte zu regeln, eine Regelungsabsprache zu vereinbaren, wie das weitere Verfahren diesem Thema aussehen könnte. Achten Sie darauf, dass Sie nicht verletzen. Gewöhnen Sie sich das Bewerten ab. Beschreiben Sie etwas, was Sie nervt oder ärgert. Teilen Sie mit, warum dies so ist und erfragen Sie dann, ob Ihr Gegenüber bereit ist, an diesem Umstand etwas zu verändern. Leichter ist es für Ihr Gegenüber, wenn Sie direkt kommunizieren, was Sie brauchen, wollen oder wünschen.
Die meisten Konflikte bestehen aus Missverständnissen, die sich klären lassen, wenn die Absichten hinterfragt werden.

Praxistipp für Konfliktgespräche:

- Achten Sie darauf, dass Ihr Gegenüber ausreichend Zeit hat, auf eine Kritik oder ein Anliegen zu reagieren.
- Der Fahrstuhl ist der denkbar schlechteste Ort für ein Konfliktgespräch.
- Vereinbaren Sie Gesprächstermine. Fragen Sie wenigstens, ob jetzt Zeit ist für ein Konflikt- oder Feedbackgespräch.
- Bombardieren Sie Ihr Gegenüber nicht mit Vorwürfen. Beschreiben Sie aus Ihrer Sicht, was sich zugetragen hat. Mit dieser Kommunikationstechnik erfährt Ihr Gegenüber, ob seine Sendeabsicht verstanden wurde oder ob Sie ihn missverstanden haben.

Das mag am Anfang künstlich und schwierig klingen. Sie vermeiden auf diesem Wege die Eskalation.
Wenn Sie eskalieren wollen, dann müssen Sie den Gegenwind ertragen können.

c. Feedbackregeln

Das Feedbackgespräch ist eine Chance, die eigene Wahrnehmung zu relativieren oder zu bestärken. Wenn ich anderen Menschen mitteile, wie ihr Verhalten oder Tun auf mich wirkt, dann habe ich die Chance zu erfah-

ren, ob meine Wahrnehmung identisch ist mit anderen Wahrnehmungen. Und nur dann kann ich erfahren, ob es angemessen ist zu streiten.
Kommunikationsprofis wissen, dass Kommunikation eine modulierbare Kunst ist.
Berücksichtigen Sie hierbei nachstehende Regeln:

aa. Feedback geben

Innere Haltung

- Es ist nicht meine Absicht, zu beschädigen oder zu verletzen. Ich wünsche mir ein anderes Verhalten.

Zeitpunkt und Rahmen

- Hinweise über das Verhalten anderer sollen nur dann gegeben werden, wenn die Situation so beschaffen ist, dass ruhig zugehört werden kann und wenn die Information verarbeitet werden kann.
- Hinweise sollen möglichst unmittelbar gegeben werden. Wenn ein Ereignis zu lange zurückliegt, kann es sein, dass mein Gegenüber sich nicht mehr erinnert.

Beschreiben, nicht interpretieren

- Hinweise sollen beobachtbares Verhalten konkret beschreiben und nicht das Verhalten interpretieren.
- Hinweise, die sich auf negativ Wirkendes beziehen, sollen auch die gewünschte Verhaltensänderung aussprechen und erklären.
- Hinweise, die sich auf positiv Empfundenes beziehen, sind für die Feedback-Nehmer*innen mindestens so wichtig wie die anderen Hinweise.

bb. Feedback annehmen

- Hinweise nur dann entgegennehmen, wenn der Rahmen stimmt. Ggf. Termin vereinbaren. Sich verabreden hilft. Das Thema muss bekannt sein.
- Hinweise kommentarlos entgegennehmen, nur Unverstandenes hinterfragen.
- Hinweise auf negativ Wirkendes sind gut gemeinte Hinweise. Der Hinweis verfolgt die Absicht, eine Hilfestellung zur Änderung der Situation oder des Verhaltens zu erzielen. Es geht um eine Chance, ein Geschenk. Sie müssen allerdings nicht jedes Geschenk auch annehmen. Sie dürfen gerne dabei bleiben, was Ihnen gemäß ist.

4. Plötzlich einflussreich/Umgang mit Vorgesetzten

Immer wieder werde ich gefragt, wie betrieblich mit Vorgesetzten umzugehen ist. Plötzlich werden Sie anders wahrgenommen. Ihre Vorgesetzten fürchten Ihre Nähe zur Unternehmensleitung oder Konzernleitung und Ihre Kolleg*innen stellen hohe Erwartungen an Ihre Person.
Ich empfehle ein Gespräch.
Klären Sie, dass Sie als juristische Person in einer betrieblich demokratischen Organisation handeln. Es gilt, sich an Beschlüsse zu halten. Ihre persönliche Meinung ist nicht von bedeutendem Interesse.[157]
Klären Sie, dass Sie keine persönlichen Erklärungen zu Ihrer Funktionsaufgabe abzugeben haben. Rechtfertigen Sie sich nicht ständig.
Nur dumme Menschen verstehen nicht zu unterscheiden.[158] Klären Sie die Umgangsformen ab. Sprechen Sie wenigstens drüber! Wenn Sie plötzlich Vorsitzende des GBR, KBR oder EBR oder auch einfaches Ratsmitglied werden, dann ist es gut möglich, dass Ihre gesamte Umwelt irritiert und verunsichert ist, wie sie jetzt mit Ihnen umgehen soll. Insbesondere, weil Ihre Umwelt lauter Ideen und Unterstellungen in Sie hinein projiziert, die nichts mit Ihrer Person und Wirklichkeit zu tun haben.
Sprechen Sie sich ab. Sie dürfen gerne zugeben, dass Sie selber Klärungsbedarf haben. Bleiben Sie immer authentisch.

157 Hamburgisch würde man sagen: »Das tut hier nix zur Sache.«
158 Ein dummer Mensch kann zwischen Ihrer Rolle als Beschäftigte*r und Ihrer Funktionsrolle nicht unterscheiden. Manche Menschen versuchen Sie bewusst zu missbrauchen und zu kränken.

Vergegenwärtigen Sie sich, dass Ihre weisungsgebende »Leitung« in dieser Funktion unbedeutend ist. Das ärgert sie oder ihn. Sicherlich verunsichert es alle Beteiligten. Die Begegnung muss neu definiert werden. Ein offenes Gespräch hilft da weiter. Sie agieren in dieser Rolle und Funktion überbetrieblich, und das gilt es zu klären.
Auch die Frage der Kleidung kann Sie plötzlich heftig beschäftigen. Kleiden Sie sich immer so, wie Sie sich sicher fühlen. Sie müssen nicht plötzlich einen Anzug tragen. Wenn ein Anzug Ihnen Schutz bietet, dann ist es völlig in Ordnung. Wenn der Anzug Sie verunsichert, dann tragen Sie keinen. Ich lade Sie ein, ein wenig mit der Kleidung zu spielen, damit sie erfahren können, wie unterschiedlich Menschen Ihnen begegnen, nur weil Sie eine bestimmte Kleidung tragen!

a. Korruptionsfallen

Wenn Sie den Verdacht haben, dass Sie korrumpiert werden, dann sprechen Sie dies an! Es ist Gift für jedes Gremium, wenn dieser Verdacht im Raume steht.

> **Tipp: Fallen Sie nie auf Schmeicheleien herein!**
> Die Gelegenheit, eine betriebliche Bedeutung zu haben, ist sehr verlockend. Insbesondere dann, wenn Sie eine hochwertige Arbeit leisten.

Mahatma Gandhi sagte einst:
»Zuerst ignorieren sie dich,
dann lachen sie über dich,
dann bekämpfen sie dich
und dann gewinnst du.«
Sie dürfen sich freuen, wenn Sie positives Feedback erhalten, wenn Ihnen Komplimente gemacht werden. In sehr hohem Umfang sind Sie sicherlich richtig bewertet. Endlich erkannt!
Vergessen Sie nie, Ihrer veränderten Beziehung zur Leitung reflektiert zu begegnen.
Es hilft sich vorzustellen, was Ihre Kolleg*innen, die Nation, die europäische Gemeinschaft und gar Ihre Herkunft zu dem sagen würde, was Sie zulassen. Bleiben Sie immer authentisch! Dann kann Ihnen nichts passieren. Sie müssen und dürfen sich nie verbiegen. Ganz egal, was andere sagen. Sie sind eine Persönlichkeit, ein ganz einzigartiges Wesen. Sie sind erwachsen und das Produkt Ihrer Sozialisation. Sie sind so, wie alle Menschen sind. Sie sind ein Mensch! Alle in ihrer ganz einzigartigen Persönlichkeitsstruktur. Sie tragen eine demokratische betriebliche Verantwortung.
Ich weiß, dass es schmerzt, in Grund und Boden gestampft zu werden. Nicht verstanden zu werden. Durch Instrumentalisierung missbraucht zu werden. Bleiben Sie bei sich und Ihren Werten. Verständigen Sie sich mit anderen und stimmen Sie ihre Gemeinsamkeiten ab. Es lohnt sich. Prozessarbeit kommt kontinuierlich zum Erfolg und um nichts anderes geht es.
Bleiben Sie in der Beziehung zu Ihren Räten immer solidarisch. Lassen Sie niemals zu, dass jemand beschädigt wird. Passen Sie im Gremium auf, dass niemand isoliert wird! Über das Thema: »Plötzlich sind alle freundlich zu mir und jetzt?«, muss unbedingt im Gremium gesprochen werden. Es hat etwas mit Ihrer Rolle und Funktion zu tun, dass Sie jetzt so besonders wahrgenommen werden. In der Regel verschwindet diese Aufmerksamkeit sofort, wenn Sie nicht mehr in der Rolle und Funktion eines Mitgliedes des Betriebsrats stehen.

b. Wie schütze ich mich vor Manipulation?

Vor Manipulation schützt man sich am besten, indem man sehr bewusst die Absicht der Manipulierer*innen reflektiert. Es kann eine Weile sehr schmerzlich sein, wenn Sie erkennen, dass ein anderer Mensch taktisch mit Ihnen umgeht oder Sie missbraucht, um eigene Machtinteressen durchzusetzen.
In konkurrierenden Gremien kommt es manchmal vor, dass die Qualität der Zusammenarbeit und auch der ausbleibende Erfolg darunter leiden, dass einzelne Menschen und Gruppen machtzentriert arbeiten. Sie schaden der Gesamtarbeit. In keinem Fall sollten Sie sich davon beeindruckt zeigen.

Wenn Sie feststellen, dass Sie manipuliert werden, dann sprechen Sie dies an und Sie werden sehen, dass der Spuk sich auflöst. Sie können nur manipuliert werden, solange dies unbemerkt bleibt. Jeder erkannte Manipulationsversuch verliert an Wirkung.

Wenn Sie den Eindruck haben, dass Sie manipuliert werden, fragen Sie

- nach Belegen, die Sie überprüfen können. Fragen Sie solange, bis Sie einen überprüfbaren Beleg haben.
- nach Alternativen.
- nach Schutzklauseln. Das bedeutet, dass Sie Ihre Befürchtung als Bedingung setzen, wenn sich zu einem späteren Zeitpunkt herausstellt, dass Sie getäuscht wurden.
- ob die Luft und/oder das Licht verbessert werden könnte (psychologische Kriegsführung, um jemanden mürbe zu machen, indem gezielt auf das Unbehagen abgestellt wird).

Folgende Verhalten können einen Manipulationsversuch entlarven:

- Konfrontieren Sie, wenn »Zufälligkeit« dafür verantwortlich ist, dass Ereignisse oder Informationen enthüllt werden. Es gibt auf der überbetrieblichen Ebene keine zufälligen Enthüllungen. Keinen zufälligen Betrug.
- Verfahren Sie nach der ZDF-Methode »Zahlen-Daten-Fakten«.

Auch andere Anzeichen für Manipulationsversuche kann es geben. Oft sind es abwertende Bemerkungen, Spekulationen über Ihr Verhalten, die bewusste Demontage Ihres Selbstwertes, indem Sie als inkompetent dargestellt werden. Unnötiger Druckaufbau durch aggressives Gesprächsverhalten ist ein sehr deutlicher Hinweis. Es kann so weit gehen, dass längst geklärte Sachverhalte bewusst erneut in Frage gestellt werden, um Sie zu verunsichern. **Alle Verunsicherungsabsichten sind direkte Manipulationsversuche.** Fürchten Sie sich nicht und lassen Sie sich bitte nicht beeindrucken.

Was können Sie tun?

- Unterbrechen Sie die Meetings und besprechen Sie sich mit anderen über Ihre Wahrnehmung.
- Fragen Sie Ihr Gegenüber immer nach seinem oder ihrem Interesse an der Regelung.
- Lassen Sie sich auf die Manipulationen mental ein und fragen Sie ganz konkret nach dem Nutzen oder nach überprüfbaren Beweisen.
- Lassen Sie sich Belege zeigen.
- Vergegenwärtigen Sie sich den Vorteil der anderen, wenn es Ihnen gelingt, sie klein zu machen und in Frage zu stellen. Welchen Nutzen haben diese Menschen davon?

- Seien Sie präsent. Das bedeutet, dass Sie voll wach anwesend sind. Halten Sie Blickkontakt mit Ihrem Gegenüber. Schauen Sie andere an und blicken Sie in das dritte Auge ihres Gegenübers.
- Wehren Sie sich gegen sprachliche Fouls. Jemand macht Sie lächerlich, Ihre Positionen werden wegen der Art und Weise niedergemacht, wie Sie sprechen. Sie dürfen nicht aussprechen. Andere bringen Ihre Sätze zu Ende und formulieren sie in diesem Zusammenhang zu Ihren Gunsten. Der Blickkontakt wird vermieden. Während Sie sprechen, beschäftigt man sich mit anderem. Wenn es unterirdisch wird, dann wird Ihre Kleidung und Erscheinung abfällig kommentiert. Plötzlich soll es angeblich wichtig sein, wie Sie sitzen oder sich bewegen.
- Klären Sie in ganz grundsätzlicher Art Ihre Arbeitsbeziehungen. Notfalls über eine schriftliche Vereinbarung.
- Suchen Sie sich Unterstützung.
- Nehmen Sie gerichtliche Hilfe in Anspruch.
- Machen Sie die Ungehörigkeit öffentlich. Sie dürfen ein ungehöriges Leitungsverhalten gerne auf einer Betriebsversammlung besprechen oder eine besondere Kategorie in einem Informationsschreiben bestücken. Das hat Unterhaltungswert oder es hilft Ihnen aus der Ohnmacht.

5. Vorsicht im Umgang mit professionellen Fertigmacher*innen[159]

Seit vielen Jahren hat sich eine Beratungsarbeit in Deutschland etabliert, die sich spezialisiert hat, auf das zerschlagen von gewerkschaftlichen Strukturen und hier insbesondere auf das zerschlagen von betriebsrätlichen Interessenvertretungsstrukturen. Sie nennen sich informell

159 Rügermer, Wigand, Die Fertigmacher.

Union Buster. Ihre Arbeitsweise wird international als Union Busting bezeichnet.
Union Busting ist der internationale Begriff für das Zerschlagen von Gewerkschaften. Union heißt übersetzt Gewerkschaft. Busting heißt übersetzt »kaputt machen oder zerschlagen«.
Ich nenne sie die »professionellen Fertigmacher«, weil Arbeitgeber*innen es sich mit Hilfe von bezahlten Profis zu eigen machen, Betriebsräte und Gewerkschaftssekretäre bis zur Amtsaufgabe oder zur Arbeitsniederlegung durch Anwendung psychischer Gewalt zu quälen, damit sie ihre Arbeit einstellen. Zur Erreichung ihres Zieles ist ihnen jede zielführende Maßnahme willkommen.

a. Union Busting – Was ist das?

Union Busting ist ein strategischer Kampf mit Hilfe einer systematischen und professionell geplanten Bekämpfung gewerkschaftlich organisierter Menschen. In einem kurzen Animationsfilm zeigt die DGB Rechtsschutz GmbH,[160] mit welchen Mitteln gegen Betriebsräte, Personalräte und kirchliche Mitarbeitervertretungen vorgegangen wird. Die Handlungsempfehlungen des DGB sind aus meiner Erfahrung nicht das allein heilende Mittel. Ich empfehle vor allem, dass die Betriebsräte sich um ihre Selbstorganisation kümmern müssen. Es muss darauf geachtet werden, dass niemand im Betriebsrat aus dem Team isoliert wird. Die Kontaktpflege und das Beziehungsmanagement im Gremium und zu den Kolleg*innen selbst müssen sehr eng sein. Es braucht eine Öffentlichkeit im Betrieb, im Unternehmen oder Konzern. An dieser Stelle empfehle ich auch eine mediale Öffentlichkeit. Scheuen Sie sich nicht an die Presse zu gehen, um öffentlich zu machen, dass Sie aufgrund eines zivilrechtlichen Ehrenamtes »gemobbt« werden. Wenn der DGB-Rechtschutz auf die Möglichkeit hinweist, dass *Union Busting* gem. § 119 BetrVG eine Straftat ist, dann stimmt dies und eigentlich müsste zu erwarten sein, dass die Strafgerichte an einer Strafverfolgung sehr interessiert sind! Das Gegenteil ist der Fall. Es ist nicht ein Fall bekannt, indem ein*e Arbeitgeber*in mit Freiheitsstrafe verurteilt wurde. Die Opfer leiden auf Jahre. Viele sind erkrankt.[161] Es ist viel mehr als eine Betriebsratsbehinderung, da die Techniken und angewandten professionellen Verfahren allesamt aus der psychologischen Kriegsführung abgeleitet sind. Hier geht es nicht darum, dass eine*e Ar-

160 Youtube | DGB Rechtschutz: Stop Union Busting! Was ist Union Busting? | Gebt Union Busting keine Chance.

161 Siehe die Homepage von Arbeitsunrecht, work-watch oder Gewerkschaftslinke. Hamburg.

beitgeber*in ausversehen dies oder das getan hat. Hier gehen systematisch professionelle bezahlte Berater*innen ans Werk, deren Aufgabe darin besteht, Menschen langfristig fix und fertig zu machen!

b. Methoden

Die Vorgehensweise ist fast immer identisch:

- Die Betriebsratswahlen werden angefochten oder schlimmstenfalls verhindert.
- Arbeitgeber*innen schicken eigene Listen mit »arbeitgebernahen« Beschäftigten in das Wahlverfahren. Arbeitgeber*innen lassen bis zu sechs »arbeitgebernahe« Listen zur Wahl antreten, weil damit die Hoffnung verbunden ist, dass endlich die ungeliebte Gewerkschaftsliste zerschlagen wird. Über das Verfahren der Verhältniswahl kommt es ganz automatisch zur Verkleinerung der Betriebsratslisten. Streit, Arbeitsblockaden und Verrat sind vorprogrammiert und gewollt. Es sind Profis, die handeln.
- Die Arbeit der Betriebsräte wird sabotiert, indem Betriebsräte zum Beispiel mit unnötigen Arbeitsgerichtsverfahren beschäftigt werden, Dies wird betrieblich dann als »Kampf der Betriebsräte gegen den Betrieb« verkauft. Ein Beispiel findet sich in einem Bericht im Chemieunternehmen Borregaard in Karlsruhe.[162] Nach einer solchen Erfahrung folgt in der Regel eine Erkrankung. Viele Betriebsräte leiden unter der Erfahrung so stark, dass sie nicht mehr schlafen können. Sie haben es mit dem Magen. Sie grübeln ständig und sie befinden sich pausenlos im Rechtfertigungszwang. Es macht sie gereizt und ungeduldig.
- Arbeitgeber*innen machen »Stimmung« gegen den Betriebsrat in der Betriebsöffentlichkeit durch Falschmeldungen. Verfahren z. B., die das »Personalkarussell« in Bewegung bringen, werden so dargestellt, als würde der Betriebsrat »das Unternehmen an die Wand« fahren. Arbeitgeber verschweigen, dass sie Persönlichkeitsrechte der Arbeitsperson nach § 75 BetrVG völlig außer acht lassen! Betriebsräte befinden sich oft in einem Begründungskorsett.
- Betriebsräte werden in ihrem Ego beschädigt. Arbeitgeber lassen es sich teuer bezahlen, dass Persönlichkeitsprofile der Mitarbeiter*innen erstellt werden, um sie gezielt zu destabilisieren!
- Kosten werden in persönliche Rechnung gestellt. Betriebsräte erleben es zum Beispiel, dass Seminarkosten vom Gehalt abgezogen werden. Hier wissen die Arbeitgeber sehr genau, wann sie z. B. Familien be-

162 Siehe youtube: ZDF | Frontal 21: Beitrag über Arbeitgebermobbing und Bespitzelung vom 30. 03. 2010.

schädigen. Familien anzugreifen, macht ihnen keinerlei »schlechtes Gewissen«. Das Ziel heiligt die Mittel!

Ich will Ihnen mit diesen Beispielen keine Angst machen. Ich möchte deutlich machen, dass es nicht darum geht, dass man mal »unnett« miteinander ist. Mir geht es darum zu erwähnen, dass es diese Berater*innen tatsächlich gibt. Sie sind bereit, als professionelle Dienstleiter*innen Menschen systematisch so zu zerstören, sodass diese »fix und fertig« sind! Das Verfahren, das die Fertigmacher anwenden, ist in der Regel überall gleich.

Sie verfahren wie folgt:

aa. Verfahren: Profilerstellung von Akteuren

Hier sammelt Arbeitgeber*innen Informationen über einzelne Betriebsräte oder ganze Gruppen von Betriebsratsmitgliedern oder auch Gewerkschaftsmitgliedern, bevor sie ihren systematischen Angriff planen. In der Zielvorgabe wird recherchiert nach Informationen, die geeignet sind die Zielpersonen oder Zielgruppe persönlich zu verletzen oder zu demontieren. Jede geeignete Information ist relevant, bevor professionelle Dienstleister*innen ein »Fertigmacher-Konzept« entwickeln, welches dann systematisch und konsequent angewendet wird.

bb. Verfahren: Profidienstleister erarbeiten ein persönlichkeitsnahes Fertigmacherkonzept[163]

Man mag es kaum für möglich halten, dass Arbeitgeber*innen Geld darauf verwenden, dass hochbezahlte professionelle Dienstleister engagiert werden, damit die gesammelten vorhandenen Informationen konzeptionell verarbeitet werden und noch fehlende Informationen von Dienstleistern beschafft werden, um diese wiederum konzeptionell zu verarbeiten, damit ein kampagnenartiges Verfahren in Gang gesetzt wird. Diese Kampagnen-Technik ist erst dann zu Ende, wenn das Ziel erreicht ist oder wenn die Betriebsräte und auch Gewerkschaften einen erfolgreichen Widerstand leisten konnten. Noch hat kein Firmenchef so verbissen an der Vernichtung seiner Zielperson oder Zielgruppe gearbeitet, dass sie bereit waren ihre Firma in den Konkurs zu treiben.

Wer sind diese Dienstleistungsprofis? Geeignet sind folgende Berufsgruppen:

1. Rechtsvertretungskanzleien
2. Unternehmensberatungen
3. Coaching-Dienste

163 Rügemer/Wigand, Die Fertigmacher.

4. Mediatoren
5. Psychologen
6. Detekteien

cc. Verfahren: Kontinuierliches Fertigmachen

Ein kontinuierliches Fertigmachen bedeutet, dass die professionellen Dienstleister*innen ein Konzept mit voller Absicht starten. Alle Handlungen sind darauf abgestimmt, die Betriebsräte und auch Gewerkschaften zu zerschlagen. Das Ziel ist erreicht, wenn die Betriebsräte und Gewerkschaften ihre Arbeit einstellen oder wenn die Betriebsräte und auch Gewerkschaften von der Belegschaft isoliert sind. Dann werden sie einzeln fertiggemacht. Berichte von Betroffenen machen deutlich, dass es sich um eine Art psychologische Kriegsführung handelt, dessen Folgen beabsichtigt sind. Ob die Betriebsräte oder Gewerkschafter krank werden, ist ihnen egal und willkommen. Endlich ein betriebsrätefreier oder gewerkschaftsfreier Betrieb, Unternehmen oder Konzern. Die Arbeitgeber*innen können ihre unternehmerische Handlung mitbestimmungsfrei gestalten. Dies steigert ihren Profit.

In der Dramaturgie werden eigentlich nur drei nennenswerte Akte gespielt.

a. Kritik an der Arbeitsleistung.
b. Persönliche Angriffsmöglichkeiten.
c. Unsinnige Arbeitsgerichtsverfahren werden betätigt.

Die Arbeitsweise ist systematisch und zielorientiert. Es geht nicht um ein launisches Verhalten, welches zufällig an den Tag gelegt wird.

c. Was können Betriebsräte tun?

Zunächst möchte ich vorsorglich sagen, dass nicht jede »Kampagne der Fertigmacher« erfolgreich ist. Besonders erfolgreich haben Betriebsräte sich gewehrt, indem sie

- ihre Erfahrungen im Betriebsratsteam und innerhalb der Betriebsrätestrukturen im GBR und auch KBR öffentlich machen. Solidarität ist organisierbar.
- über die Vorkommnisse offen auf Betriebsversammlungen sprechen.
- sich selbst professionelle Hilfe organisieren. Dies können z. B. Ärzte, Anwälte, Therapeuten, Coach sein. Aber auch die regelmäßige Teilnahme in gewerkschaftsnahen Selbsthilfegruppen oder gewerkschaftlichen Gruppen bieten Schutz, indem die Kolleg*innen zu den Arbeitsgerichtsterminen mobilisiert werden können.

- Gewerkschaftshilfe in Anspruch nehmen. Gewerkschaften können Strafanzeigen und Pressemeldungen verfassen. Sie organisieren Veranstaltungen zu diesem Thema.
- die Belegschaft und Gewerkschaften mobilisieren.
- nicht nur Strafanzeige nach § 119 BetrVG stellen. Zeigen Sie Ihre*n Arbeitgeber*in wegen Körperverletzung, Demontage der freiheitlich demokratischen Grundordnung, Stalking, übler Nachrede und so weiter an. Wenn Sie Beweise dafür haben, dass Dienstleister am Werken sind, scheuen Sie sich nicht diese als kriminelle Vereinigung anzuzeigen. Eine alleinige Anzeige nach § 119 BetrVG bringt in der Regel gar nichts, weil die Staatsanwälte das Verfahren wegen mangelnden öffentlichen Interesses einstellen. Beauftragen Sie mit diesem Verfahren keine Arbeitsrechtsanwälte, nehmen Sie sich Fachanwälte für Strafrecht. Sie kosten alle dasselbe. Die Geschäftsleitungen sind oft nur befristet eingestellt. Eine Anzeige dieser Art wird in ihrem großen polizeilichen Führungszeugnis vermerkt bleiben und das ist gut so.

Beispiel:
Murat Günes.[164] Ein Betriebsratsvorsitzender aus Hamburg erhielt 2015 nacheinander 14 Kündigungen. Er schaffte es, eine Betriebsöffentlichkeit herzustellen. Die Presse interessierte sich zahlreich und die Hamburger Bevölkerung unterstützte die Kolleg*innen. Es waren harte Wochen und Monate. Sie sind nicht spurlos an ihm vorüber gegangen. 2018 ist er erneut als Betriebsratsvorsitzender bestätigt worden. Als ich ihn damals[165] fragte: »Murat, was ist deine Lehre aus der Auseinandersetzung von 2015?«, antwortete er mir: »Ich danke euch allen, damals und heute und dass ihr immer noch mit uns und mir solidarisch seid.
Unsere Stärke ist unser Zusammenhalt.
WER KÄMPFT, KANN VERLIEREN
WER NICHT KÄMPFT, HAT SCHON VERLOREN
WER VERLOREN HAT, KANN WIEDER AUFSTEHEN
WER WIEDER AUFSTEHT, HAT ERFAHRUNGEN.«
An Krisen wachsen Menschen. Natürlich ist der Moment unangenehm. Jedoch währt er nicht ewig. Die Beschäftigten der Firma N. aus Hamburg haben an Widerstandskraft/Resilienz gewonnen. Ihre Betriebsratsarbeit hat sich betrieblich etabliert.

---

164 aus Hamburg.
165 04.09.2018.

Betriebsratsvorsitz
A-TV
B-TV
C-TV

D. Anlagen

Anlage I
Über die Gesetzessprache[166]

Solange Sie sich mit Rechtsfragen auseinandersetzen müssen, die durch deutsche Gesetze und Gerichte entschieden werden, müssen Sie wissen, dass die Rechtswissenschaft eine ganz eigene Sprache und Denkweise pflegt. Es ist eine Bildungssprache, deren Bedeutung aus der Rechtsphilosophie und Rechtstheorie hergeleitet wird.[167] **Diese Technik der juristischen Methodenlehre nennt sich Subsumtion. Jurist*innen erdenken sich keine Ergebnisse; sie subsumieren ihren Sachverhalt durch drei Entscheidungsebenen. Ihre Arbeitsweise entspricht einer juristischen Logik. Deshalb ist diese Sprache so schwer zu verstehen.**
Wenn eine Rechtsfrage zur Klärung ansteht, dann fragt man sich nie »Wie sehe ich das ganz persönlich? Was ist meine politische Haltung zu diesem oder jenem?« Die juristische Wissenschaft beurteilt ein Ereignis in einer rechtswissenschaftlichen Systematik, es wird auch Struktur genannt. Innerhalb dieser Systematik operiert sie auf ein offenes Ergebnis hin. Juristen wissen, wenn sie innerhalb dieser Systematik arbeiten, relativ genau, ob sie ihr Ziel auf dem juristischen Wege erreichen können oder eben nicht.
In der Rechtswissenschaft gelangt man über die Technik der Subsumtion zu einem Ergebnis. Ein Sachverhalt oder eine Frage wird durch folgenden Prüfungsablauf geprüft:[168]

1. **Auslegung des Wortlautes des Paragrafen: »Was bedeutet es dem deutschen Wort nach?«**

---

166 Nähere Ausführung siehe Schwartau, Neu im Betriebsrat, 4. Auflage, Kapitel 1. Seite 17 bis 30.
167 Hassemer/Neumann/Saliger(Hrsg.).
168 Engisch, »Einführung in das juristische Denken«; Seite 63ff.

2. **Systematische Auslegung | Artverwandtes Gesetz | Rechtsprechung | Juristische Literatur**
3. **Teleologische Auslegung | Sinn und Zweck der Norm | politisch, historisch geboten | Ethik**

1. Auslegung des Wortlautes des §: »Was bedeutet es dem Wort nach?«

Hier wird im Rahmen der deutschen Sprache der Wortlaut eines Paragrafen interpretiert. Es wird nach dem geschriebenen Wort und nach dem, was es im deutschen Sprachgebrauch[169] bedeuten könnte, gesucht. Anglizismen und Umgangssprache bleiben unberücksichtigt.

2. Systematische Auslegung

Hier ist eine Wortlautinterpretation nach dem Paragrafen nicht zu einem abschließenden Ergebnis gekommen. Es wird geschaut:

a. Was steht in artverwandten Gesetzen und was bedeutet es dort?

Z.B. BPersVG[170] oder BetrVG. Hier wird wieder in der ersten Dimension der Wortlaut geprüft.

b. Was sagt die Rechtsprechung?

Hier verdrängt die oberste Rechtsprechung die niedere Rechtsprechung. Jurist*innen gucken immer zuerst danach, ob ein Bundesgericht in dieser Sache entschieden hat.

1. 1. Bundesverfassungsgericht/Europäischer Gerichtshof
2. Bundesarbeitsgericht
3. Landesarbeitsgericht des jeweiligen Bundeslandes, in dem die Klage zu prüfen ist.
4. Amtsgericht in der Region / Bundesland, in der Sie arbeiten.

169 Germanistische Sprachwissenschaft. Das Goethe-Institut pflegt die deutsche Bildungssprache.

170 Bundespersonalvertretungsrecht. Das Gesetz für die Personalräte im öffentlichen Dienst der Bundesbehörden.

c. Was ist der theoretische oder wissenschaftliche Stand in der juristischen Literatur oder anderen Wissenschaften?

Zum Beispiel die Mitbestimmung des BR bei der Gestaltung der Arbeitszeit nach § 87 Absatz 1 Nr. 2 BetrVG. Hier fragt sich, welche Regelungsmöglichkeiten erfasst sind.
Was ist Arbeitszeit? Wie lange darf ein Mensch am Tag arbeiten? Wie viel Pause muss einer Arbeitsperson gewährt werden? Wie viel Gestaltungsfreiraum haben die Betriebsparteien? Der Wortlaut des Paragrafen gibt eine Lösung für diese Frage nicht her.
Ein Blick in die Kommentare zum BetrVG oder Arbeitszeitgesetz hilft weiter. Hier kommt die gesamte juristische Literatur zur Anwendung.

3. Teleologische Auslegung

Über die teleologische Auslegung wird ermittelt, welchen Sinn und Zweck eine juristische Norm regeln will. Was hat der Gesetzgeber z. B. aus oder mit seiner politischen Willensbildung regeln wollen? Welche Regelung macht einen betriebspolitischen, volkswirtschaftlichen oder ethischen Sinn? Juristen scheuen in der fachlichen Auseinandersetzung eine teleologische Begründung, weil sie dazu verleiten wird, dass rechtsstaatliche Prinzipien und Grundsätze schnell übersehen werden und Menschen deshalb Unrecht angetan werden könnte. Außerdem haben wir Deutsche zwischen 1933 bis 1945 unser gesamtes gesellschaftliches Miteinander oder Gegeneinander mit teleologischen Rechtfertigungen belegt.[171] Das katastrophale Ergebnis sollte uns allen eine Lehre sein!

a. Historische Auslegung

Hier wird in die Gesetzesentstehung und in die Geschichte geblickt. Dafür werden Bundestagsdrucksachen und politische Beiträge aus dem Bundestag/Bundesministerium analysiert. Es ist auch erlaubt, einen Blick in die Geschichte der Arbeiter*innenbewegung zu werfen und daraus einen Bewertungsmaßstab herzuleiten. Was ist volkswirtschaftlich geboten? Was ist politisch und historisch geboten? Die Jahre 2020 – 2022 waren im Umgang mit der Covid-19-Pandemie ein sehr gutes Beispiel. Die Pandemie war im Infektionsgesetz des Bundes nicht geregelt und deshalb war es nicht möglich, eine rechtsgültige Regelung herzuleiten.

171 Baumann/Koch, Was damals Recht war …, Seite 35ff.

b. Theologische Auslegung

Die theologische Bewertung findet in der Regel im Gerichtssaal nicht mehr statt, weil sehr viele Rechtsgrundsätze bereits durch Rechtsprechung gefunden sind. Die theologische Auslegung ist eine Auslegung, die mit unserer Moral und Ethik arbeitet. In der BRD legt man das Alte und das Neue Testament zu Grunde. Ein gutes Beispiel für die Anwendung der theologischen Auslegung findet sich in Verfahren um die Kriegsdienstverweigerung. Sehr viele Christen verweigerten ihren Dienst mit der Waffe, indem sie sich auf das Gebot »Du sollst nicht töten« (Exodus 20, 1–21) berufen haben. Hier werden sogenannte Herzensbegründungen abgeleitet, in der Regel ohne dass die Begründenden dies selber merken. Bedenken Sie, dass es das Arbeitsrecht erst seit 1952 gibt. Vor dieser Zeit wurde theologisch »Recht und Unrecht« begründet.

Anlage II
Checkliste eines gültigen BR-Beschlusses[172]

Einladung zur Sitzung an (entbehrlich, wenn ein fester Termin und Ort vereinbart ist)

- alle ordentlichen BR-Mitglieder, § 29 Absatz 2 BetrVG.
- Schwerbehindertenvertreter*in, soweit eine gewählt ist, § 29 Absatz 2 BetrVG.
- Ersatzmitglieder bei tatsächlicher oder rechtlicher Verhinderung der ordentlichen BR-Mitglieder (Minderheitengeschlecht beachten, § 15 BetrVG!) § § 29 Absatz 2 und § 25 BetrVG.
- Jugend- und Auszubildendenvertretung, § 29 Absatz 2 BetrVG.
- evtl. Gewerkschaftssekretär*in, § 31 BetrVG.
- evtl. Arbeitgeber*in, § 29 Absatz 4 BetrVG.
- Nur die/der Vorsitzende darf zur Sitzung einladen, § 26 BetrVG und § 29 Absatz 2 BetrVG. Ordentliche BRs müssen sich bei der/dem Vorsitzenden abmelden, damit diese die Ersatzmitglieder laden können. Dies hat eine Ordnungsfunktion. Einzelne BR-Mitglieder haben nicht das Recht, Ersatzmitglieder zu laden![173]

Tagesordnung (MUSS)

- **rechtzeitig.** Rechtzeitig ist sie dann, wenn alle BR-Mitglieder sie lesen und sich auf die Sitzung vorbereiten konnten, § 29 Absatz 2 und § 34 Absatz 3 BetrVG.
- **aussagekräftig**. Jedes BR-Mitglied muss erkennen können, was die Sachlage ist.
- **an alle oben genannten** außer der Arbeitgeber*in.

Nichtöffentlichkeit,[174] Ausnahmen

- Gewerkschaft, soweit sie geladen ist.
- Arbeitgeber, für einen Tagesordnungspunkt.
- Betroffene Kolleg*innen, soweit sie zu ihrem Sachverhalt gehört werden müssen. Nur zu dem bestehenden Tagesordnungspunkt.
- Sachverständige nach § 80 Absatz 3 BetrVG.

Beschluss (MUSS), § 33 BetrVG

- **Nur ordentliche BR-Mitglieder und Ersatzmitglieder, wenn diese in echter Vertretung sind** (Urlaub, Freizeit, Krankheit, Fortbildung, Mutterschutz, Wehrdienst)[175]. Bei »Unabkömmlichkeit« am Arbeitsplatz, darf kein Ersatzmitglied geladen werden.[176]

---

172 Wiszkocsill in AiB 9| 2018, 31 ff.

173 D/K/W, § 29 RZ 21 ff.; Richardi, § 29 RZ 17 f.

174 Richardi, § 30 RZ 10; D/K/W, § 30 RZ 11 f.

175 Richardi, § 25 RZ 5 ff. mit Bezug auf diverse BAG-Entscheidungen; D/K/W, § 25 RZ 16 mit Bezug auf diverse BAG-Entscheidungen.

176 Ebenda, andere Ansicht Wiszkocsill in AiB 9| 2018, 31 ff.

- **Mindestens die Hälfte des BR muss anwesend sein,** § 33 Absatz 2 BetrVG.
- **Mehrheitsbeschluss, § 33 Absatz 1 BetrVG** (Mehr als die Hälfte der BR-Mitglieder müssen für eine Annahme abgestimmt haben. Von 9 BR = 5 BR dafür!).

Protokoll, § 34 BetrVG (MUSS)

- Mindestens der Wortlaut der Beschlüsse.
- Anwesenheitsliste mit eigenhändiger Unterschrift. Schriftliche Bestätigung aller Online-Teilnehmenden nach § 34 Absatz 1 BetrVG
- Unterschrift Vorsitzende*r und ein BR-Mitglied.

Der Betriebsratsbeschluss ist nichtig und damit ungültig, wenn:[177]

- keine bzw. eine mangelhafte Tagesordnung vorliegt.
- ein Verstoß gegen das Nichtöffentlichkeitsgebot vorliegt.
- Ersatzmitglieder nicht zur Vertretung geladen worden sind.
- ein Tagesordnungspunkt beschlossen wurde, der nicht auf der Tagesordnung stand.
- der BR keinen Beschluss in einer BR-Sitzung verfasst hat.

Eine Heilung von nichtigen Betriebsratsbeschlüssen ist nicht möglich![178]
Der BR muss, soweit dies zeitlich noch möglich ist, einen neuen gültigen Beschluss fassen. Diese »Heilung« des Beschlusses ist nur möglich, wenn

- die Ladung zur BR-Sitzung ordnungsgemäß und rechtzeitig erfolgt ist.
- der Betriebsrat beschlussfähig ist.

die beschlussfähigen Betriebsräte durch einen einstimmigen Beschluss die Tagesordnung oder die Änderung der Tagesordnung annehmen.

Beispiel:
Das BR – Mitglied möchte am 2.2.20xx für seine Arbeit freigestellt sein. Es liegt kein Beschluss des Betriebsrats für diese Freistellung vor! Die Arbeitgeber*in verweigert die Bezahlung dieser BR-Zeit (§ 37 Absatz 2 BetrVG). Ein nachträglicher Beschluss kann die Nichtigkeit der BR-Handlung nicht mehr »heilen«, weil der Vorgang in der Vergangenheit liegt. Das BR-Mitglied bekommt seine BR-Einsatzzeit nicht bezahlt.

Beispiel:
Das BR-Mitglied XY hat sich zur Teilnahme an einer Schulung nach § 37 Absatz 6 BetrVG im Dezember angemeldet. Es liegt jetzt im September noch kein Beschluss vor. Wird der BR-Beschluss im Oktober für die Teilnahme beschlossen, kann dieser gültige Beschluss die Ungültigkeit der BR-Handlung »heilen« = ersetzen. Der BR kann diesen Fehler noch »heilen«, weil das Ereignis in der Zukunft liegt.

177 D/K/W, § 33 ab RZ 9/ 32; Richardi, § 33 RZ 3.
178 Richardi, § 33 RZ 47a und D/K/W, § 33 RZ 36, beide mit Bezug auf das BAG.

Beispiel:
Der BR reicht eine Klage beim Arbeitsgericht ein. Der BR hat einen Anwalt beauftragt zur Wahrnehmung seiner gesetzlichen Interessen. An der Beschlussfassung innerhalb der BR-Sitzung hat ein Ersatzmitglied teilgenommen, dass von dem »unabkömmlichen BR-Mitglied XY« zur Vertretung eingeladen ist, obwohl dieser am Arbeitsplatz tätig ist! Die/Der Vorsitzende hat der Ladung nicht widersprochen. Das falsche Ersatzmitglied macht die Sitzung jetzt öffentlich und damit den BR-Beschluss nichtig! Das BAG[179] hat entschieden, dass ein gültiger BR-Beschluss einen ungültigen BR-Beschluss ersetzen kann, wenn das Urteil eines Gerichts in der 1 Instanz noch nicht gefallen ist!

179 Richardi, § 33 RZ 47a mit Bezug auf das BAG vom 18.02.2003 in AP BetrVG 1972 zu § 77 »Betriebsvereinbarung« Nr. 11.

Anlage III
Statusabfragen

Statusabfragebogen für Betriebsräte und Beschäftigte

Betriebsrat

- Alle BR-Kontaktdaten aktuell?
- Gewerkschaftsnetzwerk vorhanden? Und es funktioniert?
- Passender Rechtsanwalt zum passenden Thema? Wer für was?
- Ist die Beschlussfähigkeit gesichert? Auch für Konsensentscheidungen?
- Liegt ein aktueller Auszug aus dem Handelsregister vor?
- Aktueller Wirtschaftsbericht? Aktuelle Bilanz?
- Zählen aller Mitarbeiter*innen und Vergleich mit Lohn- und Gehaltsabrechnungen.
- Vollmacht für Rechtsanwälte/Berater und Gewerkschaftssekretäre vorrätig halten.
- Zuweisungsfrage an den GBR/KBR rechtssicher geklärt? (Hier können innerhalb des öBR/GBR oder KBR Interessengegensätze vorhanden sein (Kleine können geschluckt werden, wegen der Stimmenzählung).
- Schriftsätze müssen mit der Post oder Versand versendet werden. Vermeide das Mailen.
- Kontaktdaten zur Gewerkschaft vorhanden (Telefon und Handy). Zuständigkeiten innerhalb der Gewerkschaften. Wann hat Sekretär Urlaub? Wer vertritt wann, Sichern der Erreichbarkeit.
- Sind unsere Gewerkschaftslisten aktuell? Stimmen die Kontaktdaten zu den Kolleg*innen? Stimmt der Beitrag, wegen der Rechtschutzgewährung? Gibt es in der Gewerkschaft Raum zum Treffen? Wo treffen wir die Kolleg*innen? Wann? Schichtpläne koordinieren!

Statusabfrage für die Arbeitnehmer*innen

- Kontostand kennen.
- Zweites Konto eröffnen bei einer anderen Bank für pfändungsfreies Einkommen (Pfändungsfreies Konto = P-Konto). Änderung der Bankverbindungen für alle lebenswichtigen Geldtransaktionen.
- Kaufvorhaben stoppen.
- Rechtzeitig Ratenzahlungen ändern oder Stundungen vereinbaren.
- Umschuldungen, bevor es zu spät ist.
- Schuldenberatung und Privatinsolvenzberatung organisieren.
- Persönliche Informationen und Kenntnisse für den BR zusammenstellen.

Anlage IV
Checkliste »Projekt«[180]

A. **Interne Veränderung**
  a. Projektname & Verantwortliche.
  b. Darstellung des Projektes/Erläuterungen zum Projekt »Warum und Wieso«.
  c. Zeitliche Planung des Projektes | Zeitleiste Beginn, Meilensteine der Projektdurchführung, Informationskette, wer ist an diesem Projekt beteiligt?, Controlling des Projektstandes.
  d. Was ist Ziel des Projektes?
  e. Wie und bis wann soll das Projekt umgesetzt werden?
  f. Welches Kosten werden anfallen | Kostenkalkulation?
  g. Welches Zeitfenster muss erstellt werden?

B. **Welche Auswirkungen hat das Projekt auf die Beschäftigten?**
  a. Wer ist betroffen, welcher Standort?
  b. Wie hoch lautet das geplante Einsparvolumen?
  d. Gibt es genannte Effizienzziele?
  e. Darstellung der Projektorganisation, inkl. der im Projekt eingesetzten Mitarbeiter*innen.
  f. Ändert sich die Organisation im Betrieb/Unternehmen/Konzern?
  g. Wer hat welche abschließende Entscheidungskompetenz?
  h. Welche personellen Auswirkungen hat das Projekt?
  i. Welche Unterstützung brauchen die Beschäftigten? Soziale Maßnahmen zur Vermeidung von Kündigung.
  j. Mögliche Auswirkungen auf die Unternehmensorganisation, Arbeitsorganisation, Arbeitsabläufe und Arbeitsplätze.
  k. Termine und Zeitleiste für die Beratung und Bearbeitung des Projektes.
  l. Welche gesicherten Informationen haben wir? Haben alle alles verstanden?

C. **Veränderung mit Außenwirkungen**
  a. Ein Organigramm des Betriebes, Unternehmens oder Konzerns, mit Beschäftigtenzahlen.
  b. An welchen Standorten oder Abteilungen sind Betriebsräte beschäftigt?
  c. Wo gibt es Betriebsräte?
  d. Wie hoch ist der gewerkschaftliche Organisationsgrad?
  e. An welchen Standorten soll es zur Veränderung kommen?
  f. Bei Ausgliederung: Wie ist die finanzielle Ausstattung der Gesellschaft?
  g. Brauchen wir einen Sozialplan?
  h. Wie ist die Zuordnung zu Betriebsmitteln, wer hat welche Nutzungsrechte?

---

180 Meißner/Grüneberg, Seite 83.

i. Wie sieht die Leitungsstruktur im ausgegliederten Bereich aus?
j. Welche Auswirkung hat das Projekt auf die Betriebs- und Arbeitsorganisation?
k. Welche Auswirkung hat das Projekt auf das Personal?
l. Welche Betriebsmittel und Sozialeinrichtungen werden gemeinsam genutzt?
m. Welche tarifliche Zuordnung erfolgt nach der Ausgliederung?
n. Ist nach der bisherigen Marktbeobachtung und Marktbeurteilung damit zu rechnen, dass die Erwerber*innen des Betriebsteils langfristig weiter führen wird? Gibt es erkennbare Faktoren, dass eventuell weiterverkauft werden soll? Wer sind die neuen Eigentümer?
o. Ist zu erwarten, dass bestimmte Bereiche oder Aufgaben nach dem Erwerb von Veränderungen im Personalbereich betroffen sein könnten?
p. In welchem Verhältnis stehen die bisherigen betrieblichen Leistungen durch Betriebsvereinbarungen, betrieblichen Übungen beim neuen Erwerber? Sind diese besser oder schlechter?
q. Welche Regelungen beinhalten die Vereinbarungen mit dem Erwerber anlässlich der Ausgliederung/Veräußerung bezüglich der arbeitsvertraglichen, der kollektivrechtlichen und der tarifrechtlichen Regelungen?
r. Gibt es in dieser Vereinbarung mit dem Erwerber Regelungen zu seiner Beschäftigungssicherung nach der Veräußerung?

Anlage V
Beispielhafte Fragen des Betriebsrats nach § 80 Absatz 2 BetrVG bei einer Betriebsänderung | Über 111 geeignete Fragen.

Fragen zur Umstrukturierung »XY«:

1. Stellen Sie uns bitte die Kosten/Nutzenanalyse ihrer Entscheidung zur Verfügung.
2. Stellen Sie uns bitte die Wirtschaftlichkeitsberechnung zur Verfügung.
3. Sind in den Kosten der unserer Mitarbeiter*innen (MA) die Gemeinkosten enthalten (der Querschnittsbereich und der Zentrale)?
4. Sind in den Kosten der MA des Auftragnehmers (AN) die Gemeinkosten der XY enthalten?
5. Was sind marktübliche Konditionen für Leistungen im Bereich Service, Planung, DISPO?
6. Mit welchen Firmen wurden unsere TO-Mitarbeiter verglichen? Nennen Sie uns die Firmen!
7. Wie lange sind die Restlaufzeiten der Mietverträge für die zu schließenden Standorte bzw. die dann frei werden Büroräume?
8. Welche Kündigungsfristen sind einzuhalten?
9. Sind in der Wirtschaftlichkeits- und Nutzenuntersuchung die Mieten für Gebäude, die nach der Umstrukturierung leer stehen, enthalten?
10. Hält sich der neue Anbieter an den Mindestlohn?
11. Hält sich der Subunternehmer (SUB) des AN an den Mindestlohn?
12. Hält sich der SUB des SUB des AN an den Mindestlohn?
13. Welchen Status hat das Projekt bereits aus Sicht der Arbeitgeber*in (AG)?
    Phase 1, 2, 3
14. Welche Variante soll endgültig umgesetzt werden?
15. Wie ist der Zeitplan der Umsetzung?
16. Was ist mit dem Benchmarking beim XY?
17. Wie passt das zu der Aussage vom ...., dass kein weiterer Bereich betrachtet und restrukturiert werden soll?
18. Seit wann haben Sie die Idee zu dieser Entscheidung?
19. Wieso sind wir hier nicht frühzeitig im Rahmen der Umstrukturierung informiert worden?
20. Welche Auswirkungen hat die Umstrukturierung auf die Bereiche a, b, c …?

21. Wie stellt sich die Geschäftsführung zu den Problemen mit der Firma XY in den Projekten in Standorten A, B, C (siehe Mail von … an … vom 08.09.xx)?
22. Was ist, wenn der neue Dienstleister versagt?
23. Wie sieht Ihre Risikoanalyse aus?
24. Was ist, wenn das Projekt XY scheitert?
25. Welche Vorkehrungen haben Sie getroffen, damit das Produkt und damit die Kollegen und Kolleginnen wieder zurückkommen?
26. Gibt es für diesen Fall einen Notfallplan?
27. Wenn NEIN, warum ist dieser nicht aufgestellt?
28. Wenn NEIN, wann wird dieser aufgestellt? (Zeitrahmen)
29. Welche Verträge bestehen bereits mit der neuen Firma?
30. Welche Verbindlichkeiten (Zusagen) gibt es bereits gegenüber der neuen Firma? Legen Sie diese bitte spezifiziert dar.
31. Welchen zeitlichen Rahmen ist für die Umsetzung XY und Übertragung der Aufgaben an die neue Firma angesetzt?
32. Bitte legen Sie uns diesen Rahmenplan detailliert vor.
33. Hat die neue Firma bereits ihr Personal aufgestockt?
34. Wie viel Personal geht von uns zur neuen Firma?
35. Nach welchen Kriterien werden die MA auswählt?
36. Gibt es hierfür schon einen Zeitplan?
37. Wurde geprüft, ob weitere Auswirkungen z. B. auf die Bereiche XY und Vertrieb zu erwarten sind?
38. Sind die Prozesse im Unternehmen bereits überarbeitet?
39. Wie sehen diese neuen Prozesse aus?
40. Bitte legen Sie uns die neuen Prozesse im Detail zur Überprüfung vor.
41. Ab wann gelten die neuen Prozesse?
42. Ist eine Einarbeitungsphase geplant?
43. Wie lang ist diese Einarbeitungsphase? (Zeitrahmen)
44. Bitte legen Sie uns diesen Zeitplan detailliert vor.
45. Wie lange werden diese Prozesse gültig sein?
46. Wie soll der Prozess Materialbestellung und -lieferung nach Umsetzung des Projektes laufen?
47. Wie sehen die Schnittstellen zum … aus?
48. Sind diese Schnittstellen schon überarbeitet worden?
49. Wann wird die Software an die neuen Prozesse angepasst?
50. Wer ist für die Weiterentwicklung der Software zuständig?
51. Wer macht die Vorschläge zur Weiterentwicklung der Software?
52. Gibt es schon eine Raumplanung der verbleibenden Standorte?
53. Bitte legen Sie uns diesen Raumplan vor.

54. Gibt es eine Umzugsplanung? (Zeitrahmen)
55. Bitte legen Sie uns diesen Umzugsplan vor.
56. Wie sieht es mit der Neuanmietung aus? (Schwerin, ...?)
57. Welche Gründe gab es für die Auswahl der verbleibenden Standorte?
58. Gibt es Motivationsanreize für die verbleibenden Mitarbeiter?
59. Wer überprüft die Qualität der Arbeit der neuen Firma, wenn es kein XY mehr gibt?
60. Ist gewährleistet, dass die Qualität des Service gleich bleibt und besser wird?
61. Ist der Qualitätsstandard »... in 48 Stunden« zu halten?
62. Ist es geplant, die gekündigten MA freizustellen?
63. Wenn die MA, welche die XY-Vereinbarung unterschrieben haben, nicht mehr bei ... unterkommen können, bleiben sie Beschäftigte von uns?
64. Was passiert mit den MA, die sich in gesetzlichen Schutzvorschriften befinden? (Mutterschutz, ...)
65. Was wurde getan um die Arbeitsplätze zu erhalten?
66. Wenn NICHTS, warum nicht?
67. Wenn NICHTS, wann wird dies getan?
68. Wenn NICHTS, welche Vorschläge gibt es?
69. Stimmen Sie damit über ein, dass Maßnahmen zur Umsetzung erst nach Abschluss von IA uns SP beginnen dürfen?
70. Warum wurde nur der Bereich XY betrachtet?
71. Haben Sie schon den Kostenschwerpunkt im Bereich A, B ermittelt?
72. Wenn NEIN, wann wird dies geschehen? (Zeitplan)
73. Wenn JA, bitte legen Sie uns diese Auswertung vor.
74. Bitte legen Sie uns die Personalkosten pro Kopf vor. (Allgemein und pro Ressort)
75. Bitte legen Sie uns die Gehaltsstruktur des Bereiches A, B vor.
76. Wo bleibt die soziale Verantwortung der Firma gegenüber den MA? Sie sind gesetzlich an die Fürsorgepflicht gebunden.
77. Nennen Sie uns andere Wege zur Erhaltung der Servicequalität?
78. Wie hoch sind die »geplanten« Restrukturierungskosten?
79. Warum werden nicht andere Wege zu Kosteneinsparungen gesucht?
80. Ist bereits eine Kundenbefragung zur Qualität unseres Service (Stand Heute) durchgeführt worden, um diese dann nach der Umstrukturierung, mit einer neuen Befragung zu vergleichen?
81. Wenn NEIN, wann wird dies geschehen? (Zeitplan)
82. Wie werden die Kunden für diese Befragung ausgewählt?

83. Bitte legen Sie uns detailliert die Zahlen für den Kostenvergleich zwischen Variante A und B vor.
84. Bitte nennen Sie uns die relevanten Entscheidungsgründe für Variante A und B.
85. Wie wird die Gebietspauschale berechnet? Bitte legen Sie uns detailliertes Datenmaterial vor. (anschließbare WE, angeschlossene WE, erschlossene Gebiete)
86. Fragen zur Fürsorgepflicht des AG: Sie sind als Arbeitgeber*in verpflichtet uns als Menschen und Persönlichkeit – diskriminierungsfrei – zu schützen und zu fördern (siehe § 75 BetrVG). Diesbezüglich legen Sie bitte offen, welche Verhältnismäßigkeitsumstände Sie in ihrer Entscheidung zu Grunde gelegt haben.
87. Gem. § 111 BetrVG sind Sie verpflichtet, diejenigen Informationen an uns weiter zu leiten, die eine nachteilige Wirkung auf die Kolleg*innen haben könnten. Welche Kriterien haben Sie bei der Auswertung der Nachteile für uns in Bezug auf ihre unternehmerische Entscheidung angesetzt?
88. Welche Alternativen haben Sie geprüft, um unsere Arbeitsplätze an diesem Standort zu erhalten?
89. Legen Sie uns bitte spezifiziert da, wie sie ihrer Fürsorgepflicht gegenüber uns MA nachgekommen sind. Bitte positiv, messbar und konkret.
90. Nach § 75 II BetrVG sind wir alle verpflichte die Persönlichkeit der Kolleg*innen zu schützen und zu fördern. Sie wissen doch, dass sie eine Beschäftigtenstruktur haben, die aus der Kultur der sozialen Sicherheit (hohes Sicherheitsbedürfnis) sozialisiert sind. Was haben Sie getan, um unserer Mentalität und Kultur gerecht zu werden?
91. Nach § 80 I Nr. 1 BetrVG gehört es zu unseren Kernaufgaben, auf die Einhaltung aller juristischen Vorschriften zu achten. Bitte geben Sie uns eine vollständige Zusammenstellung aller in Betracht kommenden juristischen Vorschriften, damit wir unserer Überprüfungspflicht nachkommen können.
92. Nach § 80 I Nr. 2 beantragen wir eine Party oder eine Trauerprozessbegleitung, als Begleitmaßnahme für diesen Prozess. Haben Sie sich schon um eine derartige Motivationsveranstaltung oder Kick-Off oder um die KO Veranstaltung gekümmert?
93. Wenn ja, wie sieht sie aus?
94. Wenn nein, warum nicht?
95. Wir beantragen einen Trauerprozess für die KollegInnen selbst und auch zum Schutz des Unternehmens, um einen nachhaltigen Imageschaden vom Unternehmen abzuwenden.

96. Welche familienfreundlichen Überlegungen sind in die Entscheidung der Leitung eingeflossen? Haben Sie Regelungen getroffen, wie in Zukunft unser Leben und die Weiterarbeit im Unternehmen gestaltet werden kann. Es sind Kinder zu betreuen, Eltern und Lebenspartner!
97. Geben Sie uns eine demografische Familienstrukturanalyse.
98. Geben sie uns bitte eine demografische Alter Strukturanalyse.
99. Geben Sie uns bitte eine demografische Migrationsstrukturanalyse.
100. Geben Sie uns eine demografische Behindertenstrukturanalyse.
101. Wie viele Behinderte Menschen haben wir? Wie viele Gleichgestellte?
102. Nach § 80 I Nr. 4 haben Sie auch die besonders schutzbedürftigen MA in ihrer Fürsorge für uns gesondert zu berücksichtigen. Hierbei handelt es sich, um Kranke, Süchtige, Depressive, Trauernde und etc., welche Kriterien haben Sie bei ihrer Entscheidung, zu Gunsten der MA berücksichtigt? Damit ein Verbleib im Betrieb ermöglicht bleibt?
103. Welche Gedanken haben Sie sich in Bezug auf die demografischen Bedürfnisse des Unternehmens gemacht? Der Fachkräftemangel steht vor der Tür.
104. Wieso vergeuden Sie die Fachkompetenz des Unternehmens?
105. Glauben Sie, dass Sie in Zukunft noch genügend Zugriff auf Fachkräfte haben werden?
106. Warum ist die Frage des Verbleibs der MA aus demografischer Sicht nicht in Ihre Entscheidung eingeflossen?
107. Nach § 80 I Nr. 8 ist es unsere Pflicht eine Beschäftigungssicherung zu betreiben. Wie sind Sie diesen Anspruch nachgekommen?
108. Haben Sie eine Schadensanalyse für die Umweltbelastungen der Restrukturierungen berücksichtigt? Erhöhung des CO_2 Gehaltes. Unternehmensaktivitäten beschleunigen den Klimawandel.
109. Die anstehende Restrukturierung erhöht den Lebensstress der Beschäftigten enorm. Welche gesundheitlichen Interventionsketten sind in Planung?
110. Inwieweit ist gewährleistet, dass die Restrukturierung diskriminierungsfrei im Sinne des AGG durchgeführt wird?
111. Inwieweit ist gewährleistet, dass politische Ehrenämter in Stadt, Gemeinde und Kreisen gewährleistet werden können?

Anlage VI
Tagesplan

Wochentag ____________			**Datum:** ____________		
»To-dos«	Prio	Dauer	o. k.	Absolut wichtig:	
				Uhrzeit	Termine/Tätigkeit
				08:00	
				08:30	
				09:00	
				10:00	
				10:30	
				11:00	
				11:30	
				12:00	
				12:30	
Telefon	Thema	Aufgabe		13:00	
				13:30	
				14.00	
				14:30	
				15:00	
				15.30	
				16:00	

Anlage VII
Wochenplan

Meine ☐ beruflichen ☐ persönlichen Ziele für die Woche ______________ Seite: __________		
Was will ich erreichen und warum?	Bis wann?	Wie?

Anlage VIII
Persönlich Bilanz ziehen

Meine ☐ berufliche ☐ private Bilanz für ____________________________ Seite __________
1. Was habe ich erfolgreich erledigt?
2. Was habe ich aktiv für meinen Erfolg getan?
3. Steht der Arbeitsaufwand mit dem Ergebnis in gutem Verhältnis?
4. Was war nicht erfolgreich und was habe ich selbst dafür getan?

Anlage IX
Bilanz ziehen

Meine ☐ berufliche ☐ private Bilanz für ____________________ Seite __________

Anlage X
Saseler Dreischritt

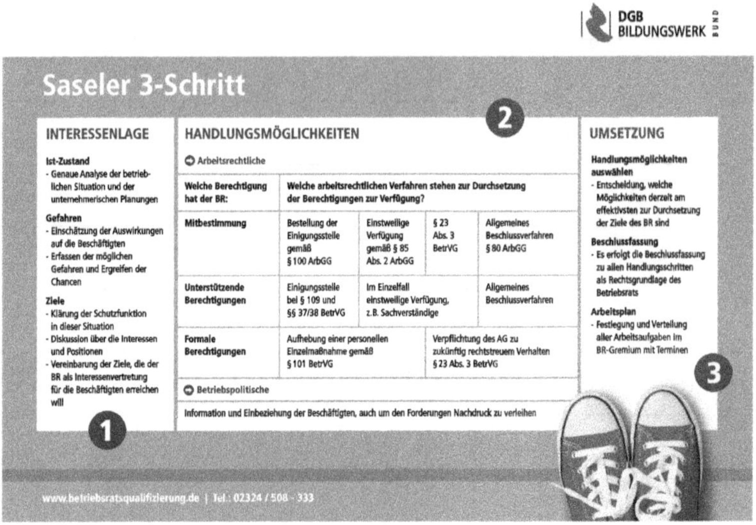

Literaturverzeichnis

Brink, Aktuelle BAG-Rechtsprechung in AiB – Extra August 2018, Seite 28ff.

Bund-Verlag, Online-Datenbank der Zeitschrift: Arbeitsrecht im Betrieb

Däubler/Klebe/Wedde (*Hrsg.*), Betriebsverfassungsgesetz, Kommentar für die Praxis, 19. Aufl. 2024, Bund-Verlag

Engisch, Einführung in das juristische Denken, Kohlhammer Verlag, 1977

Götzfried (Hrsg.) Emotionale Intelligenz für Führungskräfte & Teams, 1. Auflage2023, managerSeminare – Verlag

Hassesemer/Neumann/Selinger (Hrsg.), Einführung in Rechtsphilosophie und Rechtstheorie der Gegenwart, CF Müller Verlag, 9. Auflage 2016

Hutter/Schwehm, J. L. Morenos Werk in Schlüsselbegriffen, 2. Auflage 2012, Springer VS Verlag

Jurczyk/Schier/Szymenderski/Lange/Voss, Entgrenzte Arbeit – entgrenzte Familie; Grenzmanagement im Alltag als neue Herausforderung (Forschung aus der Hans-Böckler-Stiftung Bd. 100), 2009, edition sigma, Nomos Verlag

Kaufmann, Rechtsphilosophie, 2. Auflage 1997, Beck-Verlag

Kiesche, Neue Rolle für Datenschutzbeauftragte in AiB – Extra, August 2018, Seite 13ff.

Kiesche/Wilke/Berger, Betriebsvereinbarungen und die DSGVO in AiB – Extra August 2018, Seite 46ff.

Klebe/Ratayczak/Heilmann/Spoo, Betriebsverfassungsgesetz, Basiskommentar mit Wahlordnung, 23. Auflage 2024, Bund-Verlag

Maschmann/Fritz, Matrixorganisationen –Handbuch, 2. Auflage 2024, Beck Verlag

Meißner/Grüneberg, Europäische Betriebsräte (EBR) und Betriebsräte europäischer Gesellschaften (SE-BR), 1. Auflage 2018, Bund-Verlag

Richardi (*Hrsg.*), BetrVG – Kommentar, 17. Auflage 2022, C.H. Beck Verlag

Rügemer/Wigand, Die Fertigmacher, 3. Auflage 2017, PapyRossa Verlag

Scheler, Erfolgsfaktor Networking, 2. Auflage 2007, Piper Verlag
Schwartau, Neu im Betriebsrat, 5. Auflage 2022, Bund-Verlag
Schwartau, Gesamtbetriebsrat und Konzernbetriebsrat, 2. Auflage 2019, Bund-Verlag

Stichwortverzeichnis